全国教育科学"十三
"个体变迁和村

U0686162

CHENGXIANG RONGHEZHONG
DE JIAOYU LILIANG

城乡融合中的教育力量

项继发　著

山西出版传媒集团
山西人民出版社

现在的时间与过去的时间

两者也许存在于未来之中，

而未来的时间却包含在过去里。

如果一切时间永远是现在

一切时间都无法赎回。

可能发生过的事是抽象的

永远是一种可能性，

只存在于思索的世界里。

可能发生过的和已经发生的

指向一个目的，始终是旨在现在。

——T.S.艾略特：《荒原》"四首四重奏"

CONTENTS 目 录

前 言 作为思想对象的乡村教育……………………………………… 001

　　一、教育的存在论分析 ……………………………………… 002

　　二、教育的认识论规定 ……………………………………… 008

　　三、教育认识的个人志 ……………………………………… 015

第一章 乡村教育记忆…………………………………………… 001

　　一、乡村记忆的重构 ………………………………………… 002

　　二、乡村记忆的生成 ………………………………………… 004

　　三、乡村变迁中的教育思虑 ………………………………… 009

　　四、教育流动中的乡村变迁 ………………………………… 012

第二章 复归乡村教育…………………………………………… 027

　　一、村史略记 ………………………………………………… 028

　　二、村小兴覆轨迹 …………………………………………… 030

　　三、村小的文化史价值 ……………………………………… 041

第三章　定义乡村教育 …………………………………………… 048

　　一、公共话语中的"乡村教育" ………………………… 048

　　二、乡村教育的核心：人的发展 ……………………… 053

　　三、乡村的内生教育力量 ……………………………… 058

　　四、乡村蕴含的教育指向 ……………………………… 064

　　结语 …………………………………………………… 068

第四章　乡村自身的教育性 ……………………………………… 070

　　一、乡村教育的空间 …………………………………… 071

　　二、乡土空间的教育性 ………………………………… 072

　　三、乡土文明的教育性 ………………………………… 079

　　四、乡村文明之中的教育展开 ………………………… 083

　　五、乡村教育的文化建设力量 ………………………… 100

　　结语 …………………………………………………… 105

第五章　乡村教育的发生逻辑与底层叙事 ……………………… 110

　　一、乡村教育的"下移"与"上移" ………………… 111

　　二、乡村教育发展的主体视角审视 …………………… 124

　　三、乡村教育的底层叙事 ……………………………… 128

　　余论 …………………………………………………… 152

第六章　外来务工家庭城市教育参与中的"沉默" …………… 153

　　一、家长参与的"沉默"浮现 ………………………… 157

　　二、学生学校生活中的沉默世界 ……………………… 161

　　三、沉默的尝试性定义 ………………………………… 174

　　四、打破沉默的"对话"搭建 ………………………… 183

结语 ・・ 190

第七章 空间体验、身份塑造与教育想象・・・・・・・・・・・・・・・・・ 192
一、"地方"空间与儿童体验 ・・・・・・・・・・・・・・・・・・・・ 195
二、"地方"的魅化与守卫 ・・・・・・・・・・・・・・・・・・・・・ 199
三、"地方"重构与儿童未来融入 ・・・・・・・・・・・・・・・ 207
结语 ・・ 210

参考文献・・・ 213

致 谢・・・ 229

后 记・・・ 232

前言　作为思想对象的乡村教育

　　以思想对象的方式考察乡村教育变迁，并不像民族志研究者那样对"在场"观察到某时某地的经验性教育片段进行或深或浅的描述，继而阐释经验背后的意义结构，而是将乡村教育世界看作文化形态的文本，对其进行深层次的洞察。将乡村教育作为思想对象，也不仅仅是对乡村教育进行历史描述，而是对思想意象意义上整全的乡村教育世界作形而上思。这一判断背后隐藏着一个基本问题：教育到底存不存在。而一旦涉及"存在"这一术语本身的时候，我们对教育或者教育现象的讨论就不得不在它们的思想形态上下功夫。显然，此处讲到的教育便成了认识现象意义上的教育，而不仅仅是社会现象意义上的教育。"教育"一词之所以能够进入我们的意识和语言之中，除了来自我们通过感知觉获得的教育经验知识，同时还隐藏着这些经验背后的范畴。这些范畴本身不是经由感知觉得到的实事，它们不针对教育实事的发生进行描述。我们借由"教育"这一概念，将我们经验到的教育实事理解为实在的东西。当我们掌握了教育的实在范畴，才能够确认教育活动、教育行为、教育过程是否真的发生了。"教育"这样一个词语在实质上成为我们思想的形式外化，我们可以在一切呈现为教育外化的事物中，在各种教育实体的外在表现中，找到教育在普遍意义上的范畴和本性。这样说来，教育存在指的是实在论意义上的"实在"或"实存"。那么，教育的"实在"或"实存"与被视为经验"对象"的教育或者教育之"对象性"是不是一回事？教育认识到底是针对"实存"，还是针对"对象"？本书开篇即是对这一看似平常却又充满疑惑的问题的尝试性解答。此类问题初看上去不可解释，但它们恰恰构成一门学科最具支撑性的知识基础。我们的教育认识经过千回百转之后，仍旧会回到这类看似不可解释的问题之上。

一、教育的存在论分析

（一）实存与对象性

对于那些没有具体形态的认识之物，一般来讲，我们首先需要借助自己的感性直觉来接近它们，进而在内心深处建立关于认识之物的种种现象及其表现。当我们确定某一件事情或者某一现象为教育时，至少会得出两个经常出现、必不可少的要素——一系列画面、形象、活动、事件与使得这些内容变得鲜活生动的复杂情感，以及绑定在情感背后的各式观念。例如，我们可以在记忆中搜索与教育相联的各种事物或事件片段，尝试给出这些事物或片段成为教育的理由。我们大致会发现，在对以上信息进行重构和重述过程中，一定不只是简单给出事物或片段的情节梗概，我们还会附加其中人物的言语、神态、姿势，进而形成我们的意识、判断。我们之所以对其中的形象进行复杂加工，是因为这些由回忆构成的叙述中充满了我们自己复杂多样的内心活动。此时，我们判定的教育，已经是被情感包裹了的各种画面、形象、活动和事件，而不是完全客观化的对象物。这些关联着教育意识的画面、形象、活动和事件，首先是主体经验到的教育实事。建立在这些经验材料上的教育思考，自然产生出关于教育的经验知识。这些知识可以经由我们的感知而形成的实证性证据得到确证。比如，我们对个人化教育世界的感觉、判断，甚至给出的描述，最终都会形成我们对经验世界的解释。

然而，教育认识并不会就此止步。我们在确定所知的内容为教育时，对这些教育事件和片段的经验描述固然可靠，但它们绝非构成我们判断的全部基础。我们的理念世界中也保存着超越经验的知识形态，这种知识并不依赖实证性的证据，而是谋求理性上的确信。这类知识既不可能通过观察和测量来获得发生于当下的全部教育实感，也不可能经由回忆对过往教育经历进行完整提取，它更接近于一种心灵状态。此时，教育认识及其种种表现已经变成了认识主体反思和理性加工的对象，它们在时间、空间、历史中被赋予了不同形式，不再是简单的经验对象。从认知主体角度来看，我们的教育认识逐渐从经验形式过渡到通过理性想象产生的思想形象。这样一种考察的理想结果便是，认识主体透过历史的追光，探求存在于经验性教育情境内外人的处世方式及其心灵状态。这里讲的"存在"，不是物理性质的客观事实，而是哲学人类学意义上人的基本境况。此种境况下，存在不是一种既成状态，相反，它是人的自我意向性生成。虽然说，每个人成为世界的一分子，便已经促成了"人存在于世界之中"这一事实，但存在并非过去完结之事，而是人在经验世界和理念世界中对自身境况的可能性和开放性进行持续的探明。如果我们试图发掘掩藏在自我身上的心灵状态，便可以对各自生命境遇之中的处身方式进行沉思。

沉思是朝向自我思想世界的静观，同我们的思想对象进行交谈。存在于世界之中的每个人，或有意或无意，都在生成自我的教育世界。即使难以对教育世界作出严格的界说，我们依然可以感受到作为客观事实与作为主体体验的教育要素之间的交叠关系。假设我们从个人教育经历和教育境遇出发，对自我生命方向和生活路向进行严肃审视，这一行动本身便带有了哲学实践色彩。我们不光会思考教育之于个人的意义，还可能尝试明了他者的心灵状态。此时，教育世界已经不是理性认识和理性实践的对象，或者说，它根本不是对象化的东西。教育世界跳脱出知识和道德的状态，成为一种心灵活动。但是，这里的心灵活动不是它的"发生"或者"事实"，而是它的内容本身以及附着在内容之上的意义。假如我们永远无法通达"教育"或者"教育世界"本身，就只能够从个体存在这一前提出发，从主体的"我思"出发，从而通达"教育"本身。其中的"我思"，首先来自感觉经验的认识基础，然而更多依靠"我"的理性抽象和哲学直观。由感觉经验进入我们心灵中的事物，我们并不能确定其真实性。承担"我思"任务的这样一个主体，是与作为身体存在者完全不同的一个"我"。此时的"教育"或"教育世界"就成了落入思想之中并且栖居其中的东西，而不是仅凭感知能力得到的经验。"教育"或"教育世界"在思想中建立了自己的实体，而不仅仅是被认识的对象。此刻的教育，变成了海德格尔所讲的"可思虑者"，"它本身从自身而来、可以说原本地就是给予我们思想的"[1]。我们在思想中逼近它时，它才可能显现。如果对"实存"意义上的教育作更进一步的探究，我们会发现，日常所称的教育活动或教育过程，均是教育善意的行为外显。更直接地说，本体意义上的教育，就是一种向善的意念。[2]教育活动或教育过程作为事实性的发生，是科学认知的基本素材。而隐藏在事实背后的感情、意念才是思想认识的材料。准确地说，感情和意念本身才是我们认识教育时的真正对象。教育学理研究看上去也含有事实陈述的成分，但绝非止步于此。我们在对教育或者教育世界的认识中，更要表达人类整体寄托于教育之上的渴望、期待、想象。教育学理的语言表达中除了有关教育事实的清晰陈述，还应当包含教育愿景和教育理想的某种方向性的寄托。这里必须指出，我们此时所讲的"教育"或者"教育世界"，是它本身的"实存"，它与作为客观认识对象或者对象性的"教育"有着明确的区分。也就是说，教育的"实存"只有朝向思想时，它才成立；如果把它看作经验对象，则"实存"不成立。对象性的"教育"具有经验的现实性，它们是个别的、零散的个体；而教育的"实存"超越了现实性，成为教育的普遍性。

这里涉及一个认识论的前提问题，即在不借助经验工具的条件下，我们如何认识自我的心灵，又如何理解自我和他人的心灵世界？很显然，如果我们的心灵世界可以用语言表达出来，而且可以在人与人之间实现交流，即使得到程度不一的理解，起码也说明，人与人的心灵之间"共有"某种知识。心灵状态通过语言方式完成思想形变，将一些本身冰冷的事实问题转化成人人可以理解的意念问题，将一些间接的客观知识转化为直接的主体意义世界。

---

[1] [德]海德格尔（著），孙周兴（译）. 什么叫思想[M]. 北京：商务印书馆，2017，第9页。

[2] 刘庆昌. 教育意念的结构——基于教育本体论的视角[J]. 华东师范大学学报（教育科学版），2019（4）:57—71.

当我说，"每个人的教育自成一个世界"，这句话不是事实层面的表达，它不是让人们相信我的观点。我在说这句话的时候，希望更多的人确实能够理解我——我所说的不仅仅是事实经过，更是对自我生命的理解。不管我说出这句话，还是写下这几个字，都是在精神意义层面针对教育理解的思想形式外化。此时的语言是介入揭示教育普遍意义的符号表现。"因为精神本质上即是意识，而意识是为对象所形成的内容"[1]。此时的教育世界，是"意识所形成的外在和内心的世界"[2]。这里的"我"，是作为先验主体意义上"我思"的主体。"我思"的内容是教育本身，而非教育的对象化，不是将教育制作成一个客体认识对象。如果将教育对象化，那么，我们所思考的教育也只能是主体经验到的东西及其各种可能条件，而我们不能经验到的教育本身则被排除到思考活动之外。假设我要对自己的教育世界作出抽象说明，首先需要借助自我回忆、自我理解，在一些具体的教育经验中展开自己的教育生活，进而在这些生活的片段和整体中确认自己的存在。尽管每个人的过往经历不同，对未来的愿景也存在差异，但是它们都是作为意义世界的可能性隐藏在与个人存在相伴随的整体意义图景之中。也就是说，每个人对于过去的收纳、当下的预览和未来的延展，都是一种有限经验。但是，正是因为无法被个人穷尽的有限经验，才突出作为人类整体经验以及隐藏在整体经验背后无限可能性的价值。

（二）教育本体与显现教育本体之现象

个人在构思教育世界的理性努力中，显然不会仅仅停留在由教育经验而形成的现象层面。我们还需要分辨教育本体与显现教育本体的现象之间的界限，将教育认识的理性扩展到对象化的现象之外。在构思教育世界时，个人通过对过去的收纳、当下的预览和未来的延展不仅可以确证自己的存在，也

---

[1] [德]黑格尔（著），贺麟（译）. 小逻辑[M]. 上海：上海人民出版社，2008，第39页。

[2] [德]黑格尔（著），贺麟（译）. 小逻辑[M]. 上海：上海人民出版社，2008，第60页。

可以在这些活动中借由理解和反思通达自己丰富的可能性。此时的理性活动更加关注教育的可能性，而非现实性。即使是教育的现实性，也不会是个人在实际的教育生活中真切、具象地拥有过的东西。虽然理性活动也思考教育经验，但这些经验不是现实对应的某一类特定经验。更进一步说，特定的教育经验一直处于变动之中，它产生的对应意识也以流动的状态存在。主体所运思的教育经验，起先是一些临时的、流动的经验。这些经验在时间的延展中不断朝向主体敞开，原先个别化的、特定的经验逐渐上升到人类总体的教育经验。这一过程也成为教育本身打开无限可能性的过程。当然，我们首先要承认，对教育世界的理性运思需要经验基础，那些个别化的、特定的经验正是以教育表象的形式，构成人类总体教育经验得以显现的媒介。

作为人类特有的存在方式和实践方式，教育首先使人摆脱可能面对的必然性，即摆脱历史和社会现实对人的限制和封闭。所谓"君子不器"，正是个体修身过程中对诸多可能性的探索。同时，也正是个体在突破可能限制和封闭的过程中，才产生出他对自身生命历史和生活愿景的反思，产生出对他者和公共领域的体察，进而对包括个体自身在内的共同体命运作深刻思考。从表面看，人是教育过程中的主体，但是这一作为认识主体的人，同时也是事实上的社会存在者，他在具体的社会中从事着个体性和集体性的实践活动。既然人在社会中，就不免要受到社会环境和历史条件的各种限制。正因为如此，教育在个体层面所能给予人类的，除了帮助其看清作为存在者自身可能面对的受限处境，同时引导其出于同情来理解他者的相似处境，以及更为理想的结果，赋予个体行动的力量。正如赫尔巴特所讲，假如有一种人，"他具有思考力和知识，能用人类的思想方法去观察与描述作为一个庞大整体的片断的现实的话，那么他就能够在这样的现实中教育一个儿童达到较高的境地。于是他自己将会说，真正的、正确的，并适合其儿童的教师不是他，而是人们曾经感受到的、发现并想到的全部力量"[1]。"思考力""知

---

　　[1] [德]赫尔巴特（著），李其龙（译）. 普通教育学[M]. 北京：人民教育出版社，2015，第3页。

识""人类的思想方法"的形成，无不经历个别化经验到整体性经验、现实性世界到可能性世界的认识历程。虽然赫尔巴特给出的是对"最好的教师"的描述，但又显然不是单纯职业意义上的"教师"。有着善良意愿的人们均可行使"教师"的责任。"人们曾经感受到的、发现并想到的全部力量"来自"庞大整体"的总体经验。借助这种力量，人类社会中生活的个体在朝向生命意识完整性的行动中冲破事实上的限制。正是因为教育天然地成为人类特殊的存在方式，才使得人类不被固定在历史停滞和思想僵化的牢笼之中，使人类自身不致沦为历史现实和意识形态先天规定的必然结果。也可以这样说，正是因为教育之故，人最终才成为一个朝向完满发展的行动者。而教育每每不能成功的地方，必定有稚气未脱的个体和缺乏保障善良意愿生长的社会规则的存在。

对人类整体而言，教育正是探索开放社会不断完善的动力。个人朝向完满目的的社会行动，穿插了他对自身处境的不断反思和应对。每一次应对，对他自己而言，都构成一次新的开始——个人每一次对教育历史的自我回溯都能够呈现一个全新的自我意象，每一次对教育未来的个人展望都能够浮现出另一种自我愿景。借助教育的各种意象，个人被抛入这样的存在处境之中：每次自我回溯、个人展望都把自己带入了新的回溯与展望可能接续发生的反复之中。个人在对自我教育意象的反复选择、强化、理解的过程中，逐渐确认个人的自我意识，形塑一个"具有连续性却又不断自我刷新、自我差异化的同一性身份"[1]。个体自我意识的产生往往受到个体所在的更大共同体的伦理约束，而非来自绝对原子化的个体孤立的、天然的反思。也就是说，作为人类社会的基本境况，主体间存在成为自我意识产生的前提，也是人类教育借以展开的伦理追求。教育将人类置于总是能够不断自新的存在处境，借由这种本能性的规定，教育将个人自身境况、个人与他者的关系以及共同体命运的考量置于开放性的思虑当中。由此，教育在个人层面追求完满教育目

---

[1] 黄裕生. 论自由、差异与人的社会性存在[J]. 中国社会科学，2022（2）：23—42.

的的达成，同时在教育的社会关联、道德关联层面实现教育理解。反过来，教育目的的达成与教育理解的实现，才使得现实社会领域中的教育活动和教育过程享有了正当性。因此，从人类整体立场来看，教育理解是以社会个体成员教育目的的实现为前提的；反过来，个体教育目的的实现也构成社会整体教育理解的终极目标。在这一点上，我们能够发现伟大心灵间的相通——"人天然地适合于理解事实，适合于符合道德律的生存"[1]，以及"人类不断地通过其自身产生的思想范围来教育自己"[2]。但是，思想范围的系统、科学、和谐程度，将决定教育的结果。因为，"只有在有思想的人相互一致的时候，理智才能胜利；只有在善良的人相互一致的时候，善才能胜利"[3]。

二、教育的认识论规定

（一）在场与不在场

"关于教育，我们能够知道什么？"这是一个典型的认识论问题。回答这一问题，显然涉及我们如何认识教育的问题，需要明了教育在我们的认识和理解中以何种形态出现。每一个人无不生活在教育世界之中。即便不谈论教育的具象意义与抽象意义，我们也无法否认教育世界的存在。我们称之为"教育世界"的东西，一则是指为我们所用、武装我们知识、填充我们思维的世界，我们经验的、观察到的教育活动和教育事件皆属此类；二则是贯穿每个人一生、构成其生命境遇的世界，我们对教育的情感、想象甚至幻想都包括其中。前者是具象的、在场的、现实的教育，后者是抽象的、非在场的、非现实的教育。教育世界的这种二重性正好提醒我们，在把握教育要义时应当保持认识论方面的谨慎。

[1] [捷]夸美纽斯（著），任钟印（译）. 大教学论·教学法解析[M]. 北京：人民教育出版社，2006，第40页。

[2] [德]赫尔巴特（著），李其龙（译）. 普通教育学[M]. 北京：人民教育出版社，2015，第15页。

[3] [德]赫尔巴特（著），李其龙（译）. 普通教育学[M]. 北京：人民教育出版社，2015，第16页。

如果将教育仅仅看作人类历史长河中一种特殊的生命活动，将这种活动作为客观认识对象以探索其普遍规律性，固然也符合人类求知的需求，但这种认识论立场将教育世界视为与"我"分离的"物"，教育成了人类认识和改造的对象。如此认识论之下，教育被看作一类仅需通过人的感性能力便可获取的经验性知识，教育与人的关系随即被简化为"物—我"分隔关系；人类自身与教育世界的关系则成为冰冷客观的"我—它"关系。这种主客二分的认识论会将教育本体的探究活动视作寻找教育恒常本质的过程，容易将教育看作与现实生活没有多少关联的抽象概念。这种认识论看似"纯粹"，实则将教育置于脱离情境、没有趣味、丧失情感的位置，教育只能沦为毫无生气的模糊意象。相反，如果将教育世界看作"我"在自我生命历程中的遭遇，教育与"我"构成"我—我的"合一的镜像关系——"我"在教育世界中，"属我"的教育世界通过"我"来建构，教育成了从"我"自身出发而形成的意识。这种意识显然超越了感性认知的层面。这种认识论才真正承认教育是寓于现实世界和现实生活之中的。同样，每一个不同的"我"无不身在教育世界之中。这一点上，我们仍然受益于康德。借助康德在分析自我意识时的方法，我们可以得出如下判定：当我们思考或者诉说教育时，任何"我"拥有的有关教育的经验和知识都是"我的"；并且，当"我"思考教育时，"我"不可能否认自己的存在，即自身意识。这里的"我""我的"，或者"我们"能够意识到的自我的概念，是第一哲学的基本概念。[1]只要"我"以主体身份进行思考时，任何与"我"关联的思想内容都自发形成"我的"自我意识，此为认知主体的同一性问题。康德虽不把这一问题看成哲学的首要问题，但把它视为形而上学重要的出发点。

在康德之前，传统形而上学将独立于经验以外的世界视作拥有实体知识的世界。康德批判这种"先天综合判断"的错误前提，他认为我们不可能先天地认识到完全独立于我们经验之外的世界。当然，康德的批判也警示我们

---

[1] [德]迪特·亨利希（著），乐小军（译）. 在康德与黑格尔之间：德国观念论讲座[M]. 北京：商务印书馆，2020，第111页。

提防另一种极端，即避免盲目追随传统经验主义哲学那种视经验为一切知识来源的教条，将知识看成感觉和反思的结果。事实上，现实中的个人都是有限的存在者，都有一套对于可知世界的认识机制，这套机制牵涉我们如何对显现在我们眼前的世界作出判断。康德在《纯粹理性批判》中将以上认识论条件称为不同的"形式"，并区分出感性形式（时间与空间）、知性形式（先验概念范畴）和理性形式（理念）三种类型，它们统合着所有知识的范畴。正如前文所分析的，借助于范畴，我们才能够将通过感觉认识能力而知觉到的实事发生构念成为一个认识对象。有了这样一个范畴，我们便可以在感觉世界中识别对象性的事物。这样，这一范畴就成为针对那些对象性事物的先验概念，它从我们的思想中自发独立地呈现出来。理性形式的教育是所有外部教育经验的先在基础，它不能够直接来自对教育外部经验的抽象。例如，当我们判定某些人类活动或者人类行为是教育活动或教育行为时，我们一定不是仅仅凭借这些活动或者行为的经验表象给出判断。原因在于，任何经验层面的活动或行为只能向我们展现它们的外在表象，而无法说明隐藏在表象身后的深刻观念。我们关于教育的种种观念来源于哲学直观，它们构成教育经验得以成立的基础。也因此，理性形式的教育（教育概念）应当被看作教育现象得以显像的必要条件，而不是对于教育现象之显像的规定。倘若我们对自己的生命活动稍作沉思，便会联想到其中许多教育要素。这些要素有的以活动形式体现，它们具体、显像，并且具有事件性；有的以教育观念闪现，它们散乱、缥缈，时强时弱；有的经由反思而成的理念出现，它们衍化成教育情感、教育意念、教育想象，凸显教育的主体性色彩。事件性的教育活动往往遵照具体的时空规定，能够划分出在场的、有边界的活动范围。观念性的、精神性的教育世界往往有着不可穷尽的想象空间，而且也不受在场的限制。正因如此，对于教育的概念分析和理念探究，才成为教育形而上思的不竭动力。

除了作为社会实践活动的主要形式，教育还是一种丰富的精神活动。相较而言，我们对前者的认识程度要远超后者。这一点也符合认识论的一般进路，即从具体教育实践活动中发现潜藏的序列结构，进而审视教育实践与其他社会实践领域之间的复杂关系。然而，这种认识论依然遵循"我—它"关系原则。虽然我们很难对教育中各种精神活动的形式或范畴条分缕析，但是，只消将教育的精神活动特性局限于审美范畴进行考察，即可说明，教育是人类精神自我审美的综合。在教育的精神审美中，人类对产生自教育精神活动自身之中的情感、欲望、思想反复斟酌，感受其困顿，或者享受其喜悦。不论我们对精神性的教育实践作何种抽象，其基础都应当是人性。进一步讲，正是因为教育是在人性的德性基础上实现的，所以，任何教育的基础都离不开德性意识。这里的判断并不暗含如下主张：作为精神性教育实践活动的行动者，应当首先是德性高尚的人，或者是深刻的思想者。很显然，这一主张有违教育实践参与的公平正义，并且暗含对精神性教育实践中的行动者进行层级划分的嫌疑。

（二）感受与想象

现实世界中的每一个人都是教育世界的参与者和行动者。在参与和行动过程中，每一个人凭借思想和实践领域的亲身经历，体验教育世界的丰厚与深邃。作为参与者，我们无时不在教育生活中感受善与恶，体验激动与困顿。作为行动者，我们通过丰富的教育体验生发同情、激发勇气，从而作出符合德性意识的实践判断，进而践行符合德性责任的教育行动。在反身性的体验中，人的心灵中自然会产生出我们称之为精神活动的情感、欲望、思想等教育要素。这些要素成为激励我们或者折磨我们的精神实体，我们很难将教育生活中的情感激动和思想起伏弃之不顾。教育的精神性特质填充了教育的本体，摆脱"我—它"关系的客观化认识局限，使教育的形象变得真实鲜明。作出如上判断，倒不似神秘主义的故弄玄虚——对教育世界精神实体的存无作辩解，也不是在教育世界的精神领地发现某种训诫式的理论教条。对教育世界的精神探究本身就赋予我们审美的享受和智性上的满足。这种享受和满足恰恰是通过对隐藏在那些在场发生的、具象的教育活动的"有限性"的无尽追寻来实现的。当然，这里讲的无尽的追寻，主要通过哲学想象来完成。按照康德的说法，"想象力乃表现'当时并未存在之对象'于直观之能力"[1]，也即是说，即使某个对象不在场，也能够通过直观来再现和重构这一不在场的对象。比如，试着体验一下我们读到卢梭如下言说时的感受——"我们之所以爱我们的同类，与其说是由于我们感到了他们的快乐，不如说是由于我们感到了他们的痛苦；因为在痛苦中，我们才能更好地看出我们天性的一致，看出他们对我们的爱的保证。如果我们的共同的需要能通过利益把我们联系在一起，则我们的共同的苦难可通过感情把我们联系在一起"[2]。卢梭在《爱弥儿》中表达的人类同情，首先出自人的自然善好。每一位细心的读者都可以通过哲学想象来体会卢梭一般的同情。哲学想象的功用并非为我们提供关于教育的各式知识，而是将我们有关教育的知识归置到某种思想秩序之中。如果将我们的感受能力看作教育事实聚合之来源，那么，哲学想象则是朝向系统的思想或者整体的形式。

哲学想象依靠理性作用于道德目标的反思来完成，这一任务不可能仅仅依靠经验来实现。"是以吾人关于事物存在之知识所及者，仅在知觉及其依据经验的法则进展所能及之范围。吾人如不自经验出发，或不依据'现象之经验的联结之法则'进行，则吾人所推度所探究任何事物之存在，仅为浮夸不实之事而已。"[3]虽然经验为我们提供了认识事物的事实基础，构成这一事物知识聚合的来源，但是仅仅凭借完结性的事实来推及事物存在的法则，则是应予以摒弃的。当我们言说教育世界时，要防止将这一概念完全变成空洞的词汇，同时需要将在场的教育与不在场的教育统整为一个整体，从而把不在场的教育通过想象再现出来，达到教育世界的完整再造。只有借助想象的统合能力，我们才可能把在场的和不在场的教育构造成一个整体。这种想

---

[1] [德]康德（著），蓝公武（译）．纯粹理性批判[M]．北京：商务印书馆，1960，第123页。

[2] [法]卢梭（著），李平沤（译）．爱弥儿（上）[M]．北京：商务印书馆，2017，第334页。

[3] [德]康德（著），蓝公武（译）．纯粹理性批判[M]．北京：商务印书馆，1960，第215—216页。

象能力，既超越现实——不止关注具象的、在场的、现实的教育，又不脱离现实——在生动鲜活的教育生活中找到精神想象的来源。通过想象，我们才可能摆脱干瘪的教条和没有审美诗意的现实白描，通达最为真实、鲜活、具体的教育生活；同时超越在场的教育，敞开到不在场的教育的不可穷尽性之中，拓展形而上的教育世界。可以说，正是因为我们在教育之中，才可能反复品味教育的无穷性。进而言之，没有想象，就无所谓教育世界。

　　既然教育世界寓于现实生活之中，那么，关于教育世界的本质认识也应该摆脱绝对本质抽象与现实表象之间二元对立的认识论。教育世界的本质追寻意味着并非一定要跳出教育生活本身去寻找绝对的意义，或者发现关于教育本质的先验知识。所有关于教育的先验知识根本不存在于别的地方，它就在教育生活本身之中。现实的、鲜活的教育生活是第一位的，扎根于其中的教育想象是第二位的。脱离开具体教育现实的绝对抽象只能使教育理解陷入本质主义教条。"我们言说中的世界总是属于人的世界，我们言说的方式、规则、能力与偏好与我们意识中的世界是同时诞生的；我们言说中的世界不是各个封闭自足的原子、实在或实体的集合，而是各种关系的交织，离开了纷繁复杂的关系，没有什么东西能够被感知、比较、理解与表达。"[1]回顾一下教育自身的概念史便会发现，对"什么是教育"这一根本问题的回答，很难找到脉络清晰的思想衍化发展历程，也很难找到少数几个边界清晰、毫无争议的核心观念。事实上，多数理论概念都是在历史的反复论争和长期实践的过程中才磨砺成形，并得到大多数人事实上的接受。理论概念最先的提出者和其思想后继者或者反对者往往又受到具体历史时空的限制。正是由于不间断的正反论争和历史衍化，理论概念才获得自身长久的生命力。因此，撤除概念的历史情境来抽象绝对的概念，很难形成有生命、有思想深度的概念。教育世界的本质并不是区别于教育现实生活的另外一种特殊存在，它是教育现实生活最真实、最原本的展露，是对在场的和不在场的教育确真性的

---

　　[1]　石中英. 本质主义、反本质主义与中国教育学研究[J]. 教育研究，2004（1）：11—20.

追求。

在对"教育是什么"这一问题的回答上，普通人以在场的方式给出教育的日常理解，完全无可厚非。以哲学方式思考同一问题的学术研究者，首先也是普通人，同样寓居于日常生活之中。教育认识是一个内含感性经验与理性想象的辩证发展过程，不管是全凭对教育具体表象的感性加工，还是将教育"实存"完全交由绝对理性进行哲学直观，都不会顺畅通达教育认识的终点。如果学术研究者进入完全的静观，试图追寻那个唯一的、确真的、静止的实体，则有可能迷失于绝对理念而置日常生活于不顾。这样的哲学探究方式固然纯粹，但却远离了生活。在教育世界的思考上，如果牺牲掉源自现实生活的想象力，哲学的抽象会变得单调无味。那么，对于"关于教育，我们能够知道什么？"这一问题的回答，又会落入寻求绝对先验的陷阱。只有在教育中，我们才能感受教育。前一个"教育"是我们的教育经验，后一个"教育"是我们的教育想象。前者就像是我们从手表上看到的时间，即使有精确的刻度，但指针指向的任一刻度与流动中的时间本身都不是同一回事情。假设有一快一慢两块手表，我们看到的时间，哪一个才是真实的呢？恐怕，真正能够与时间同步的，只能是在手表上表现出来的流动。一块块不同样式、快慢各异的手表，只能拿来度量时间，而不能制造时间。因为，一个简单的事实是，即便手表停止了，时间也不会停止。将日常意义上看到的各类教育经验喻作手表上看时间，我们会更加明了：日常经验中形态各异的教育表现是我们作为认识主体"看到"的经验，就好比是手表上显示的几时几分，或者不同指针跳动的快慢。这些表现的异动形变并不会动摇教育本身的实存。推及开来，不同场所、不同历史情境、不同文化背景之下的教育样态，都是教育本身的量度。它们不是教育本身的规定，而是教育本身的表现。只有在教育中，我们才能感受教育。这一判断的另一面则是，我们感受到了教育的种种表现，我们的教育认识也便确认了教育本身的存在。教育认识并非直接来自教育本身的实存，而是必须通过呈现教育自身的种种显像而认识教育。只有这样，我们所认识的教育才能达到实存与现象的同一，同时也实现了理智与感性在教育理解过程中的有机联系。作为教育认识的主体，我们是心灵思考与身体外拓的统一体，自然要走出片面掌握和支配教育对象性的误区，不能将教育仅仅看成经验世界中的各种现象呈现。"教育的起源问题，除了人类发展进程中诸如知识交流、文化传递、未来劳动力培养等现实需求；同时，也关涉人类自身的永恒需求：如何理解个人所处的时代，如何观照内心生活。"[1]如果没有与我们自身的存在境况联结起来，那么，不管面对教育实存还是教育的对象性，我们的教育认识都可能产生偏颇。

三、教育认识的个人志

我下面所讲述的，并不是我的个人故事，我相信还有很多人与我一样，都有自己的乡村教育世界。这个只能存在于思想意象中的世界，却能够在具象的个体命运沉浮和真实的社会流动中找到充足的经验支撑。乡村教育世界孕育的耕读精神、成家志气、立业雄心，弥漫成为纯粹的安身立命的道德信仰，引导一代一代农家子弟勇敢迈入社会洪流。

乡村教育世界不仅关乎乡村教育发生的具象物理空间和文化维度的社会空间，也联结着教育发生的时间绵延和古今对照，更塑造了（曾经）身在其中的受教育者的精神家园。教育必然牵涉人的行动。当然，这里的"教育"二字，并不针对具体的读、写、算等具体动作，而是内嵌于社会活动之中，构成人的本源性存在的所有活动范畴，即（曾）在乡村中受教育这一历史事实。即便讲在乡村中受教育，并不单单意味着坐在乡村学校课堂里接受知识与道德教育，学校教育只构成受教育的一个场域空间。乡村的风物、土地、田野、动物、植物都是乡村教育的广阔背景，它们统统构成文化意义上的教育文本。处在教育情境当中的人，一方面受制于教育发生的时空规定，一方面也向内建构自我精神世界。虽然乡村教育世界牵涉具体的物理空间，但在转向精神世界的洞悉过程中，文本叙述方式也会发生私人维度的转向，将具

---

[1] 项继发. 追寻古典精神：教育理想的现时阻障与德性复归[J]. 教育研究，2021（11）：59—71.

体的空间地方抽象化为叙述者的心理暗示和情感旨归。

回顾我的受教育经历，自己有时也不免惊讶。倒不是因为我完成了多高的教育成就，而是个人教育经历构成了丰富的情感和精神世界，起码让我有了自我分析的动机。如果以我现在的成人视角回看童年成长的环境，一定不会非常狂妄地宣称自己将来会很有出息。一个来自穷乡僻壤、遍地黄土的孩子，他如果在年幼的时候在心里埋下远大的文化抱负，想必也不会成功的。组成儿时周围世界的农地、荒野、野花野草、无尽头的劳作、微薄的收入，还有不太整齐的羊圈牛棚、没有规划的家院村路、只有课本构成的阅读世界、满村子找不到几个读书人，把所有这些意象凑在一起，我无论如何都看不到将来会有什么前途。甚至当我现在重新回到自己出生的故乡，我更愿意说那是一个几乎没有希望的地方。可是，出乎自己的生命预期，多年以后，当年没敢想的文化抱负，现在居然正在一点点实现。我不敢妄称自己已经成为"国家精英"，但是我曾经真真实实的是一名普通的"农家子弟"。我与许许多多农家子弟一样，在教育世界的漫游中，不断建构精神自我。需要说明的是，在这里以第一人称使用"我"的时候，后面的文本便已经具备了虚构的特质。即使文本中的经验材料均取自真人真事，但是一经"我"叙述，便与原始状态的"本我"产生一种脱离，进入写作的文本建构状态。尽管文本中所讲的故事都是真实的，但是这些故事都免不了受到"我"的情感推动，成为"我"的主观建构。

攻读博士期间，我主要研究中国转型期教育回报的变化趋势，通过对全国性样本不同历史时段的回归分析，得出教育在社会转型中的整体样态表达。[1]虽然研究经过细致的理论推导、建模、数据统计分析，得出看似精确的变量关系，但是藏在统计数据背后鲜活的个体生命和多样的地方性知识，是我此前研究无法实现的。特别是，当我从已经完成的研究中回观自己的生命

---

　　[1]　Xiang, J. 2014. *Returns to Education in Market Transition during the Reform Period 1988—2002, China.* [D]. Dissertation, Freie Universitat, Berlin.http://www.diss.fu—berlin.de/diss/receive/FUDISS_thesis_000000097534.

历程时，多少有些失落：文字中满是"科学"的痕迹，但缺乏人情与故事，我好像是隔着一个玻璃景观罩看里面的静物，我对于包括我自己卷身其中的乡村和乡村教育并没有深刻的体认。在完成博士论文研究之后，我就暗下决心，要写一本关于故乡的书，记录故乡中的人和事。这个愿望虽一直未能实现，但是写作的野心犹在。

为什么要写作？毫不讳言，与我自己的出身有关。当然，我并不想给自己贴上"不忘本"这样的道德标签来抬高自己。而且，按照层级社会中的个体理性来说，实现了向上流动的个体掩饰自己的出身，才应该是"聪明"的做法。将自己的私人世界公布于众，不免有些"愚蠢"。但是，我并不认同其中的"明智"。相反，作为家族里第一代大学生，我要将自己作为故事讲述者和理论阐述人来省视己身。我来自农民阶层，祖上缺少读书人，更不用说知识精英的背景光环。如果按照社会发展的普遍规律来看，我恐怕也会大概率延续父辈们的生活轨迹。某个个体、一个村庄与社会转型大时代的关系，并不因循某种确切性的逻辑，反而处处显示了命运的不可预测性。[1]命运的吊诡之处便在于，个体的能动性有时可以跃出某些看似牢不可破的"规律"。无数鲜活的个体通过不竭努力，实现了或者正在实现着"读书人"的理想。讲述时代的伟大变革，不能脱离具体鲜活的个体叙事。正是透过生动、具象的个体命运沉浮，我们才能感受到社会变迁的细微渗透。中国社会传统的神奇之处就在于，即使是最为苦难贫瘠的土地上，也能长出神奇的果实来。我只不过是许许多多实现了"跳出农门"的庞大群体中的一员而已。我属于20世纪80年代出生的一代人，这代人的成长期与中国社会变革期几乎重叠。如果将时间回溯到孩童时代，我无论如何都不可能预见，自己的生活境况将要与时代的伟大变革发生怎样的交织。我们这代人当中接受过高等教育的一大批人，真真切切享受到了时代变迁和社会改革的红利——最起码，许多如我一般从黄土地走出来的农家子弟，通过接受教育，沿着教育伸出的

---

[1] 孙郁. 世情与远思[J]. 读书，2017（4）：55—61.

藤枝努力向上攀爬，才有了如今相对宽松地选择生活的权利。我们成长的这个时代，已经给予了我们很多。

　　我的祖辈们扎根的故乡，放在中国广袤辽阔的疆域中，没有丝毫起眼之处。一代接一代的故乡人，凭借与土地打交道磨练出来的韧劲，在维持生计的同时，也竭力完成着各种生活计划。在所有计划之中，教育无疑是最为重要的一个。我的父母文化水平有限，但并不妨碍他们的精明与远见。从我记事起，他们就将求学读书当作家庭的第一要务。当然，过程并不总是顺畅。2014年，我从欧洲某顶级学府拿到了博士学位，回国担任大学教师。这样的职业标签像是推着我一下子进入了文化精英的圈层。从a、o、e启蒙，到拿到Ph.D头衔，整个过程像极了乘坐观光列车，一路游览之后，回到自己的祖屋，重新开始打扫整理。我自己整个生命活动的空间轨迹从故乡的黄土地开始，经过城市文化的熏陶，然后在欧亚大陆的另一端接受最优秀的学院文化教化。即使在欧洲，我也能够找到许多与我经历相似的人——农家子弟的"奋斗者"。我们都是在看不见的制度规范中，通过个人的努力，捕捉每一个向上攀登的机会，一步一步拓宽人生的选择。每个人都会在自己的生命过程中构成或大或小的社会活动空间，个体之间的活动空间又具有各自独特的复杂性和差异性。我自己在成长过程中划定了一个非常个人化的社会空间，但我相信，一定存在很多与我一样的人，在他们与我类似的成长经历中，勾勒和划定了每个人独特的空间存在。尤其是，当我从曾经所在的故乡空间中跳脱出来，以为要打开新的更大的空间的时候，故乡空间的影像并没有随着我的出走而黯淡，反倒是像一束不断地照亮的追光，我终究无法躲避。曾经嵌入其中的自然状态，如今被置于一种图像静观时，许多原本平淡朴素的日常慢慢蒸腾出丰厚的意义。当我试着回望少年时代的记忆景象，许多故事可能不会完全还原，但一些本已模糊的细节又重新变得鲜活起来。每个人的记忆不似电子拷贝，不可能完全连贯，如果出奇连贯条理，将生命中发生过的每一件事按照时间序列讲出来，倒有弄虚作假的嫌疑。回望少年时代，看似静静地观看一些停止生长的经验，而事实上，这些经验当中蕴藏着生生不息的精神力量。当我努力地回忆，谨小慎微地组织细节之间的关联，过去的故事逐渐析出生命的意义。有时候，我必须极力克制，防止某些故事片段影响了我的判断，破坏了讲述的真诚。简单地说，我不想在跳出我曾经属于（也将一直属于）的社会圈层之后，成为那个圈层的局外人。读者一定发现，我在这一表述中的语病——重复使用"圈层"。这倒不是因为语文水平有限，也不是刻意突出社会差别，而是用一种听不到的加重语气，唤起我良心深处对精神故乡和情感故乡的记忆。

　　求学过程中，我的个人足迹从乡村踏入城市，从大陆的东头到大陆的西头，目睹了太多的城市和乡村。这些个人经验促使我自己感到阐释乡村与城市间关联的重要性，并且越来越将这一感觉上升为一种个人使命。我在时间和空间上回忆过去，将我自己在乡村和城市中的经验作为阐释文本，努力探究乡村教育世界的意义世界。这一点上，我或许与威廉斯是一致的（尽管我永远也达不到他那样的高度）。"本书就是这一努力的结果，不过尽管本书的阐述经常也必须沿着非个人化的程序展开，但这种阐述背后却始终蕴藏着我个人感受到的压力和使命感。由于乡村与城市的关系不仅是一个客观问题和历史事实，也曾经是，而且现在仍然是成千上万人直接关注的问题，而且也是他们的切身体验，因此我觉得我无需对我的个人动机进行辩护，虽然我还是要提到这一动机。"[1]以乡村教育与乡村社会变迁作为思考主题，多多少少含有个人英雄主义情结。但是随着思考和调研的不断深入，我开始对自我身份愈发忧虑：我自己会不会掉入以精英文化视角俯瞰底层、俯瞰乡土日常的陷阱？我担心曾经身在故乡之中的那个自己，如今的头脑里已经没有了对故乡的亲近感。每一次尝试在思想上走进故乡，理所当然地以为我与她足够贴近，每一次都会毫无例外地遭遇挫败。有时甚至凭借着自己曾经身在其中的狂傲，以为可以将故乡日常生活的反思信手拈来，不过是自以为是罢了。长在自己生命经验中的故乡日常，总感觉她那么近；而每每要对那些看似日

---

　　[1] [英]雷蒙·威廉斯（著），韩子满，刘戈，徐珊珊（译）.乡村与城市[M]. 北京：商务印书馆，2013，第3页。

常的经验进行深刻反思时，才发现她那么远，且又无影无形。当我尝试回望意象中的故乡时，她一定不再是完全客观的、可被观察的对象；她早已成为生活世界本身，她的色调不是怀旧挽歌式的灰色，也不是浪漫田园的彩色。意象中的故土风光不全是悠然田园，还掩藏着许许多多看不见的隐忍、坚毅、忧虑。人类社会的现代化进程不可避免地带来了个体存在方式的孤寂与漂泊，即使不是肉身的，起码精神上也很难达到完全"在家"和"归乡"的状态。流动的现代性好似当今时代的一种常态，更是普通现代人难以摆脱的精神宿命。即使对于如我一般摆脱原生社会圈层的个体来说，精神世界中的无根感时不时会跳出来，激起复杂的情绪。

如果不把学术写作降格为怀旧式的个人抒情，书写故乡无疑是困难的。而一旦写作者企图将乡土变迁的社会结构、历史结构统统纳入写作宏愿中时，其难度就更大。就像布罗代尔在《法兰西的特性》开篇所言："我怀着与儒尔·米什莱同样苛刻、同样复杂的一片真情热爱着法兰西，不论是它的美德还是缺陷，也不论是我乐于接受的还是不易接受的东西。但是，这种感情不大会流露于本书的字里行间，我将小心翼翼地不使它见诸笔端。感情可能会给我设下圈套，也可能会对我突然袭击，我要时时对它严加防范。"[1]书写故乡，不是美术临摹般的复刻，而是对表象世界在意志层面的再创造。

书写故乡，并不单单是我一个人的情结。现当代的很多作家，不管是采用自传体，还是虚构，都有大量笔墨浸润在故乡的土地上。从鲁迅、沈从文，到路遥、陈忠实、贾平凹、阎连科、莫言、格非、梁鸿、冉云飞、朱学东、熊培云……这个名单还有很长，写作者从故乡视角和个人体验出发，通过一个个"我"的现代历程，镜观"我"所经历时代的现代历程，书写个体

---

[1] [法]费尔南·布罗代尔（著），顾良，张泽乾（译).法兰西的特征[M].北京：商务印书馆，2020，导言第1页。

性和集体性的现代性的心理状态。[1]我也产生过自我怀疑——书写故乡的文字已经很多，我继续在这一老话题上折腾，到底能够做出多少额外的填补？或者说，这样做是否明智？自乡村社会成为人们研究和抒怀对象起，乡土性已经发生了极其深刻的变化，乡村社会研究的面向和问题也经历了剧烈的转变。乡村社会仍然会成为人们持续研究的对象，但是介入的方式将会发生改变。理解社会转型的介入方式有很多种——宏观理论用来解释社会变迁的普遍性，描绘社会发展的普遍规律；微观理论用来发掘地方性知识和个体体验，阐释经验背后的深刻意义——其中并不存在绝对的孰优孰劣区分。笼统地以乡村变迁或者乡村教育作为分析对象，除了遭遇方法论上的困境，同样存在研究本体的模糊性问题。研究本体模糊，对着一个似有似无的想象的乡村进行抒情，难免落入研究文本的虚空化和浪漫化窠臼。

进入学术生活的这些年来，我一直身处一场对话之中，对话的一方是作为一名学术工作者的如今的我，另一方则是从童年一直长大的那个昔日的自己。我当然清楚，这场想象中的对话，这场意念中的对话，其方式是将我自己视作一个案例，对自己在时间中的身影、意象、体验进行凝视。我想知道，成长过程中的那些地方、人物、观念以及我在那个时候的想法、判断，到底扮演着怎样的角色。我决定采取"舍本逐末"的研究进路：将个体的自身再生产作为主要的反思对象，从具体的、片段的、个人的、日常化的经验出发，理解真实时空中的乡村和乡村教育。从我自己的社会经历和命运轨迹的省思和剖析入手，向外探求社会环境的时空向度。我不能确定，这样的处理是否够得上"社会学的想象力"，是否达到米尔斯的要求，即"在学术工

---

[1] 书写故乡的作品中，有一部（《依稀识得故乡痕——漆家山50年村史》）相当特殊，著者为其故乡和故乡人作史，著者以古典文献研究为业，所以可将方言土语与当代白话融于一体，驾轻就熟，鲜活灵动，雅俗相间，朴素坦承，情感真挚。这部针对故土的书写能够唤起许多有相似乡村生活经验的人的理解和共鸣。书中所述的酣畅欢快与苦难艰辛真实展现了乡土的生命原力。参见：漆永祥. 依稀识得故乡痕——漆家山50年村史[M]. 北京：北京大学出版社，2019.

作中学会运用你的生命体验，并坚持不懈地加以审视和解释"[1]，我更不敢妄称将自身再生产作为主要的反思对象便具有了历史的维度。我会尽自己最大的努力，将个人的生命体验和社会变迁的大景观结合起来，以反映回观的方式来研究社会的动态结构。社会变迁是潜藏在社会机体中的重要特征，尽管对变迁的思考和限定存有清晰与模糊的不同域度，对变迁概念的捕捉也并未达成完全的统一，但是，不同学科从自身的学理关切出发，都会或深或浅地涉及这一问题。这也构成人们理解社会的丰富图景。人们的所思所想，在一定程度上，就成为社会变迁现实本身。

观看故乡的方式有很多种，置身其中的身体性回乡与意念中的故乡重构都是常见的回归方式。故乡有时会在没有任何预示的前提情境下，将个人扯拽到个体与她的复杂情感中。作为一名大学教师，我的许多写作和学术调研工作都需要在假期进行。每逢暑假，我在时间支配上的自由度还比较高，可以借由"我很忙，有很多工作要做"来搪塞父母对我回家的召唤。可是到了寒假，即使能捱到春节跟前，最终也还是要回家的。此时，再多的借口也不能构成不回家的理由。回家的意义，不仅仅显像地呈现为家庭成员的团聚，还透露出隔代家庭成员之间分合张力之下的默许关系。即使不考虑"回家"所暗含的家庭伦理约束，我每次"回家"都多少带有回到旧存的情感关系和伦理结构网络当中的意味。成年之后，回家的次数越来越少，甚至有时不乏抗拒。每次"回家"都像是在逃离与回归之间作出衡量之后的理性行动，它并不包含多少浪漫成分。父母一直对我的职业心存疑问——一个大学老师，除了给学生们上课，还有什么可忙的事情。我知道，当我以一种新的职业身份开始独立生活之后，我与父母的惯习和思维模式必将发生冲突。同时，我也不得不担心，我自己苦苦奋斗寻找得来的生活，到最后会与我本初的生活发生伦理上的断裂。事实上，在我写下这些文字的时候，我无时无刻不在反思这样的断裂。我当然不能将冲突的缘由归于父母的守旧，更不能凭借我当

---

[1] [美]C.赖特·米尔斯（著），李康（译）.社会学的想象力[M].北京：北京师范大学出版社，2017.

下"进步"的、现代的生活方式来否定父母的判断。毕竟，我正是在他们的惯习中成长起来的。当我在城市中安家，热情满满地投入自己的职业工作中时，父母的影响与故乡的牵绊从我的生活中不断撤退，但并未完全消失。就像法国学者埃里蓬在其自传性反思社会学著作《回归故里》中所言："我可以重新找回这片'自我的空间'，这个我曾极力逃离的地方：一片我曾刻意疏离的社会空间、一片在我成长过程中充当反面教材的精神空间，也是我无论如何反抗，依然构成我精神内核的家乡。"[1]在成人之前，以及成人之后很长一段时期，我都在努力逃离故乡，想象外面的世界，远离父母的掌控开始自由生活；父母也一再鼓励自己的子女跳出他们曾经的宿命。"出人头地"像是如我父母一般的农民阶层的集体意识形态，[2]希望自己的子女能够摆脱土地的牵绊，不再继续做"庄户人"。尽管不是刻意为之，父辈们的期望倒是迎合了发展主义的主张。作为子代，成年之后的我们终究会发现，那片曾经一心要逃离的故乡，将以别样的方式迎回我们，我们也会在内心深处想象故乡的样子。"那些我曾经试图逃离的东西，仍然作为我不可分割的一部分延续着"[3]。

乡村不是一个简单的地理空间概念，而是思考的切入点，她是一个思想建构。当我们以具身的方式回到故乡，回到自己熟悉不过的生活环境，于个体而言，这是一个找回自己的过程，而不是还原过去的过程。姑且不论我们回去的故乡本身在时间域度内发生了怎样的变化，个体对故乡的构念过程中必定存在选择——我们到底挑选什么来构成自己对于故乡意象的拼图？我们当初成长于其间的环境，与我们眼下返回的生活环境，只存在纯粹客观意义上的一致，即"这个地方"是当初的"那个地方"。但是，这种一致性对于

---

[1] [法]迪迪埃·埃里蓬（著），王献（译）.回归故里[M].上海：上海文化出版社，2020，第2页。

[2] 这里的集体意识形态是农民阶层在长期生活实践中形成的一些具有惯习性、逻辑性的生活主张，其中不乏农民阶层对生计的理性考量。

[3] [法]迪迪埃·埃里蓬（著），王献（译）.回归故里[M].上海：上海文化出版社，2020，第3页。

个体的内心建构来说，本身并无多大意义，毕竟，现在的"这个地方"早已不再是过去的"那个地方"。

本书中一些篇章尝试回答的问题，事实上，依然是最为基础，同时也远远未得到充分解答的社会学问题：乡村社区在何种程度上、以什么方式维系其继续作为有意义的社会组织形式？居于其间的乡村教育在乡村社区自身维系过程中如何适应乡村社区内外转型？身处乡村社会中的个体生命如何与看不见的社会结构发生关联？个体如何通过自我能动性积极投身到社会变革中来？这些问题都是非常重要的学科问题，因为不管是乡村社区、乡村教育的概念，还是乡村教育在乡村社区秩序中的角色，以及乡村社会变迁的特质，都构成乡村社会学及社区研究最为核心的研究领域。类似这样的问题除了学科重要性之外，还同时兼具实践层面和政策层面的重要意义，将会一直成为学术同行持续探究的问题。之所以这样说，是因为与社区概念关联紧密的地方化的社会结构和运行过程与发生在乡村社区之中的个体和集体生活息息相关。

每一个具体的乡村社区，都会在历史时间维度上形成独特的、地方化的社会结构，反过来，对于地方化的社会结构的特质和重要意义的探究也会随时间变量生成不断变化的假设和理论解释。但是，许多诸如教育政策执行过程中遭遇的国家标准化路径与地方化个性、需求、差异之间的矛盾，呼唤更多凸显地方性话语的创造性回答。社区研究一直是社会科学，特别是社会学和人类学研究乡村经济、乡村礼俗、乡村教育、乡村组织等内容的重要方法进路。而随着现代化、工业化、城镇化、商品社会等概念占据学术话语中心位置，乡村社区作为社会组织结构中最具意义的研究和分析单位遭到程度不一的忽视，乡村社区成为解释宏大社会结构变迁时的仆从，使得乡村社区地方化的机制体制与组织形式与宽泛意义上的乡土社会联系松散。

以乡村社区为主题展开的对乡村社会结构和社会过程的探讨不仅仅发生在学术圈之内，文化、艺术、媒体领域的非学术介入，创造出丰富的乡村书写题材，尤其是近些年来多种传媒渠道并进，重新关注乡土社会的重要价值，形成乡村"文化复兴"之势。在这股"复兴"大势中，不仅仅出现了学者们参与的半学术性"返乡体"，也有非学术目的的乡村文字记录。而更多草根性质的乡村叙述则登陆在各类图像视频平台上，真实记录与浮夸表演同时存在。乡村不再被动作为浪漫怀旧的对象，而是通过个人与乡村社会之间张力的呈现，成为社会故事讲述的现场。

我在反思自己人生轨迹的基础上，以个人经验作为文本，进行一种历史与理论的研究，其中不乏感性的方式，我也不确定是否可以将这种范式归入"人文派"。同时，我还必须严肃审视自己从容处理记忆与己身关系的能力，以免把写作沦为我这个"知识精英"的自怜或者自恋。从我离开故乡开始，怀着改变命运的热望，一步一步走向离故乡更远的地方，我的社会身份在奔腾年代处于不断改变之中。同时，我不认为自己的生活经验完全与他者无关，千千万万如我一般的个体，携带着从土地里生长出来的经验与体认，塑造着各自不同的生命。时代也要求人们对波澜壮阔的社会变革进行深刻的反思。某些修辞意义上的政策词汇很难解释社会变革的真实动因，因为即使再精致的政策话语也不能将局地性的、乡土性的地理环境、人文礼俗、乡规民约、经济生计以及真实人群的信仰与精神气质等要素的潜微运行全部盘活。"我追求的不是客观——客观并不能说明什么东西，因为，我们与现实密切地联系在一起，我们被封闭在自己的心里——，而是要从根本上诚实，要与自我做到完全的透明，这就要求我既要严格地保持距离，又要全身心地投入。我必须站在'我'的角度看待事物，要避免夸张和痛苦的口吻……要想将科学性和个人的参与对立起来，将外部事件和记录外部事件的人的内心的激情对立起来，将历史和讲述历史的艺术对立起来，这是徒然的，因为人的感动不是产生于辞藻，不是产生于夸张的形容词的罗列，而是来自于我们对真理的强烈期待。这是文字是否符合方法之要求的试金石。"[1]

如果我不曾远离故乡，如今也可能不会如此严肃地思考故乡。这权且视

---

[1] [法]伊凡·雅布隆卡（著），闫素伟（译）.无缘得见的年代：我的祖父母与战争创伤[M].北京：商务印书馆，2021，第435页。

作故乡远观与近观的辩证关系。远离故土可以在精神和心理层面产生一种故乡影像，这一影像并不是某一时间点上的切片，而是在不间断的时空中的绵延，它既可以作为故乡存在的本体之一，也可以作为近距离体验故乡的方法论参照。同时，在研究伦理上，要尽可能地摒弃个人感情，"也就是超脱我们的存在，我们的社会地位，我们的经验，我们的激忿或留恋，我们的'本能反应'，我们的毕生经历以及时代给予我们的种种影响"[1]。布罗代尔将结构、形势、事件（或者长时段、中时段、短时段）视为历史研究的三个层次（或三个时段），通过三者之间的复杂关系，综合解释历史发展的脉络。其中，长时段的结构因素（比如地理、风物、文化）对短时段事件（比如政治、经济事件）存在隐蔽的限定作用。历史看似静止，却暗流涌动。"对已经成年的人来说，纳入到长时段之中的另一种形式的历史，能使他们认清往昔岁月令人难以置信的积淀、掺杂以及惊人的重复，进而推导出几千年历史所承担的巨大责任。历史这一庞然大物肩负着始终具有活力而又常常意识不到的遗产。深层的历史正是如同心理分析学前不久揭示出无意识暗流一样，发现了这个庞然大物"[2]。对个人历史而言，如果在一个地方生活了很多年，又在接下来的很多年在其他地方游历、成长，不断拥有新的生活经验。然而，拥有的同时，一定伴随着失去的惆然。这种复杂的情感正是体现了时间对于空间转换的苛责。

每个人都是身体性和自我精神创构的存在，共享着时间绵延中的经验。"虽然过去和现在被丘陵、山脉、断裂和差异等障碍物所隔开，但过去终究经由大道、小路乃至通过渗透而与现在相会合：陌生而又似曾相识的过去在我们周围漂浮，我们也就莫名其妙地被它粘住了。"[3]故乡的历史影像与现时

---

[1] [法]费尔南·布罗代尔（著），顾良，张泽乾（译）.法兰西的特征[M]. 北京：商务印书馆，2020，导言第2页。

[2] [法]费尔南·布罗代尔（著），顾良，张泽乾（译）.法兰西的特征[M]. 北京：商务印书馆，2020，导言第5页。

[3] [法]费尔南·布罗代尔（著），顾良，张泽乾（译）.法兰西的特征[M]. 北京：商务印书馆，2020，导言第9页。

经验富含粘性，裹挟着方言、习俗、信仰、幻想、无意识等这些地方特性，将成千上万不同的个体卷入时代的大江大河之中。身为曾在洪流之中，并且仍在洪流之中的个人，我很难对乡村的过去和现在表现出感情淡然；相反，我会提出有关乡村的很多问题来。乡村的过去，并不是被置于我们身后的历史标记，它将一直存活于我们的情感之中，成为历史沉思的对象。身在历史当中，我们看不见历史，我们只能沉思历史。

　　每一个书写乡土社区的人，起初可能都怀有复刻马克·布洛赫的《法国农村史》的野心——以栩栩如生的真人"复活"法国农村的历史。但是，"每门人文科学都势必与整个社会现实有牵连，也就是说与一切其他人文科学的实质内容相联系。每门科学既由自身所决定，又受到外部的制约，它所阐明的领域也会涉及其他领域。从蒙巴纳斯塔楼和巴黎圣母院的高处鸟瞰巴黎，并不是为了发现地平线，而是为了展望城市的全貌。实际上，观察的每一个局部——对真实的每一种探索都具有整体性……说到底，不存在不具有汇总能力的人文科学"[1]。因此，即使我只试图阐述乡村社会的其中一个方面，我所面对的是整个中国的乡土社会。迫于知识与视野的局限，到头来，我也只能屈就于将我看到的、想到的、反思过的、理解了的东西记述下来。到这里，写作的体例问题就不再成为困扰我的问题了，也不再过多考虑如此写作是否符合学科范畴。这是因为，其一，我的书写已经很难归于哪一种学科之下了，其二，学科范畴本身也是人为建构而俗成的。没有哪一种固定的文本表达可以完全囊括身处社会巨变之中个体的瞬息万变的处境和浮动不居的感受，而社会巨变本身又是难以捉摸的。而要把这种捉摸不定书写出来，显然不是某一固定的方法范式所能统摄的。这样想来，我自己倒也轻松不少。

---

　　[1] [法]费尔南·布罗代尔（著），顾良，张泽乾（译）.法兰西的特征[M].北京：商务印书馆，2020，导言第8—9页。

第一章 乡村教育记忆

中国的乡村教育，如果不是中国社会转型过程中变革最为剧烈的一个方面，起码也是最为剧烈之一。这场变革牵动了国家整体教育秩序结构的反复重组，更关联了背后数不清的个人命运。历史进程的本质，反映了个体或者组群的生活史与宏大历史时刻的交汇。宏观层面的社会结构梳理有助于廓清社会秩序演变的逻辑，而微观层面的个体生命在宏大历史事件的漩涡中如何安放，则构成历史书写的重要完型。对于乡村研究而言，个人的迁动轨迹、乡村社会的命运转合，甚至村落共同体的盛衰势变，都与抽象概念化的社会转型存在着内在的关联，并在具体细微层面上呈现出多样性。

作为基本生产和生活单位的农村家户，兼具坚韧与脆弱的矛盾特质。在传统与现代的推拉交互的大势之下，家户既是传统的守护者，也是社会变迁发生的中介。作为守护者，家户维系传统文化、习俗、道德教育，维持地方共同体的持续性；作为中介，家户在社会转型变迁过程中的调整适应并不平行于以工业化和城镇化为代表的现代化道路，而是交互存在于个人和历史的连续性中。乡村共同体遭遇的现代侵入，会因不同的家户应对呈现出多样的坚守与创造，每一个生活在其间的个体在与历史大势的交织中书写出复杂的生命故事。面对社会转型变迁，家户和个体不断调整他们的感知和行动，在传统与现代之间，创造一种新的文化集合，融入现实的变迁当中。家户和个体的组织与计划在不同的时间节点上自然也存在行为上的区别。个人性反映社会性，最具个人性的符号往往显示社会时代性特征。普普通通的小人物，在各自的遭遇、苦难、困顿中会与宏观历史结构发生关联；宏大的、结构性的社会变革与转型可以直接联动个体的命运沉浮，制度变迁与日常生活的距离并不遥远。记忆，不管是个人的、集体的，还是世代的、历史的，都是现在与过去最有力的链接，影响着人们如何理解过去，如何将个人经历与社会背景相关，如何使用记忆解释自己的生活与周遭的世界。

一、乡村记忆的重构

乡村作为人类族群聚居的基本单元，在历史长河中留有丰富痕迹。这些痕迹很少以文字记录下来，更奢谈代代流传。乡村历史印刻在普通人日常生活的重复中，通过对日常生活的记忆重构，可以通达丰富的乡村历史。在这些记忆当中，每一个乡村的社会发展史都是一部当地社区的集体记忆，后者又紧密关联着当地的文化志，以及背后千千万万普通人的生命历程和生活抉择。乡村生活世界的社会记忆会成为当下或曾经生活于其间，并与乡村社会关联的所有人的一种遗产性自我意识，这种自我意识紧密地关联着记忆、传统、风俗，真实地表现在日常的生活生产实践中。

乡村，作为传统农业文化的生成之所，依然是道德秩序、乡土礼俗、故风旧习等传统的发生和维持场域。随着乡村被卷裹到全球化的现代浪潮中，乡村原有的地方性风俗变得松弛，乡村的传统社会秩序受到冲击。工业化和城镇化引发外部社会经济政治环境的极大改变，这种改变需要传统的乡村社区对外部经济形势、劳动力市场、组织结构、劳动分工等方面做出反应。受到工业化和城镇化影响最深的，应首推乡村社区中的家庭（户）。家庭根据外部条件适时安排组织生产生活、在应对生存和谋求发展方面展现出的家户行为，可以作为理解工业化和城镇化对乡村传统社区冲击效应的一面镜子。

不管是在工业化先发国家，还是在中国，工业化和城镇化都剧烈地改变了现代社会，重新塑造了乡村生活。传统理论认为，工业化和城镇化对家庭传统的破坏，主要在于家户成员由农业生产流向非农生产，从而切断了原有的社区共同体纽带。然而，这其实是一种对于工业化和城镇化效应的刻板印象。一些更为细致的问题还有待回答，比如，在什么样的历史条件下，家户可以掌握生产生活的主动权？家户是如何渐进地调整和重组生产生活布局的？家户在重组和调整过程中付出的成本有多高？要回答这些问题，必须以社会行动者的内部视角，来解释具体社会情境下的行为，而不是采用简单的理论二分。

长期以来，工业化和城镇化对于传统的冲击受到社会分化论的影响，认为工业化和城镇化会造成传统的分化，比如家庭、社区的内生聚合关系的分裂。这一理论认为，工业化将传统的三代复合家庭以劳动力重组的方式强行拆解为多个核心家庭，而核心家庭的重组则顺应了工业体系的要求，持这一观点并得到广泛接受的当推帕森斯。[1]另外一种支持观点主要出自早期芝加哥学派及其追随者，后文将提到的托马斯和兹纳涅茨基、帕克，兼属此列。这一流派认为，工业化和城镇化带来的乡—城人口流动会动摇传统的亲缘纽带关系和地方社会网络，迁向城镇的生活会剥离原有的传统文化。不管是帕森斯还是芝加哥学派，都声称核心家庭更为适合工业化社会的生产要求。但是对于不同群体和职业的研究发现，传统的家庭纽带关系还会继续存续，比如安德森在对19世纪兰开夏郡纺织工人的研究就印证了这样的结论。[2]相较于欧美国家，中国的农业传统更为悠久，工业化和城镇化对传统农业社区和农民家庭的影响也更为复杂。

空间上的人口流动与社会意义上的职业阶层流动，双向加剧了乡城关系间的张力。流动，一方面释放了乡土对人口、生产力以及个人理性的管控；另一方面也对原有地方性传统构成消解和破坏，解构了地方性的道德秩序。虽然现代文明本身的多元性和多变性将传统与现代这一抽象二元间的牵扯推拉演绎得更为复杂，但是传统农村的乡土性并没有崩溃，反而因为乡民与村落的重新融合呈现出"新"乡土性，"乡村的发展极大地彰显了传统村落对

---

[1] 详见: Parson, Talcott, and Bales, Robert, 1995. *Family, Socialization and Interaction Process*[M]. Glencoe, III.: Free Press.

[2] 详见: Anderson, Michael. 1971. *Family, Structure in Nineteenth-Century Lancashire*[M]. Cambridge: Cambridge University Press.

于现代化力量的多元反应方式"[1]。

二、乡村记忆的生成

乡土性与现代性的冲突与重构也持续地定义着地方性的礼俗纽带。然而这一纽带已然变得松弛、分散，原来维系在这一礼俗纽带上的地方共同体变得感情淡然、更为理性。地理空间上的人口流动和社会意义上的背离农业文明向现代文明流动，在很大程度上鼓励或者迫使个体切断与过去的联系，舍弃集体身份而选择个人性成就。流动带来自由选择的同时，也造成社会个体身份认同的困境。即便存在帕克所讲的"边际人"[2]，但是个体在自身的记忆与传统的选择上，难以达到完全平衡。乡村地方性秩序在不断的冲突与消解中实现重建。当然，这里讲的重建，不是在断裂基础上的重建，传统与现代互相着力的过程并不发生文化形态的断裂，更多表现为形变、削弱和再适应。

与地方性乡村文明不断消解和重建过程相伴而生的，是地方性历史的不断消失。"历史的加速"[3]不仅仅是一个比喻，20世纪中国的百年激荡，书写了一部宏大的"告别过去"的历史，除了"告别屈辱""告别奴役""告别贫困"，底层声音、局部景观、群体生命体验已多被遗忘。就像霍布斯鲍姆所哀叹的，"历史的记忆，已经死去……过去的一切，或者说那个将一个人

---

[1] 文军，吴越菲. 流失"村民"的村落：传统村落的转型及其乡村性反思[J]. 社会学研究，2017（04）：22—45.

[2] Park, Robert E. Human migration and the marginal man[J]. *American Journal of Sociology*, 1928, 33（6）:881-893.

[3] 皮埃尔·诺拉在《记忆之场》（Les Lieux de Mémoire）开篇提到这一比喻，"因为记忆几乎不复存在，所以我们才经常把它挂在嘴边"，诺拉这样讲，是为了激起人们对历史性集体记忆的重视，相当于一种反讽的说法。见，Nora, Pierre. Between Memory and History: Les Lieux de Mémoire[J]. *Representations*, No. 26, Spring, 1989:7—24; Nora, Pierre. General Introduction: Between Memory and History. In Pierre Nora （trans. Arthur Goldhammer）, *Realms of Memory: the Construction of the French Past*[M], （volume 1）, New York: Columbia University Press, 1996:1. 另外，美国学者大卫·克里斯蒂安也称20世纪为加速度的世纪，从人口、技术、创新、人际关系、经济形态（包括收入差距）、生活方式等尺度衡量，20世纪发生的变迁比以前人类历史所有历史阶段发生的变迁都要多。参见：大卫·克里斯蒂安（著），晏可佳，段炼，房芸芳，姚蓓琴（译）. 时间地图：大历史，130亿年前至今[M]. 北京：中信出版社，2017.

的当代经验与前代人经验承传相连的社会机制，如今已经完全毁灭不存……许许多多身处世纪末的青年男女，他们的成长背景，似乎是一种永远的现在，与这个时代的众人的共同过去，缺乏任何有机的联系。"[1]当下与过去割裂断绝，历史记忆正在面临着现实的危机。记忆不是作为静态的、恒定的事实性存储机制，或者对于既定过往的复制，而是对过去的重构和重现，以及在此基础上形成的叙事与陈述。对个体来讲，记忆具有历史时间的柔性特征，表现为丰富的延展性和可塑性，二者都强调过去的历史事实与当下的关联，以及这种关联呈现的意义。这种社会文化意义上的记忆界定，将记忆从简单的文献式或者自传式（传记式）的限定中解放出来。个体和集体的行动或者交互行为附着于历史性的生活世界之中，记忆则内嵌其中并生成丰富的生命意义。

社会文化意义上的记忆，是指社会共同体通过多样的意象来呈现自己的行为。就这一意义来讲，记忆与历史是不同的，记忆作为一个反思性的概念，是对植根于现实世界的经验证据进行的知识实践过程，是一种"想象的共同体"的构建行动。记忆内嵌于现实社会中，在回忆与忘却的辩证关系中持续存在，是富有生命感的情感意义表达。记忆不仅维系共同体纽带关系，创设身份认同，也在个人意义上彰显直面传统消失的症候时产生的对过去的意识。[2]

记忆与历史间有所反差，若历史是编年式记忆的话，那么社会记忆就是一种赋意式记忆——通过对过去的回忆、建构、虚构、幻象，赋予那些逝去的事物以当下的意义。这种赋意式记忆基于一种补偿心理，即对于过去缺失的、不满的、失落的、屈辱的、苦难的意象进行重构，来呈现当下的理解。与记忆的真实性相比，记忆承载的事件深处的意义更为重要。记忆研究依循

---

[1] [英]霍布斯鲍姆（著），郑明萱（译）. 极端的年代：1914—1991[M]. 南京：江苏人民出版社，1998，第4页。

[2] Kritzman, Lawrence D. Forward: In Remembrance of Thins French[M]//Pierre Nora（trans. Arthur Goldhammer），*Realms of Memory: the Construction of the French Past*，（volume 1），New York: Columbia University Press, 1996:ix.

的不是历史轨迹复原历史，也不是对过去历史的刻板刺激反应，而是探究关于过去的当下记忆。文化秩序的记忆构成，包括物质性媒介、技术以及其他与人类记忆相关的人类创造，也包括非物质性的语言、符号系统。不同组群或者社区的人口构成，因其文化秩序构成要素的不同，往往会产生不同的记忆。本质上来讲，记忆既复杂又特殊，它可以是集体性的复数记忆，也可以是个体性的私人记忆。历史属于每一个人，但又不属于任何人。记忆不同于历史，尽管记忆实实在在地附着在空间、时间、图像、语言文字、物品上面，但每个个体、每个社区、每个组群的记忆形式和内容不尽相同。

乡村社会变迁，深刻体现着社会优化与社会弊病并生、社会进步与社会代价共存、社会协调与社会失衡同在的双重性和复杂性。[1]真实的社会生活往往超越社会统计的域度，而展现其现实厚度。村落中呈现的景象，真实地存在于国家的每一个角落。理论术语中的社会流动更像是一个纸面上的问题，而每一个活生生个体的真实故事，才真正赋予见证者和行动者同时在场的鲜活的历史意义——生于斯长于斯的命运承转体验。依据宏观社会理论实施的公共政策，虽然可以有效地改善社会整体状况，但还不足以、也不能够解释每一个微观家户、个体的实际问题。社会流动这一术语，理论上暗含了向上向好的生活，但也迫使人们直面"故乡成他乡"的无奈。

历史书写向来注重民族国家范式的宏大叙事，庙堂之外普通人的生活世界与个体记忆容易遭致忽略，更鲜见个体的生命体验与心灵世界。社会转型期的个体命运研究更多地聚焦集体性的、统计平均数意义上的命运表达，或者将个体作概念抽象的变量表述，但是具体到个体微观细节的社会转型叙事，始终处于模糊状态。普通人在社会转型历程中富有生命感的历史细节，并未获得足够的文字着色。社会转型研究中的个人被抽象化，被剥离鲜活的生命体验，即使使用某些案例，也仅被作为历史切片，而不是采用多样的生活史来呈现或者描述现实的生活图景。

---

[1] 郑杭生，张亚鹏. 社会记忆与乡村的再发现——华北侯村的调查[J]. 社会学评论，2015（03）：16—23.

历史书写一直作为国家历史意识表达和教化民众的公器，民族国家的宏大历史叙事具有绝对合法性。然而，这种自上而下式的书写仅仅呈现了国家意志和官方形象，作为全面理解社会的另一重维度的底层社会普通民众的生活体验和声音，则显得不那么突出。不乐观的情况是，我们可以感知的历史以及历史的见证人正在消失。联结一个民族精神世界的纽带除了形式上的共同生活之外，拥有共同且丰富的记忆遗产同样重要。对于普通民众来讲，编年式的宏大叙事与他们切身的生命体验无法建立直观联系。因此官方的历史记忆与普通的个体记忆之间的缺阈就成为还原历史真实的关键。总之，乡村中每一个具体的人的生命体验与心灵世界还未成为重要的书写对象。近年来出现的短视频、返乡体、影视记录片等形式，开启了技术下沉与全民记录联姻的时代，正好反映了当代人对加速的现代性的不同"写作"方式。

记忆是人类的本能，凭借记忆，人类可以跨越当下的时间域度去回观和反思自己在场或者不在场的过去。比如，曾经存在的乡村学校及其教育想象，构成了实实在在的"记忆之场"，成为呈现记忆消失的印记以及社会对过去或者失去的记忆重建的物质和精神依托。记忆是一种控制系统，它不是要指出能够记住的东西，而是要告知应该被记住的东西，它关联着过去与现在的经验。"已被久远的时间所淹没的往昔岁月，就这样由一些见证流传至今。正因为如此，要想追根究底，那是很困难的。历史学只能从后来的和稀少的现象中进行发掘，那也是谈何容易。村庄、村落、集镇以及孤立的农庄早已由广义的历史（即在历史自身的期限外，再加上长达几千几百年的史前史）创造出来。这一必要的回顾不能使我们真正达到目的。我们只是停留在假设的阶段。"[1]乡村、乡村学校、民间叙事，这些都构成了历史语境中的"记忆之场"，其间，每一个体在这些"场"中赋予自己生活以意义与情感，并保持其生命故事的生动。生活在乡村共同体的成员，他们的记忆，也随着社会变迁与道德伦理价值的变化，对过去的历史重新获得个人的相关

---

[1] [法]费尔南·布罗代尔（著），顾良，张泽乾（译）.法兰西的特征[M]. 北京：商务印书馆，2020，导言第122页。

性。这些"记忆之场"正是勾联永远逝去的过去和难以捕捉的当下两个时空极值的媒介。可叹的是，多年的城镇化运动直接或间接地导致了乡村教育的荒芜化，当代乡村教育与教育在乡村的悠长绵延发生了历史断裂。农村大量房屋，包括学校校舍、戏台，要么大量闲置，要么破败坍塌，"导致作为人类文明重要存在形态的乡村聚落景观也面临着存废的挑战"。[1]乡村教育，在很多乡村地区，只能以记忆的方式成为不同代际集体或个人意识中的社会事实。物质形态的村落和乡村学校，非物质形态的语言，尤其是当地的方言，都是构成乡村社会叙事最好的工具。而在乡村社会叙事的实践尝试中，记忆研究、叙事研究、传记式研究以及更具文学性的生命书写也会发生很多重合的地方。

乡村社会记忆，首先是生活在乡村中个体自身的社会经历反思，通过记忆的方式重构过往的个人生活经历，是个人生活史的重新赋意；其次是一场针对过往乡村生活的集体性追忆或者公共性实践，是集体记忆的鲜活建构；最后是某一特定的地域、社区在国家制度建塑中的社会记忆，构成社会转型和时代发展的生命档案。习近平总书记2016年在安徽省凤阳县小岗村农村改革座谈会上提出"留住田园乡愁"，恰恰也是珍视乡村社会记忆在理解乡村社会之于中国发展的价值。作为社会史意义上的研究对象，乡村社会记忆可以用来阐释嵌套在社会系统中的乡村是如何生动运行和顺时变迁的。社会宏观记忆往往随着时代变迁更易于呈现，我们也一直不缺乏这种宏观话语阐释。相较而言，关于乡村社会的集体记忆和个体记忆的呈现则相对缺乏。

对个体而言，记忆强调过去的历史事实与当下的关联，以及这种关联呈现出的意义。记忆内嵌于富有生命意义的日常生活大背景中，个体与集体的行动或交互行为附着于历史性的生活世界之中。个体的行动是在其所属集体或者社群特定的文化秩序支配之下进行的，这种秩序也反映了历史变迁的轨迹。记忆是人类的本能，个体会在自我的生命历程中形成独特的形象，这些形象本身充满了阐释意义和自我意识。每一个生活在其间的个体，用他/她深

---

[1] 田毅鹏. 村落过疏与乡土公共性的重建[J]. 社会科学战线，2014（06）：8—17.

刻的生命体验和丰富的心灵世界，保存社会转型和历史变迁的印记。

乡村人文遗产、文物古迹、民间叙事等构成历史语境中的"记忆之场"，它们成为呈现记忆消失的印记以及社会对过去或者失去的记忆重建的物质和精神依托。作为生活在共同体中的成员，个体的记忆也随着社会变迁与道德伦理价值的变化，与过去的不同部分重新获得相关性。社会文化意义上的记忆，生成于现实社会并内嵌于社会框架之中，其本质是对过去的当下重构，在回忆与忘却的辩证关系中持续存在并达到富有生命感的情感意义。记忆产生于社会又缔造了社会（或社群），个体记忆是在社会记忆中形成的。同时，记忆具有重建性并通过依附一个社会"意义框架"被保存下来。乡村生活世界的记忆成为生活在其间或曾经生活在其间的人们的一种遗产性的自我意识，这种自我意识紧密地关联着传统、风俗、故土、人情，真实地表现在日常的生活生产实践中。乡村社会记忆的重建，或许可以尝试底层的诉说方式。

作为"记忆之场"的乡村，不论其物质形态，还是精神形态，不管是业已消失的，还是依然存在的，已经不仅仅是作为记忆的留存之地，更多的是发现、解释乡村生活世界重要意义的"记忆之场"，它的面向也不仅仅是当地社区，还是整个国家的当代社会史。一个国家对于过往历史的态度很容易变成源自文化本身的深刻性事实。历史观念本身属于特定的社会和文化组织，这些社会和文化组织内含着特定的社会秩序。历史的观念，同样会以意识形态的方式，指明一个社会动态发展的方向。对于过去历史图景的解读并行存在着很多辩证的域度，这些域度彼此相接交互，共同构成理解过去的历史形态学。历史形态学反过来又成为判断社会整合或者分化的精准标尺，或者判断制度失效与否的指标，进而进一步塑造社会大众的文化观。

三、乡村变迁中的教育思虑

随着我国由传统农业社会向工业化、城镇化、现代化的转变，以及市场化改革的逐步推进和国际竞争与合作的广泛参与，如何深入地认识教育在社会发展转型时期对于个人、家庭和社区共同体的角色和地位，需要理论和实证上的双重考查。村落和乡村在中国的历种社会形态下，都保持了坚韧的生存力，是维系个体和共同体命运的基础。现代化、城镇化和市场化对村落的冲击是不是一件好事，不是一个轻易可以给出答案的问题。但至少我们应该正视，在此冲击下，村落的命运发生了或轻或重的变动。社会科学研究的使命理应少不了质疑和批判，提出质疑，据此行动。这些研究不能回答村落发展的出路何在，但至少让我们感觉到村落并不是按照既定的社会框架（如从传统到现代的二分法）而发展的事实。村落的嬗变，以及嬗变过程中个体和共同体命运的沉浮升降，沉浮过程中教育的参与，这些会一直成为包括教育学在内的人文社会科学的持续关注的内容和蓄力破解的目标。乡村教育的存在状态受制于传统与现代两种文明的交衡。嵌入村落共同体的乡村教育，直接参与了乡村文明传统的进退形变。历史进程加速时期，底层的、地方性的历史书写可以完善历史的整体理解。

考察个人机遇是生命历程研究的重要方面之一，生命历程研究渗透社会学研究当中的个体流动的时间变量考察和史学研究中的日常生活史研究。考察教育在个体机遇变迁中的影响即是研究个体在社会变迁过程中受教育背景与其就业、工作变动、晋升、收入、福利、家庭贡献等生命历程各个阶段、各个环节的内在有机关联。内嵌于社会转型过程中的个体变迁一直是社会学研究的重要关注点之一：社会转型理论提出伊始，便激起了包括中国、前东欧社会主义国家区域研究者长期的关注和争论。毫无疑问，考察我国农村教育与个体命运的变迁也不能脱离蕴涵农村改革和农村教育形变的大背景。村落和县域调查是国情调研的基础，这正是我国社会学学界前辈们所倡导和力行的。以杨开道、李景汉、晏阳初、梁漱溟、费孝通等为代表的社会学家倡行的乡村社区研究方法，将涉及人口比例最大、地域面积最广的中国乡村和乡村平民生活纳入社会学研究范畴之内，开创了中国社会学研究的特色之路。乡村社区研究有助于研究者更为清晰地理解乡村社会变迁的内在机理，同时，兼顾乡村社会变迁的外在机制（比如社会的制度转型）。

"后乡土中国"是对当下中国农村存在状态的经验概括，中国农村的后乡土性主要表现在对传统乡土性的存续和对现代化、市场化和城镇化的适应。传统农村的生产生活方式、村落礼俗关系、乡土风貌都传承至当下中国农村，而后乡土中国对现代化、市场化和城镇化的适应主要表现在人员和物资的乡城流动、农村社会治理模式的变动、农民阶层的分化和多样化等方面。当前，中国农村身处史无前例的大变革洪流之中。社会变迁理论认为，农业社会向现代产业社会转型的过程将使在农业社会形成的共同体解体。《村落的终结》一书开篇指出现代化和城镇化对中国农村的冲击远远超出孟德拉斯在其经典著作《农民的终结》中的描述。随着现代化和城镇化的递次推进，农村村落的发展命运也表现出多样性和渐进性的特征。《村落的终结》考查的是经济发达地区"城中村"的存在状态，这些"城中村"与城市的联系紧密，生产生活方式受到城市现代文明的深刻影响。但是，数量远远超逾城市的众多农村村落依据各自独特的地理、民俗文化、历史和民族背景，散落在中国广袤的土地上。经过40年的改革，已经发生了大转型的农村村落，其生存状态、变迁趋势以及与现代化和城镇化的融合与冲突并非呈现出整齐划一的同质性。

关注个体命运的教育学研究围绕两个基本问题展开，一是教育与个人发展的关系问题，二是教育与社会发展的关系问题。前者多通过教育微观史的考察，阐述教育对个体发展的影响，集合个体生活的变迁轨迹反观教育改革的踪迹；后者多借以大规模的面板数据考察某一历史时段之中教育变量的社会参与（比如升学、职业）。不同时期的理论诠释者对教育的社会经济功能给出不同的理论范式。回溯到经典社会学理论关于教育职能的争论，教育大致被定义为三大职能：教育作为统治阶级利益的意识形态再生产的场所（代表人物马克思和恩格斯）；促进有机团结、整合社会秩序的公共机构（代表人物涂尔干）；工具理性或科层统治作为新控制原则的来源（代表人物韦伯）。当下的教育不平等和教育分层研究也依然沿袭着经典社会学理论而展开。实证方面，西方的人力资本理论对教育在经济增长和收入分配的作用给出了详实的解释。人力资本理论解释了经济产出与教育投入的相关关系（虽然在不同的社会环境下相关的程度各异），在特定的场域中，教育与经济社会的互动关系会受到时代变迁的影响，这也就要求我们须将教育研究嵌入社会大系统中进行考察。

在微观层次上，从个人角度切入的教育生活史逐渐成为教育学研究，特别是教育社会学和教育史学研究的重点关注。教育生活史关注普通人的教育生活历程，考察个体的社会流动意愿对于作为社会系统的教育机会安排与社会阶层结构差异的能动反映，通过微观个体的生活世界折射宏观社会的变革背景。教育生活史方法将教育事件（布罗代尔的短时段）放置在特定的社会历史的情境下，以拥有主体性的行动者的自我经验作为直接研究对象，通过他们（我们）的经验回观与反思、个人式的自我解构，来分析个人主体性之于现实环境的能动性，呈现个体的现代化进程对个体的影响来探究整体社会结构系统的生成逻辑与内在动力机制。下文将以第一人称的叙述方式，呈现一个个案村落的教育变迁史和其中的个人命运。

四、教育流动中的乡村变迁

20世纪90年代初，夏村常住人口200左右，而到2020年，全村常年在村不足10户，共计不足20人，皆为留守老人。八九十年代的家户依然维持三代复合式大家庭，而如今，基本单户为主。也难怪，对于久居在外的乡人来说，回乡总会发出"怎么跟以前不一样了"的感慨。如从进城求学算起，该村各代的孩子们当中，有人已经是政府官员、大学教授、商人、名校在读的硕士、博士、侨居海外者，不能——尽数。而更多的乡民，进城后艰难维持生计，或者流落他乡。即使在如此偏远的一个小山村，对人的教育命运也发生了剧烈分化。

当初乡民们热切进城供子女读书的初衷，并不总是原原本本地得到回报，甚至跟他们的期望相左太多。乡民们希冀的"念成书"[1]的分量越来越

---

[1] 当地乡民将读书毕业后获得稳定工作，尤其是到"公家"单位工作，视作"念成书"。

成为压在他们心头的顽石。千百年来，乡村教育不仅培育和夯实了农村地区的礼俗文明，也源源不断地向城镇、向工商业文明提供人才支持。即使是现在，乡民们问起某大学毕业生，"分配到哪里工作啦"之类的话语也很普遍。他们世代期盼教育能够改变农人子代的命运，可是除了少数真正几个成功人士之外，大多数人还是没有看到教育对命运的彻底改变。相反，很多乡民家庭被教育所累。即使是看似成功的少数个体，当他们在城市中安家置业时，还是会从家乡的原生家庭父母那里得到一些资助。而大多数已经决意不再务农的年轻人，他们进城安家择业，往往动用的是两代人的努力和积蓄。而乡民们以前期盼的"吃上商品粮""享有城市户口"，现在也消逝得烟消云散。

贫困是这一地区家庭的传统，即使对于实现了中国梦的少数幸运儿来说，比如少数几个官员、知识分子、商人，他们经历过的命运恶魔一直在身后不远处穷追不舍。因为他们肩上依然需要扛起父母、亲戚，以及极力抵御可能来临的家庭灾难。在维持生计的前提下，每个家户都有对于周遭环境不同的应对方式和智慧。城市通过各种门槛和路径，比如技术准入、资格制度、升学考试、分配择业等，筛选和汲取农村的年轻人。农村乡民一代接着一代，在进城、转行、谋求向上流动的行动中艰难行走。这种接力，已经远远超越乡—城（县城），很多情形已经跨越城（县城）—城（都市）。类似的流动，对所有人来讲并不存在普遍法则。真实的人生往往会超越一般的社会统计的域度，而展现其现实厚度。村落中呈现的现象，真实地存在于这个国家的每一个角落。理论术语中的社会流动更像是一个纸面上的问题，而每一个活生生的个体的真实故事，才能够真正赋予见证者和行动者同时在场的鲜活的历史意义：生于斯长于斯的命运转合体验。依据宏观社会理论实施的公共政策，虽然可以有效地改善社会整体状况，但还不足以也不能够解释每一个微观家户、个体的实际问题。社会流动这一术语理论上暗含了向上向好的生活，但同时也让人失去一些东西。明显的一个例子就是，故乡成他乡的无奈。但是，离开的生活，往往变成了不可控制。

人类历史演进轨迹中总有一些神奇的相似。19世纪甫始，法国的思想家们觉知到自己正在见证一个骤然变化的时代。第一次工业革命引发一系列经济秩序重组，加之，大革命余波引起的社会涌动推动个体自由的空前解放——这使得法国社会长期处于躁动状态。彰显现代性的理性原则本是法国大革命的直接产品，但是，不管是现代理性本身，还是与之关联紧密的个人主义，都在法国大革命之后的一个多世纪，甚至直到今日，都招致褒贬不一的评价。"个人主义"一词也正是在这种对立评价中最先以法文的形式"应运而生"。个人主义伴随现代性产生，并塑造了现代生活方式和社会秩序。表面上看，个人主义是现代社会的价值观念，但其源头早已发生在古希腊时期对公民个人价值的承认。现代社会与传统社会相对，传统价值在现代性的进逼中全面衰落，发生了韦伯意义上的"祛魅"——传统社会的纽带关系和集体价值权威遭到瓦解，个体成为价值的裁定者和承载者。奥古斯特·孔德（当然持此看法的还有圣西门）将彼时的社会形态称作工业社会，托克维尔则将其定义为民主社会。孔德大胆预见到劳动将构成个体价值和社会秩序基础的决定因素，劳动同样赋予个体流动的合法性；托克维尔强调流动性的同时，更是看到了社会中潜藏着的平等、民主倾向，个人主义推动个体远离公共生活。涂尔干似乎并未重视他的两位前辈的洞见，同时他与当时保守主义立场保持距离，如梅斯特尔对个人的社会性的批判，"不受社会影响的个人是不存在的。'社会契约只是一种幻想'。我们不能撇开社会去揭示人的自然状态，原因很简单：'社会与人是同在的'。或者换种说法：'人类从来不曾有过先于社会而存在的时期，因为在形成政治社会之前，人还不是人。''孤立的人'是一种反自然的错误概念。人完全是一种社会的动物，因此，世代相承的生活方式应该被不假思索地接受，而不得置疑"[1]。梅斯特尔质疑社会契约，实质上也是对作为原子化个体的不信任。社会契约的缔结方虽是经历了理性启蒙的个体化个人主义者，但如若失去了共有的传统和共

---

[1] [美] 斯蒂芬·霍尔姆斯（著），曦中 等（译）. 反自由主义剖析[M]. 北京：中国社会科学出版社，2002，第21页。

同文化价值的规范和约束，他们很难形成彼此之间的团结。这正是涂尔干所担心的，也是他将重建社会秩序视为自己的社会学目标的原因。与同时代的德国社会学家齐美尔一样，涂尔干将社会看作不同个体组成的"圈子"，个体在"圈子"内部的相互关系下相互约束，彼此构成一个统一体。现代社会出现的社会分工加剧，或者自杀行为，构成了他眼中的"现代个人主义"问题。在麦金太尔看来，现代性造成的分离构成理解人生统一性遭遇的社会的障碍，"现代性把每一个人的生活分割成多种多样的部分，每一部分都有其自身的行为规范与模式。由此，工作与闲暇相分离，私人生活与公共生活相分离，团体的与个人的相分离"[1]。

在《社会分工论》中，涂尔干分析了社会分工和社会分化加剧引发的失范问题。失范意味着"社会在个体身上的不充分在场"和"社会的缺席"。[2]社会的缺席正是现代社会困境和危机的社会学根源。社会分工刺激了个体从集体中挣脱出来的欲望，社会中原有的集体意识对个体行为的约束日渐式微，[3]个体追求自我发展成为必然，但它并不是导致社会失范的本质原因。原有维持集体意识的"宗教集体活动对个体产生的影响越来越少，人们随着市场竞争和公众舆论而漂浮游荡，不再有任何灵魂意义上的归所"[4]，个体失去对集体的依恋感的同时，也失去了集体规范的引导，个体的越轨行为和社会失范便容易产生。

---

[1] [美]麦金太尔（著），宋继杰（译）. 追寻美德：道德理论研究[M]. 南京：译林出版社，2011，第258页。

[2] 渠敬东（著）. 缺席与断裂：有关失范的社会学研究[M]. 上海：上海人民出版社，1999，第29页。

[3] 涂尔干认为传统社会的团结形式建立在相似性基础之上，这时个体生活的社会各个环节是相似的，个体对于外界社会环境的认知也是相似的，当机械团结发挥作用时，所有人的意志就会不约而同地同归于一处，将个人与社会直接联系起来，从而形成了在社会中对个体进行约束的集体意识（集体意识是社会成员平均具有的信仰和感情的总和，构成了他们自身明确的生活体系）。传统社会的机械团结得以存在的主要原因是社会个体对于集体意识和集体权威的维护。但是这样的团结形式只会存在于低级的社会形态中，随着社会分工的发展，传统社会中的各个环节被瓦解，个人终将要摆脱集体意识的束缚而逃脱出来，社会的团结形式也将发生相应的变化。见：[法]爱弥尔·涂尔干（著），渠东（译）. 社会分工论[M]. 北京：三联出版社，2000，第212页。

[4] 渠敬东. 涂尔干：作为文明研究的社会理论[J]. 学海，2018（02）：52—60.

涂尔干通过对传统社会和现代社会两种类型的考察，得出机械团结和有机团结的二分法。传统社会中，社会几乎没有分化，社会是由一个个类似氏族或家族的相似封闭环节构成。[1]

个体生活在这样的环节之中，少与外界环境发生交集，居于其间的个体生活的各个环节是相似的，个体对于外界社会环境的认知也是相似的，所有人的意志不约而同地归于一处，个人与社会直接联系起来，容易形成约束个体行为的集体意识。传统社会机械团结的实现来自个体对社会集体意识的维护，个体尚不具备自身独立的属性，而是与集体融合在一起的，集体意识成为维护社会团结的主要方式。随着社会分工的发展，社会不断分化，个体终将要摆脱集体意识，社会团结形式也会发生变化。现代社会是一个高度分工的有机社会，随着社会逐渐分化，各类社群组织逐渐解体消失，新的职业组织、社团开始出现，个体之间的差异性开始凸显。在这种新的社会结构中，个体之间的关系不再是传统的封闭关系，以集体意识的衰落和个体的差异性为特征的有机团结开始出现。社会分工的发展带来集体意识式微，个体逐渐挣脱集体，开始发展自己的独立人格。与此同时，集体意识的衰落使得个体失去了归属，集体意识不再能够影响个体的行为，导致极端个人主义和社会失范现象的出现。

极端个体主义的出现是社会团结形式转变过程中面临的首要问题。极端个人主义的出现与集体意识的衰落几乎相向而行，群体生活对个体不再具有吸引力，集体意识也不再对个体形成规范约束，集体意识消失的同时，带动个体在社会生活中归属感一并消失。涂尔干肯定个人主义的正当性，但并不

---

[1] 即"以氏族为基础的环节社会"，涂尔干之所以把这种社会说成是环节的，是因为它是由许多相互类似的群落重复而生的，就像一条环节虫是由许多环节集成的一样。另参见：[法] 爱弥尔·涂尔干（著），渠东（译）. 社会分工论[M]. 北京：三联出版社，2000，第216页。

允诺极端个人主义。[1]随着社会分化的加快，个体终要挣脱集体束缚，但是这并不意味着丝毫不考虑社会的存在。涂尔干在《社会分工论》中指出，每个人并不是带着集体意识进入社会的，集体意识不是由个体决定的。相反，集体意识是由群体团结所构成的，它来自于社会，因此会随着社会的变化而变化。当社会生活消失的时候，集体意识也会随着消失。社会分工引发传统社会维护机械团结形式的集体意识日渐衰落。但此时替代集体意识的新事物并未同时产生，即"与这种社会类型相适应的道德逐渐丧失了自己的影响力，而新的道德还没有迅速成长起来，我们的意识最终留下了一片空白，我们的信仰也陷入了混乱状态"[2]。个体在追逐自由的过程中失去了以往的关系纽带，同时也丧失了对社会的归属感和依恋感。

在涂尔干看来，随着社会分工的加快，个体在社会中获得越来越多自由发展的机会，个体跳出集体意识约束实现自由发展成为可能。解决社会失范问题的关键，在于建立新的道德体系以唤起人们的集体意识，引导个体摆脱极端个人主义，培养具有道德意识的个人。涂尔干将造成社会失范的原因归为社会道德的缺失，认识到解决社会失范状态的关键在于建立一种理性社会道德理论，而构建这种道德理论的根本在于将社会道德内化于个体内心。涂尔干的忧虑也依然是现代人的忧虑。查尔斯·泰勒在《现代性的隐忧》一书中考察了现代性的三个主要隐忧。他定义的隐忧，是对当代文化和社会精神、道德状态的担忧——即使我们的现代文明在不断发展，但是人们对现代（或曰现代性）特征表现出种种不满。首当其冲，便是个人主义这个现代性开出的最美丽的花朵。泰勒指出，现代性隐忧首先表现在意义的丧失和道德

---

[1]　波普尔在《开放社会及其敌人》中对"个人主义"给出两种定义：一是与集体主义相反，二是与利他主义相反。前一种定义找不到替换的术语，而后一种可以找到不同的术语与之相对，如"利己主义""自私自利"等。"个人主义"一词遭致很多不公的批评主要源自两种含义的混淆与误用，人们往往绝对地看到后一种语用，而忽视前一种，以至不会延伸到可能的"利他的个人主义"，或者忽视完全正当的"个人主义"。个人主义完全有可能是利他主义的，就像集体主义也有可能是利己主义的。

[2]　[法] 爱弥尔·涂尔干（著），渠东（译）. 社会分工论[M]. 北京：三联出版社，2000，第366页。

的消退。涂尔干的社会学理论，虽然带有社会拯救或者社会治疗的倾向，他本人也不能跳出身处时代的思想限度，但他的道德教育理论并不暗含绝对的社会决定论的指涉，否则，这一理论早已失去了现时意义。然而需要警惕的是，以社会的名义进行道德教育，会因社会的脆弱本性导致道德教育的失败。现代社会的社会形态已经不似传统社会那般坚固，集体的形式也慢慢从社会本就模糊的领域中退出。涂尔干最初引入"失范"这一概念，试图找到那个像维护宗教社会生活的上帝一样隐蔽的社会。涂尔干重振道德的用意，也有貌似用道德接替宗教的意味，将社会的整体道德要求轧印到个体内心，使得个体的诉求屈居于社会的利益之下，而这种想法与现代社会鼓励个体理性发展的主张构成事实上的冲突。"失范"概念也并未如涂尔干所愿成为个人意识和集体意识之间的衡器，正如渠敬东发现，"涂尔干越来越意识到失范就像一个幽灵，始终在他社会整合的理论大厦之中徘徊"[1]。社会是由个体构成的，而后者才真正具有意识，具有思考、行动的能力。个体的社会成员资格也是在个体积极地、有意识地思考一个社会长期保留下来的历史文化传统的过程中，逐渐融入社会。现代社会的理念结构中，个体价值不再隐藏在集体价值之中，相反，鼓励个人自主、强调个体价值、尊重平等观念被看作普世价值，而社会的具体所指因为受到集体形式的消褪和个体价值的凸显的双重影响反倒变得时隐时现。失范的发生并不简单源自个体意识与集体意识的二元互斥，正如《自杀论》揭示的，即使"失范型的自杀"也表明自杀的社会性，失范的发生恰恰来自于"不仅是集体意识的缺席，也是真正的个体意识的缺席"[2]。涂尔干道德教育的用意，似乎正是肯定现代社会的有机团结形式，承认个体的异质性，捍卫个体自由的同时，用集体意识培育个体意识，以社会道德教育化解个体道德的"无根性"。涂尔干的社会学疗法，看似相悖，却又合理。

---

[1] 渠敬东（著）．缺席与断裂：有关失范的社会学研究[M]．上海：上海人民出版社，1999，第31页。

[2] 渠敬东（著）．缺席与断裂：有关失范的社会学研究[M]．上海：上海人民出版社，1999，第35页。

乡村教育引发的个人命运转合也映照着涂尔干的理论投影。从村小走出来的一代一代学生当中，他们（我们）与更大的世界发生了联系。尤其从20世纪90年代末开始，一波接一波的年轻人走出小山村，迈进大学校门。长春邮电学院（今吉林大学）、清华大学、北京大学、天津大学、武汉水利电力大学（今武汉大学）、华中科技大学、成都电子科技大学、西北农林科技大学、山西大学、兰州理工大学、山西财经大学、石家庄铁道学院、太原理工大学、西北师范大学、山西师范大学、汾阳医学院……不能一一尽数。同时，有更多的人没有进入大学，他们即使接受了优于父辈们的教育，跳出父辈农人的命运，但是生活本身并未给他们过多的犒赏。

如果换作理论语言来说，社会中每个具体的人，都拥有独一无二的个人史，是具体社会场域中的"行动者"。历史时间意义上的过去，以塑造个体生活世界的方式存在于现时，呈现于行动者的性格外貌、语言行为、偏好选择之中，即布尔迪厄所言"性情倾向"。而稳定的、开放的、可持续的性情倾向系统即构成惯习，社会行动的合理性解释也由此展开。教育系统带着制度化惰性日复一日地运转，与各不相同且时刻变化的个体体验之间产生张力。布尔迪厄在《国家精英》中对此提供了一种解释，对社会再生产逻辑做出了回答，对心智结构与社会结构、惯习与场域之间的复杂关系与内在动力机制进行了揭示与阐明，[1]同时也是对20世纪战后法国教育系统制度合法性与合理性分离的警醒。《国家精英》对场域分类中的高等教育机构类型结构、高等教育机构场域结构与权力场域结构之间的对应与联动、学科分类与家庭文化资本的关联、场域中行动者的实践进行了综合分析，这些分析也可对照每一个从高等教育机构走出来的个体，及其生活机遇，为上文中的叙事提供理论参照。

布尔迪厄以场域理论言说社会空间，权力场域、文化场域、教育场域、高等教育机构场域、学科场域等，分别对应着不同领域、不同层次的社会空

---

[1]　[法]布尔迪厄，[美]华康德（著），李猛，李康（译）．反思社会学导引[M]．北京：商务印书馆，2015，第172页。

间。当场域概念触及高等教育机构所形成的社会空间时，原本的高等教育机构类型结构意义在一定程度上失效，转而为高等教育机构场域类型结构所覆盖。学生的社会出身与学业经历充当着反映高校特性的关键指标，因此成为一系列划分维度的主要依据。以学生社会出身属性与学业水平为划分依据，布尔迪厄得出两个主要对立面。其中，高等教育机构场域结构中的基本对立面是"大门"里面的名牌大学与"小门"里面的普通大学之间的对立——前者在学术水平与社会声誉方面的表现远远胜过后者。另一对重要的对立关系存在于管理、行政、建筑和艺术类高校与培养工程师、农艺师或从事教学和研究的高校之间。前者一般是私立的，学费较高，对学习成绩要求不高，更关注学生学业以外的特性，如生活方式，学生的举手投足、口头表达方式等；后者一般是公立的，学费较低，在学业选拔上更为严格，将纯学业要求置于首位。

划分行动创造出秩序化的差异体系，然而在此基础上，代表断裂的对立掩盖了差异的连续性本质，"区隔"的社会学意义由此得到演绎，本属于中性词汇的"差异"悄然转变了立场。不管是社会权力场域，还是高等教育机构场域或名牌大学的次场域，它们各具独特性，但并非孤立的存在，其同源共生性使场际联系具备了逻辑基础，权力场域支配地位的影响力得到进一步凸显。高等教育机构场域中"大门"与"小门"相分离而形成等级结构，"大门"中的名牌大学比"小门"中的普通大学招收了更多出身于支配阶层的学生，体现出与社会权力场域结构的对应。同样，在名牌大学次场域中，靠近"大门"的学校，学生家庭社会地位整体高于靠近"小门"的学校。而在最著名的大学中，一部分高校拥有的学生，其学业资本（包括学科来源和获得的评价）及家庭的经济资本和文化资本都非常丰厚；而另一部分高校，其学生学业表现相对一般，但是学生的家庭经济资本通常比文化资本更丰厚。这两类高校形成了一组对立面，即后一类高校充当着经济与政治力量渗透进入高等教育机构场域的"代言方"，理应由学术话语占据主导权的空间受到了权力场域的干涉。

职业类型成为将高等教育机构场域结构与权力场域结构的对应性分析

转向二者联动机制分析的关键切入口。一方面，各类职业在权力场域中呈现出相对稳定的分布结构，个体所从事的职业类型可反映自身及其家庭在权力场域中的结构位置，即个体及其家庭的社会地位。另一方面，高等院校作为人才培养机构，其入口与出口联结着学生所属的家庭以及将来去往的职业位置。而来到职业位置的毕业生们，与家庭在社会权力场域中相遇，形成了普遍意义上（并非严密闭合）的人才再生产循环。学生家庭职业类型在高等教育机构场域中的分布结构类似于社会职业类型在整个社会等级空间中的分布结构，[1]高等教育机构场域及其次场域中越接近"小门"的高校，其专业化程度越高。如师范类高等教育机构次场域中，学业水平极高的于尔姆和塞夫尔高师与最具专业化和技术性的技术教育高等师范学校之间形成对立。"大门"里的学校为学生提供了通达社会最高地位的道路，"小门"里的学校则培养学生从事那些更为实际的工作，比如技术员、中等管理人员、中学教师等。

差异化的行动者在教育系统中得到识别与分类，分类标准藏匿于造就分离的各类选拔过程中，各种征象发挥遮蔽作用，最终"神化"对象得到确认。分类依据差异，由差异衍生出的一个词汇是"多元"。"多元"一方面拓宽了生命价值实践的空间，成功标准不再是唯一的；另一方面，它也可被视为一个具有遮蔽性的美好词语。评价体系的巧妙运作，成功地以形容词在贬义、中性、褒义之间的转化为掩护，获得了掌控行动者情绪的主动权，使得来自不同社会场域位置的优秀学生在他人与自我肯定的满意情绪中落定至教育场域内相应位置，"遮蔽"过程进行得顺畅无阻。布尔迪厄称之为一

---

[1]　深知译者工作不易，本人在向译者表示极大感谢与尊重的基础上提出下述讨论。笔者在《国家精英》中译本（2018版，第251页）中读到，"在不同的教育机构，学生分数分布的结构与他们的家庭职业是相互对应的，分数分布的结构与这些职业在社会空间中的分布结构也完全相似"。笔者对此略生疑问，这里的"学生分数"并无相应的实际对应含义。因此，根据上下文语义，并参照英文译本，笔者认为"分数分布的结构"所对应的"the structure of the distribution of the points"（英译本第144页），应理解为"点的分布结构"更为恰当。由此，原作者表达的内容逻辑为：由学生家庭职业在高等教育机构场域中的分布结构与这些职业在社会权力场域中的分布结构的相似性，推论得出基于学生社会出身划分形成的高等教育机构场域的等级结构与社会权力场域的等级结构相对应。参见：Bourdieu, Pierre. *The State Nobility: Elite Schools in the Field of Power*[M]（trans. Lauretta C. Clough）.Cambridge, UK: Polity Press, 1996.

种"婉转化"的形式："笨拙"变成"迟缓""身体结实"或者"稳健有力"；"头脑简单"变成"天真"，"浅显"变成了"好理解"。[1]

场域间结构对应关系的形成、评价体系转换作用的实现，离不开作为惯习载体的学生即行动者的实践。现象学启发了布尔迪厄突破结构主义的灵感，一个场域的动力学原则在于它的结构形式与对抗力量间的关系形态，[2]具有能动属性的行动者，使动力学原则具有了现实实践意义。惯习是稳定的、开放的、可持续的性情倾向系统，行动者的社会轨迹形成了它，并且正在形成着它。行动者从出生起所经历的——我们称之为个人历史——促成了如今的他，体现在他的偏好、性情倾向之中。行动者的实践是行动者的惯习、拥有的资本情况、所处的具体场域三方面综合作用的结果。

场域分析构建起具有客观性的社会结构，惯习分析指向置身于场域之中的行动者的心智结构，对场域进行研究最终需落脚于对行动者惯习的分析。[3]每一个行动者的心智结构是独一无二的，心智结构影响着感知范畴，帮助行动者感知"正确"的而非痴心妄想或不切实际的决定。"正确"感体现为由场域与场域之间的结构对应性带来的和谐状态，意味着较小的失败或被拒绝的风险。因此，行动既不是由行动者所处场域结构位置来规定，也不是仅由主观意志主导，行动者的动机来源于心智结构与客观结构之间产生对应联系的瞬间——自行遴选发生了。

自行遴选广泛地体现在社交过程中。每一个行动者都有各种各样的机会识别出同类——在社会关系上与自己如此亲近的邻人，以至于人们可能会把他当作另外一个自我而喜欢他。[4]精英群体之间的交往是文化资本的强强联

[1] [法]皮埃尔·布尔迪厄（著），杨亚平（译）.国家精英：名牌大学与群体精神[M].北京：商务印书馆，2018，第63页。
[2] [法]布尔迪厄，[美]华康德（著），李猛，李康（译）.反思社会学导引[M].北京：商务印书馆，2015，第127页。
[3] [法]布尔迪厄，[美]华康德（著），李猛，李康（译）.反思社会学导引[M].北京：商务印书馆，2015，第131页。
[4] [法]皮埃尔·布尔迪厄（著），杨亚平（译）.国家精英：名牌大学与群体精神[M].北京：商务印书馆，2018，第314页。

合，新建立的"同学关系"成为双方新获取的社会资本。自行遴选式社交带来的是群体自我封闭的趋势，悄悄为群体精神划下了边界。惯习、场域位置与资本情况三者之间对应关系的形成使得行动者的实践"合情合理"。但同时，仅从对应性的角度看，行动者的实践落入局限于某一社会场域结构位置的封闭循环，似乎仍旧回归到布尔迪厄并不认同的结构主义结局。

作为实践主体与惯习载体的行动者，既具备社会属性，又承载着历史经历，而当行动者越多地被赋义，其行动就越有可能被规限。不过，若将视角投放到惯习与场域概念之间的辩证互动当中，理论概念所具有的动态发展性与关系辩证性，创造了"自行遴选"之外的可能性空间。一方面，性情倾向性渐进地形成，且永远在经历"形成"，惯习概念的运用因而获得灵活性与生命感。另一方面，惯习的形成离不开行动者社会轨迹所处的各类场域，同时行动者不断进行的判断、潜在可能所指向的各类行为，即惯习自身的实践，持续作用于场域——场域与惯习之间呈现双向模糊关系。[1]布尔迪厄并不否认客观结构的存在，任何客观存在的结构都是再生产的产物与孕床。但是，由于场域分类的繁复性、性情倾向系统的开放性、潜在可能性的无意识状态、场域变化与惯习发展的不同步，行动者在现实生活中选择的不确定性并不能为理论分析所道尽，就如在教育场域中，一个人的原有特质会表露无遗，但与此同时，教育也为行动者提供了从当下窘境中逃离出去的途径。[2]

布尔迪厄向教育领域抛来社会学家的目光，而他的言说终将回馈于社会学土壤。对社会成员进行划分而来的层级结构始于社会学构想，是社会学想象力的实践产物，却也成为围绕社会公平正义的政治实践的观念基础。不论是对高等教育机构场域，还是对学科门类的理解与阐释，最终都回归于社会学家对于社会层级的觉察。社会层级作为社会结构的体现，反映了各类资本的分布结构，资本占有差异造成层级之间的对立与对抗。资本争夺从未停

[1] [法]布尔迪厄 [美]华康德（著），李猛，李康（译）. 反思社会学导引[M]. 北京：商务印书馆，2015，第158页。

[2] [英]迈克尔·格伦菲尔（编），林云柯（译）. 布迪厄：关键概念[M]. 重庆：重庆大学出版社，2018，第21页。

止，被压迫者颠覆压迫者是一种形式，个体爬升是另一种形式。只不过，后一种的暴力经过遮蔽，不易被察觉。布尔迪厄通过《国家精英》所揭示的教育"真相"是极富社会学色彩的。而此种"真相"何以能够被称为"真相"？它不同于表面看起来那样——研究者必须透过一层层具有迷惑性的表象才能通达所谓的本质。"真相"必须被遮蔽，表象因此获得其存在意义。笔者将布尔迪厄揭示的"真相"视为一种解释，将其辩证且批判的反思性思考视为生成理论背后的方法基础与研究品质，而布尔迪厄通过其理论诉说传递给读者的价值还在于其辩证与反思性思维本身。布尔迪厄将法国高等教育机构中的分类映射到法国社会空间的结构化效应，尝试将所见的社会区分统统放入由"资本"结构引发的场域结构的扭曲这样一个宏大的体系框架之内，似乎有夸大结构史观的嫌疑。但是，对结构的过度重视可能造成对社会现实动态的忽略。布尔迪厄的分析模型试图将所有社会结构的变动一网打尽，实际上是不可能完成的任务。在现实社会中，总会存在动态的、潜在的社会行动是表象的结构无法覆盖的。

"利益""资本""生产"与"再生产"作为布尔迪厄常用的理论术语，并非原生于社会学，这些词汇与经济学的关系更为亲密，常以货币作为其价值衡量单位。就"生产"一词而言，社会学家借用其抽象内涵，将其及相关词汇移用至社会学研究领域，但是缺少如同货币般强大的等价物来进行精确衡量。社会成员从未停止对社会空间结构的保持或改造，即"再生产"。"生产"的抽象化移用，剥离开了数字精确性，再生产不等同于复制，也不等同于重造，它既可以保守地进行，同时也为激进留出了空间。相较于将教育与"生产"一词结合使用，人们通常更愿意称学校为育人场所——"育"这一字眼饱含人文情怀以及专属于人类文明的道德情操。然而，不管人文主义者如何以捍卫人性的姿态抗拒"教育再生产"的说法，教育机构的社会再生产作用在学术领域中已被认可为事实。而人性与物性之间的对立是否根植于移用"生产"这一行为之中，继而成为基于该行为而形成的理论的根本性悖论与张力所在？

对于乡村中走出来的孩子们而言，也有少许的幸运儿，能够接近"大门"的入口，而对大多数农家子弟来说，即使通过上大学，进入"小门"，还是会在后来的社会分类中遭遇困境。"相当一部分坚持到大学的出身平民阶级的学生，无论他选择什么样的专业，都会面临同样的命运：他们需要自己安排学习生活，在经过高中的约束后，他们并没有养成勤奋的习惯，再加上家人不会给他们压力使其继续读书，相反地，淘汰机制会很快在他们身上生效，这一机制的主要原理就是将缺乏兴趣和自动放弃作为离心力。"[1]这种淘汰的过程是漫长的，逐渐显现的。我在后来的很多年陆陆续续碰到儿时的一些伙伴，他们很多都在城市里接受过高等教育，虽然层次不一，但也都见识过"大学"。但是，当他们闯荡一番之后，其中的很多人又回到了小县城，或者继续在外打工谋生。他们似乎被布尔迪厄的"结构的位移"说中了，表面上发生了变化，事实上仍然处于原来的生活阶层状态，或者大体上维持社会原来的样子。之所以是"大体上"，而不是绝对，按照萨林斯所说，"文化的每一次再生产都是一次变革，因为在行动当中，编织出当下世界的那些范畴都会添入一些新的经验内容。"[2]我自己又能好到哪里去呢？对我本人而言，藉由教育实现向上流动，实现了从"农家子弟"到"国家精英"的跃升，但这跃升背后却隐藏着巨大的伦理代价。这种代价导致的直接结果就是我与那些原本密切相关的人之间，逐渐形成了伦理断裂。一个农民阶层的子弟想要通过受教育而变得更好，于是他在教育的高级序列里不停地向上攀爬，读完大学本科，继续读硕士研究生。然而，他并不满足于此。当有更好的开眼看世界的机会，他付出了巨大的艰辛，完成了国外的博士学业，受教育程度和职业类型赋予的符号标签使他步入了中产，甚至文化精英的行列。听上去是一则励志的故事。然而，他这一路的攀爬，使他和他的本初阶层根源渐渐分开了，他与自己原属的共同体之间的联系也慢慢松散。

---

[1]　[法]迪迪埃·埃里蓬（著），王献（译）.回归故里[M].上海：上海文化出版社，2020，第48页。

[2]　Sahlins, M. *Islands of History*[M]. Chicago: University of Chicago Press, 1985:144.

每当有亲戚或者老家的乡人"托"我在省城办一些事的时候，我感到无能为力的同时，总是抱以无限愧疚。尤其是涉及就医、求学、找工作等重大事项时，我对自己经由教育获得的能力产生怀疑，甚至在伦理上产生负罪感。在他们眼里，我是"念成书"的榜样，理应"有本事"，但是我自己的社会活动能力完全对应不上他们的期许。

第二章 复归乡村教育

　　故乡的小村落扎根在偏僻闭塞的黄土高原，这里山梁交错，沟壑纵横。与这片奇特高原上的许多村庄一样，看似了无生机，却又绵延不息。僻壤之处，难有记史，直到现在，我也无法弄清，在重重叠叠的大山、沟壑之间，这些村落是如何生长起来的，先祖为何选择这样一块土地停留，从此开始代代繁衍生息，已无处可考，权且认定为自然形成的历史村落。这样的村落并不孤独，在距故乡方圆数里之外的深山、长土梁、枯水沟之外，同样生长着几处倔强的村落。这样的地方，很难看到沃野相连，更不要期待物产丰富。这种星星点点般的布局，恰恰是一种独特的人类文明存续的真实见证，千千万万微小的村落就是这种文明特有的产物。对于不熟悉中国国情的人来说，可能很难理解中国居然有这样一些人类聚居的地方存在，这些地方以其贫瘠的土地和有限的物产，养活了一代又一代土地的子民。更加不可思议的是，生长在这片土地上的一代代农人，其品格如此驯良坚韧，很少对这般艰苦的命运安排发出抗争之鸣。这些零散存在的村落和生活于其间的乡民农人，一直都在为修辞意义上的现代化托底（特别是农业一直被视为中国经济发展的原始积累）。正是在无数乡村村落的兴盛衰败间展现出的韧劲，承担了中国现代化的起伏跌宕。

一、村史略记

故乡的村庄镶在一段平缓的山腰上，东西排开，上下成序。沿着乡间土路往南15里是乡镇（以前的公社）驻地，再5里是县城驻地。往东3里，顺山势（当地人称为马头山）而下5里，是另一个市县辖区的村庄，上圪姥村。我们一直以"山上人"自居，反称山下村庄的人为"坡底人"——地理原因当然是因为此处地势平缓，道路通畅，更重要的是方便耕作。山上坡下，区区几里之隔，方言差异明显。从村里出发往西，只有容许步行的羊道，经过旱水沟，再爬上另一座山梁，才能到达同一公社的另外一个村子——柴家塔。往北，只有看不尽的山，石板沟、石湖岭、十八崖，山山相连，一直出偏头关跨入内蒙古清水河地界。小时候沿着缓坡处的边墙（明长城）北上，总是在山势险峻之处退身回来，然后目送边墙在深山岭上时隐时现。蜿蜒曲折的边墙正好成为村落发展变迁的历史见证。如果从明朝算起，故乡历史人口的迁移固居那时便已有规模。当时为强化边防，外御北漠，修边固边的劳役、驻军长期将这里作为庇护之所，后来随着守边驻军外移、边贸往来人员安顿，以及战事遗留下来的伤残年长者较为稳定地居留下来，逐渐变为村屯。至于村名，已无历史可考。早年间村中一口铁钟上铸有"夏村"字样，便传叫至今。[1]直到现在，蜿蜒山间的长城依然雄壮醒目，烽火台照旧迎风而立，昔日屯兵的堡子也依旧完好。而流传至今的地名，将台山、霸儿山、教场沟、马道、堡门不免让人想到古时战场的庄严与寒噤。

---

[1] 感谢家伯杨宇宁先生的历史考据与口述资料，他对故乡地理风貌的描述入景入情："故乡坐落在马头山上，背靠后梁，面迎南梁、短梁、长梁。梁与梁之间是深沟大涧，人称河沟、短梁沟、长梁沟。雄伟的内长城像母亲伸开双臂从东向北拥抱着乡人，苍茫的西山像父亲的躯体呵护着村庄。那梁像村民不弯的脊梁擎天地、撑乾坤；那沟像历史风雨在父母脸上镌刻下的皱纹，塞满了村人百年来的艰辛和欢乐。清泉长流西去，树木葱葱伸天，白云蓝天人家。炊烟冉冉，瑶草仙花，群鸟翱翔，庄稼青青，微风轻拂，好一派山水风光，又一个世外村庄。"另见杨宇宁先生以故乡为题材写就的《零岁拾得》（中国社会出版社，2014）一书。

图1　故乡村落卫星图

世代村人赖以谋生的黄土地，也仅仅能够产出胡麻、莜麦、豌豆、谷子、糜黍、荞麦等杂粮，其他辅食主要是萝卜、土豆、茴子白、豆角、葫芦，其产量一是仰仗年景，二则全靠苦力。广种薄收自不必讲，精耕细作倒是必须。在交通不便的年代，农产品的流入与交换罕有发生。直到20世纪末，村级砂石路的拓宽整平与机械车辆的出现，才推动了人员物资的村镇流通。直至21世纪初，村人的饮水仍然全部源自早先深掘的几眼水井。遇水量不足时，只好在井眼里继续深掘。至于通电照明，至今记忆犹新，我头脑中依然可以闪现出当时村人满眼的热望和不竭的干劲。通电的第二年，村人终于可以挤在村里仅有的一两台彩色电视机前，收看1990年的北京亚运会。村人的庇护安身之所是北方农村常见的窑洞，依山取材，裁石砌窑。一间间、一排排窑洞横立在缓坡上，抵御风雨，抚慰生命。

如果从新中国成立算起，该村的辖属关系发生几番变化，直至20世纪60年代划归SC县，成为该县两百多个自然行政村的其中之一。人民公社化时期，该县共设15个公社，下辖162个生产队，该村因村户规模，只设一个生产队。改革开放后，中国农村进行改革，"公社—大队"制改制为乡镇，SC县共设3镇（包括城关镇）12乡，夏村划归WL乡。彼时，SC县下辖的3镇12乡共辖255个行政村，分布在总面积218万亩的区域内，人口密度小，居住空间散落，村落散布。2000年乡镇撤并，SC县划分为10个乡，254个行政村。原属WL乡的夏村，一并归入原来的城关镇（后更名龙泉镇）。撤乡并镇以前，该村所属的WL乡下辖25个村，人口共计4500人左右，村户规模平均少于50户。

历年统计资料显示，该县可耕地面积人均不足10亩，播种面积只占到可耕地面积的2/3，林地、草地以及宜林宜草地较全国平均水平还要低。由于地处晋西北高寒山区，交通一直制约着当地经济的发展。县域经济也主要依托第一产业，工业基础薄弱，吸引外资能力较差。故乡夏村，曾是晋西北连片贫困山区中的一个普通小山村，可以看作这一地区农村生计面貌的一个样板。多年来，当地农民只能依靠深耕细作式的传统农业生产方式，辅之以粮食作物尤其是小杂粮的半商品化，维持县域经济运转。县域内矿产资源以煤炭、铝土为主，但储量较于省内其他地域处于较低水平。但矿产资源对于村落命运的改变，有着重大的意义。当然，后文会看到，这种改变并不总是积极的。

改革开放后直至乡镇撤并前，SC县下辖250多个行政村，除极个别村落，几乎村村设村小，乡乡有中学。但是，目前，全县义务阶段中小学校仅剩18所。村落学校（包括教学点）几乎消亡，仅剩县城学校与乡镇联校。21世纪初，中央政府在教育布局上的统筹安排，[1]在很多地方演变成了各级行政部门实际推行中的"撤点并校"。由此带来看得见的学校数量的急剧减少与看不见的村落文化的式微。

二、村小兴覆轨迹

据村里的老人们回忆，20世纪夏村村小教育开始于民国时期的天主教学校，除了宗教教义宣讲外，主要教授简单的识字算数。而天主教早在晚清就进入该地区，开始宗教传播活动。村里的私塾教育，主要靠全村延聘秀才任教。村里的很多老人，他们儿时的启蒙识读便是当时来自临近另一县城的杨

---

[1] 2001年5月国务院发布《国务院关于基础教育改革与发展的决定》中提出"因地制宜调整农村义务教育学校布局"。国务院的这一决定，肇始于对政府公共服务资源的重新配置，其出发点还是以就近入学为原则。但是人口外流导致的村落过疏化使得各地在考虑教育配给时不得不适度撤并，毕竟，作为公共资源的教育如果难以被充分利用和为继，也是一种浪费。所以，在实际的执行层面，各地就出现了一些不适当的行政撤并。

姓秀才所授。新学进入乡村之后，乡村学堂开始招收学生就读。新中国成立之初，村里便新建了小学，出生于20世纪四五十年代的村人成了新中国的第一批村小学生。而当时的村小驻地，只是暂时借居村民窑洞，后来在村庙旧址上新修了学校。听村里老人讲，清代中期村中建有大庙，砖木结构，正殿四间青砖大屋，供奉释迦摩尼，搭配壁画；南为配殿，东侧悬一口大铁钟。日军进占期间，大庙损毁，只剩下小石子铺就的平整院子，后来成为村小日间活动的操场。大庙院门外建一独间小庙，内供观音菩萨，后毁于"文化大革命"。另一处石庙建在西山岇，人称五道庙，小巧精致，坐北向南，庙身石头精砌，村人向天祈雨之用。村北十多里的大山上另建有羊奶寺，据考此寺为明末清初修建。寺内正殿配殿齐备，大树掩映，晨钟暮鼓，旧时村人常去祈愿。

新中国成立后，村人在原来大庙正殿旧址上新建了学校，石砌窑洞正窑四间，东窑四间，后东窑成为大队的仓库和炒房[1]。因形状像"八"字，间数也正好为八，便加以"八海窑"的称呼。至于"海"字，一是希冀粮食收成海量，二是期盼村里的孩子能够有所见识。庙南配殿旧址盖一戏台，四脚青砖落地，顶柱以石座为基，青瓦盖顶，前台后台畅通。这里成为村人节日农闲时的主要公共活动以及集体化时代集会的场所。逢丰收农闲之际，村人会集资邀请本县道情、应县耍孩儿、河曲二人台、朔县秧歌班子来村子搭台唱戏。而在村小落成之前，村里的孩童教育以流动性的"民校"进行，推举村里最有文化、德高望重的老者担任，或延请外村的先生。学校设初小四个年级，兼设托儿性质的幼儿班，人口鼎盛时期，有四十多名孩童在此受教。每一代村人口中，都有他们记忆中的乡村"好老师"。起先是县城里派来的余培猷，后来大水口村的赵杰、荣庄子村的郝守权、代县的孙淑英……九姑村的任志忠……县城里的邬国珠等先后来村任教。50年代村里依托村小还办起成人民校，农闲时，村人聚集识字，几个冬天下来，脱盲者不少。

在当地民间史志整理的档案当中，幸得郝守权先生的从教自述，放到这

---

[1]　当地人将莜麦、豌豆等炒熟磨面，公社化时期就添置了一口大炒锅。

里倒也妥帖。郝守权先生1942年生于山西省SC县WL乡荣庄子村，1963年参加工作。从教的第一站就被分配至我的故乡村小。父辈中的很多人都曾受教于他。

我家祖、父辈都是地道的农家，一直以种地为生。但父母也初通文字，偶尔也教孩子一半个字，我们觉得新鲜而快乐。从懂点事开始，我逐渐看出村里人中识字者比文盲强得多，文化人更是阔气且吃得开，生活过得更好点。这使我从心灵深处爱上了识字、想学文化。开始上学后，越来越看到了老师们的不平凡，觉得老师神秘而伟大，羡慕之心不断升腾而且深深扎根。暗下决心，必须努力学习，好好读书，长大后学业有成，争取改换门庭，最起码也当个像样的教书先生。

基于这种认知和心理支撑，虽然我家特穷、劳力缺、常请假，念书断断续续，几经失学，但终因我特别爱好硬是克服了重重困难，坚持读完了高中。可是，由于家穷，身体差等多种原因主动放弃了高考。后来报考了当年民办教师的考试，全县八九百名参考者我竟考了总分第一而被录用为民办公助教师，一个月后批为公办试用，一年后转为正式公办教师。就这样走了从教之路，总算圆了自己心爱的教书美梦。

我教书的第一站是边远山村夏村[1]，是村级复式小学，四个年级，加上几个学前孩子，足够五级复式，共二三十名学生。孩子小而杂，管教难度大，安全和教学任务都很重，管不好会出乱子，管得严了也会出力不讨好。年级、课头多，讲课动静难搭配，叽喳吵乱难安排。这正应了社会上流传的那句顺口溜："家有半斗糠，不当孩儿王。"于是便萌生了这营生也不如当初想像的那样好、真难干啊等念头。可转念又想，总不能忘记初心，八字没见一撇就打退堂鼓吧。晚上休息时，我就想自己上学时的老师是如何管理、怎样开展教学的。慢慢地想出了门头脚道，在白天的工作中渐渐地尝试着用。如：选好班级干部、小先生，逐级下管、大管小；多表

---

[1] 即我的故乡，此处以及全文各处均使用了化名。

扬奖励，正面激发上进心；对极少数"调皮大王"则采取诈唬与软哄相结合，软硬兼施直到使其口服心服；抽空多家访，实行双管双教。经过一周的操作，大有成效：纪律好转，秩序井然。接着，就用良好的教学方法赢得学生的欢心。我用尽浑身的本事，认真备课，精彩讲课，用心辅导，全批作业，不断小考并奖惩分明。半个月后，学生们打心眼服了我这个新老师，达到了百依百顺。我也从中体会到了"教书没啥巧，只要辛苦到"的道理。当教师本来就是一种"不化妆甚戏也唱"的活儿，特别是在农村单人校当教师，一揽大包干，什么活儿也得自己做，真是忙得够受。不过年轻人，忙有忙的乐趣。不知不觉一学期过去了，经过期末考试，我教的成绩很好。用了一两晚上功夫把写好的学期总结复写好交了中心校[1]一份。联校校长看后觉得很不错，让我很快收拾完本校的摊子，回中心校帮忙整理全学区的总结报告。我仅用了两天帮校长写出并复写完报告就回家了。

春节过后，已是1964年上学期，我满以为还在情况已熟的夏村任教，结果不然。在全县联校校长会议上，经教育局局长征要，WL联校校长贾文魁推荐，一纸调令把我提升为虎鼻民中的初中教师。后来虽有夏村的村干部、家长联名挽留但未能奏效。我只好把已领上夏村的书退给中心校。这就是说，我教小学仅仅是半年，但也为我的教书生涯开了个好头。

虎鼻是SC县乃至西八县最大的村子。其学校摊子大，从幼儿班至小学高年级都是单式班，还有戴帽子民中班。学生老师都较多，情况复杂。我所代的民中班虽只有18名学生，但来自两县三个公社，又有住校生，管理任务艰巨；所代课程除语文外，其余几乎全包，教学任务十分繁重。这说明我所面临的考验远比夏村小学大。我硬是凭自己的毅力和所有恩师教我的技艺迎难而上。常家访，解决学生的后顾之忧；勤谈话，稳住学生的上学之心；教学中，我更相信"勤能补拙"的道理，突出了"勤""实"两个字。常常是少过节假日，早起晚睡，加班加点备课或批改作业。课堂

---

[1] 即前文提到的WL中心校。

教学更是精心设计，精彩讲解，争分夺秒，提高效率，紧跟学生，随时指点。并加强了课后个别辅导和小组分类补课，有效地补上了以前的短板和缺漏，扫清了班集体教学的障碍。果然辛苦不负有心人，期终考试，我所教的课程教学成绩得到了全方位大面积的提高，获得了家长的认可，更增强了学生的求学上进心，也更鼓足了我的教学积极性。假期不回家，坚持在校备课，春节也留守在校看门，自拟对联"为学生假期不回家，看校门虎鼻度春节"，横批是"四海为家"。就这样全身心地把精力和时间用在了工作上，结果1965年中考不出所料地取得了辉煌成绩：18名毕业生100%升学，五寨师范5名，其余13名被农林卫校全部录取，升学率破了全县最高记录，名声大振。

当年秋虎鼻民中招生三个班，初中农技两个班，高中林技一个班，学生一百三四十名，学校越办越好。我也被升为副教导主任，并成为预备党员。

1966年下半年，我先被调到城关完小教三个班的数学，一个月后又调到马坊民中班教俄语。1967年上学期又调回虎鼻学校。1969年上半年，到WL（我村所在的公社）七年制学校当副校长。1974年我入了党。1975年冬调入八角中学任副校长，半年后调入SC县教育局（先兼任三乡镇"片长"一职），直至1983年，共7年搞了大量的中小学教育教学研究，撰写了不少文章。实实在在地指导了全县的教改工作。特别突出的是及时组建了"高考指导组"，不辞劳苦地开展了取经传宝活动，经过数年的不懈努力，扭转了全县高考落后形势，由1981年的低谷大专仅12人，逐年上升，到1987年大专录取突破了50人大关，进入全区14个县市的先进行列。这项活动还有一个成果是提高了师资水平，改进了教学方法。在北京名校名师的指导下，涌现了王杰、田生荣、王建军、武应权、崔贤、贾孔裕、张斌、张洪、葛旭光、雷万荣、郭青枝、闻菊英、王桂珍等一大批好教师，[1]后来大都成了名师、教学能手、特级教师或全国模范。他们的教学

---

[1] 其中部分教师后来成为我儿时在县城读小学初中时的老师。

方法很有些北京名师的路数和味道，最突出的变化就是变"死教死学"为"活教活学"，这就为大面积提高全县的教学质量奠定了基础。

正干得顺风顺水之时，我又被调到党政部门，起先担任县委秘书办副主任，保密局主任。后来到农工部、农委任副职，其实都是以文秘工作为主，包揽杂务的。自认为，远不如搞教育踏实、有干头。所以上了两年脱产电大"充电"以后又重返教育战线，到二中、职中各担任了5年党支部书记。

我这人脾气有点怪：人家是"人过四十不学艺"，而我是43岁上"大学"；俗话说"好马不吃回头草"，而我却"赖马"偏吃了回头草。回到学校后，除做好我的党务工作外，从来没有离开学生和教学。历史、政治、语文等至少代一班一门课。我以为只有这样，才能取得第一手资料，才有指导教育工作发言的主动权。在二中期间，我们新领导班子带领全校师生苦干了一年，就通过了省教委验收，被评为省级示范初中；次年又被命名为规范化、标准化学校，并被列为省实验学校，教育教学质量逐年攀升，中考成绩名列全区前茅，通讯、论文不断发表。……在职中期间，我代过初中语文、高中政治等课程。通过不断地改革尝试，总结出了"启发式提问自学法""启发讲读法""启发讨论法"等教学模式。实践证明，这些方法易于激发学习兴趣，便于笔记，利于记忆，学生可获得品德情操和文化知识双丰收。每年复习迎考阶段，还为毕业班举办"强化记忆""快速作文""应试技巧""临场策略"等复习迎考的多次专题讲座，听者十分涌跃。

常言道：几分耕耘几分收获。我所代课程的班均分、及格率都分别在80%、90%以上。1998年职高班22名毕业生考入对口职专9名，升学率41%，名列全区前茅。

……

我一生先后从教32年。与干过的其他行当相比，我觉得数教书育人有干头，有成就感、满足感。粗略总结一下从教至少有以下好处：其一，它是一项普渡众生的伟大事业。俗话说"长圣人"，好老师就像空气、春蚕、红烛、人梯那样，为学生毫无保留地无私奉献，千辛万苦为人民为社会输送的是人才、栋梁，所以老师们被尊称为"辛勤的园丁""人类灵魂的工程师"。其二，它是一种影响力大而广的好工作。师生长期滚战在一起，老师对学生的影响是随时随地无处不在的，耳濡目染，潜移默化，有的或有时甚至比父母对孩子的影响都厉害。我们常常会听到孩子对父母说，老师怎么怎么说的，不按老师说的办不行呀！好像老师的话就是"圣旨"似的，这说明老师的威望有多么大呀！终生从教能影响一批又一批学生，甚至会影响几代人，潜力大的难以估量。其三，它是一个安全稳定的职业。一般来说，这种营生，给予人的多，向人要的少，所以惹人不会多，风险比较小、安全，特别是人生安全系数大。也能平稳安静干自己的业务，办自己愿意办的事儿。其四，从教有利于直接指导自己的孩子成长成才，这也算是一点行业优势吧！

我一生从教为主。先后在过近十个学校，在教育局期间经常下村入校检查指导教学，全县二百多所学校也都跑过。即使当了领导也从未离开教学。真是一路播种、浇水、施肥、耕耘，一路收获成果——人才。听我讲课者近万，佼佼者近千，特优拔尖者百余。他们都是社会各行各业的精英。从武的会打胜仗、从文的善著书立说，搞理的能发明创造、干工的是大国工匠。我每当见到或想起他们时，荣幸之感便油然而生。我是一个教书匠，自感成果丰硕，回报多多。退休后这20年，过得充实而愉快，没有一点失落感。与好多要好的学子常有联系，有的甚至成了知音、挚友。真是：师生情缘似海深，恩义互报永相承。这就是我从教的最大赚头。[1]

郝守权先生执教的最早一批学生大多为本村20世纪50年代出生的一代人，虽然先生只在本村教了半年书，但村人每每讲起村小历史，必念及郝先

---

[1] 此处内容出自乡人自编的非正式出版的《桑梓情怀》，向编委会特致谢忱。

生。先生来村任教的60年代早期，与本村兴教重教的风气刚好耦合。这样的判断当然是根据村人口述演绎得出的。之所以这样讲，首先是根据我对本村各世代"文化人"的生命历程整理中看到本村教育鲜有间断的传接，这种整体性的传接气氛，潜移默化塑造了村人尊师尚教当地人文风貌。其次，这种传接直接影响到了村人对子代教育的累加性重视，后文讲到的80年代末开始的进城求学的家户"传染"便是明证。

60年代末，全国范围内学龄儿童大增，而当时全国的师范院校远远不能满足全国初等教育教师的培养任务。加之当时"上初中不出村，上高中不出社"的政策导向，农村地区任课教师极度短缺。人口在500人以下的村，只能安置一名公办教师，大多数公办教师抽调在联办初、高中。不足部分，只能由民办教师补充。民办教师主要由乡镇安排解决。一般，民办教师也由本乡或临乡的"文化人"担任。[1]

与全国形势不一致的是，60年代末，该村所在的WL公社[2]重新布局教育，彼时，学生在本村完成四年制初小后，再到3公里之外的邻村LY接受另外完小和初中教育，考上高中后再到县城读两年。[3]70年代后期，村小只开设一至五年级的复式教学，初中要转到乡里，即WL乡小学—中学联合学校去上。五年级（高小阶段）之后，实行寄宿制管理。每个周末，学生步行15里回家，补充下一周的伙食干粮。在该村人口鼎盛的80年代，村小共设五个年级和托儿性质的幼儿班，共计学生40余名。所授科目主要包括语文、数学和

---

[1]　对于教师短缺的地区，初中毕业即可胜任农村初小的教员。高中、中级师范学校毕业，就可担任高小教员。或者由乡人举荐，挑选适合的人担任教员。教员工资由乡政府拨付。在实际运行过程中，逐渐形成一种教师与大队之间的口头契约关系。在相对较长时间内，民办教师在某村任教时间比较稳定，享受社员工分，并获得大队给予的额外物质补贴或乡民的善待，比如，教师可以不用自己安排伙食，而轮流到家户中吃饭。20世纪70年代，民办教师的计酬方式是"工分＋补助"，一般，民办教师一天的教学折合十个劳动工分，每工分一分钱，一天即挣得一毛钱。每月从乡政府获得补助5块钱。到了80年代，"公社化"运动开始，土地承包到户，"工分制"废止，民办的教师主要由乡政府补助提供，辅之以乡民非正式的物质补贴。

[2]　本文根据年代顺序交叉使用"公社"与"乡镇"，但是都指同一地域。

[3]　根据毛泽东在1966年5月7日中的指示，缩短学制而设置的"五七中学"，初高中各两年。

自然（社会），劳动教育贯穿日常教学过程。

学校振兴之后，村人开始筹划文化活动的拓展。从50年代起，村里时断时续地组建了剧团，村人农闲时编排一些简单的乡土戏，也延请附近的师傅前来教一些小型的折子戏。排练的地方当然就选在了学校和戏台。从我记事起，村里就有社火秧歌队，数九寒天，大年前后，都要痛痛快快跳上几场。现在每每想来，脑袋里仿佛还能传出锣鼓喧天之声，依然能够看到当时村人脸上舒展的笑。从70年代开始，秧歌队还不时受邀参加县里正月十五的文艺汇演。当年村里的小孩子，就跟在秧歌队后面，从村里到县里，一起分享大人的满足与投入。而如今，村子里不光没有了锣鼓声，人声也是寥寥了。至于村小的"八海窑"和戏台，空置的空置，坍塌的坍塌。学校里即便是小石头铺成的院子，也已是杂草丛生。

80年代可以视为乡村改革发生的开端，如果以"见证者"脱离开时间轨道回看作为"舞台"中心的乡村和彼时的乡村教育，就会发现对于当时身处其中的行动者而言，他们（包括我自己）感受到的变革远远没有现在回看时这般剧烈。80年代，正处该村"婴儿潮"时期，这一点与全国人口趋势基本同步。而彼时的乡村教育也达到了设校以来的学生规模峰值。但是，这一段短暂的繁华，被后来的"进城潮"打击得七零八落。

资源诅咒与乡下人的出走如影随形。80年代末，乡人发现并开始小规模开采铝土矿，简单粗放开采后运往县城或者较远地区的收购点。从农业生产当中抽身出来的乡人开始争相在村庄附近的山上采探矿藏，开采权也遵循朴素的"先到先得"原则。除了采矿，手里有闲钱的乡人，开始购买卡车跑运输，将一车车矿石运出山。采矿，成了促成该村后续变革的"潘多拉之盒"。乡人们从铝土矿中不同程度获得了经济利益。该村的经济结构和家户经济分化也渐渐显出端倪。"合作社"时期的普遍贫困和生活资料短缺状态，瞬间发生了颠覆，肚子和口袋都得到了填充。手里有了积蓄的乡人，思索着该把钱用在什么地方。

外来的现代文化渗入，恰逢其时地助推了乡人"走出去"的热望。80

年代中期，乡民们开始购入收音机、黑白电视机，大山外面的讯息传进来。80年代末，彩色电视机进入乡村，使得乡民对大山外面多姿多彩的生活向往起来。彩色电视机挤占掉了80年代孩子们很多在学校、在田野、在山间的时间。乡人们在晚上消闲时，也会好多人挤在一台彩色电视机前。外面世界的讯息通过十几英寸的小盒子，持续地对乡民进行着文化渗透。进城，慢慢成为乡人及其孩子们的强烈诉求。

还有一点不得不提，民间文化中对"读书高"的执着推崇。新中国成立后该村的第一个大学生，生于50年代，赶上后来的工农兵推荐上大学时代，在本省省属师范大学本科毕业，后一直在辖管SC县的XZ市工作，成功脱离农门。每次回乡探亲，就会被乡人们推为自家孩子的榜样。在县城已经读至高中的少年，在寒暑假回村后，也会跟村里的孩子讲城里的故事。进城的心理通道，自然就打通了。而乡人的钱财准备，早已安妥。

80年代末开始，乡人开始断断续续地送孩子进城读书。最早以小学阶段的插班为主，由村里平移至县城小学。不得不提的是，对最早几名进城的"见证者"的访谈，一致性的结论是，如果单就考试成绩来讲，当时村小教育的质量丝毫不低于县城。几名当时的学生甚至可以在县城学校的班级中成绩领先。当然，也可以得出完全相反的结论，即彼时县城小学的教学质量也并不是很高。进城并不是顷刻间发生的，乡人一般会安排家中年长的女性，奶奶或者外婆，或者不再劳动的祖辈双亲进城租房陪读，或者将已成年的姐姐安排进城陪弟弟妹妹读书。对于单个家庭来说，不可能同时承担两个甚至三个孩子进城的费用：除了房租、生活开销，最大的花费是当时须交的借读费，即户籍不在县城的农村人口享受县城教育的额外费用。80年代末至90年代末，该村开始了接力式的进城求学运动。而与此运动相关的，进城买房安家，也慢慢开始了。由进城上学牵动的家户生产生活重组持续地发生在许许多多的家庭中。

进城求学的过程当然也是村小学生流失的过程，但是，由于渐进式的进城运动和新生儿的渐次出生，村小得以继续维持。到21世纪初，村小的命运开始急转直下，少数几个在读学生勉强维持。表面上看，是学生外流的直接结果，但是学生外流之下，是农户经济分化、家庭理性转移的必然结果。采矿带来的财富增长，也逐渐麻痹乡人与田为伴的生活。富起来的乡人逐渐脱离农业生产，越来越多的乡民成为住在县城的农村人。村里的农地大量抛荒，而乡人对矿藏的依赖越来越强。矿藏以快速丰厚的收益给乡民带来一种欣欣向荣的幻觉，但是这条经济链条非常脆弱，以至于好多放弃农业生产的乡民进城后只好被困在城里。

千百年来，只要不遇天灾，农地总能为乡人提供持续产出。可是，矿产资源不是。经过十几年的开采，到2005年，该村周围的矿藏已开采殆尽。可是，多数习惯了依靠短期快速致富的乡民，再也拿不起镰刀锄头。他们当中很少有人继续回到田间地头，而是更加决绝地进城谋求生活，寻找各种零碎的非农职业或临时营生，来弥补县城生活更大的开销。也就是在这一年，在新农村建设的助推下，村里的新学校建成，规模虽比原来的"八海窑"小很多，却是崭新的三间红砖瓦房。维持一年，送完最后的三个孩子，第二年

父亲帮我拍摄的故乡村小的照片。左图：学校院子里坐南朝北的戏台已经坍塌，只剩下一堵西墙还立着，村人在原来戏台中间位置另修了一座小庙。学校的院子里早已是杂草丛生。右图：21世纪初新修建的希望小学，2005年投入使用，第二年村里最后的三个学生，弃学的弃学，进城的进城，新学校便遭弃用。

关张。后来，乡民就争相抢着做库房。而原来的"八海窑"早已破败不堪，戏台也早已坍塌，再无翻修。侧斜的柱子上贴着两副对联："别看庙破神灵在，应知寺旧仙气存""春来清风扫佛殿，冬至玉雪封山门"。而昔日农闲时的农社活动，再也没有了声响。

这些年，父亲经常开着小汽车从县城回故乡的小山村，看看那里的人，看看我们曾经的家园。有时候，他会在家庭微信群里发一段家乡院落的短视频，并且配上他的解说，"你们看看，都成什么样子了"，声音中满是悲叹。最近一两年，父亲回老家的频次越来越高，他发给家庭微信群里的故乡影像也越来越多。有好几次，我都让父亲去当初的学校替我们看看那里的情况，每次面对图像中的坍塌和破败场景，不无唏嘘。作为子代，我也尝试琢磨父亲的心情，也努力理解他对家乡的不舍和无奈。同时，当我通过这些图像看到曾经的家园如此破败，也会在心中作一番斗争。破败和废墟代表着一种消落、衰败，但仍有部分遗存，当废墟构成意象，或者呈现为图像，它便具有了时间流逝意义上的审美隐喻，以及背后隐藏的废墟的自传。

三、村小的文化史价值

在世界上任何一个国家都能看到废墟的遗存，有的更是得到很好的保护。废墟非但没有成为国家文化的羞愧，反而作为国家文化的门面，以绵延的历史形象接受世人的敬畏。罗马斗兽场、柬埔寨吴哥窟、雅典卫城帕特农神庙、危地马拉的蒂卡尔城，更不用说我们熟知的长城、石窟，这些历史建筑成为各个文明的骄傲，成为后世国家的记忆之场，民族记忆的纪念碑，散发着普世性的美感。将废墟视为一种严肃的学术对象，是为了发掘凝结了人类历史造物背后的"时间价值"。为什么会面对一片废墟感叹、吃惊？"凝视（和思考）着一座废弃的城市或宫殿的残垣断壁，或是面对着历史的消磨所留下的沉默的空无，观者会感到自己直面往昔，既与它丝丝相连，却又无望地和它分离。怀古之情因此必然为历史的残迹及其磨灭所激发，它的性格特征包括内省的目光、时间的断裂，以及消逝和记忆"[1]。特别是当我看到曾经学校的破败，总会情不自禁将现在的不朽碎片去重构曾经失去的整体。

学校是人类社会重要的文化场所，这些经由有意设计并使用物理材料建造而成的建筑体及附带形成的空间布局，本身内嵌着教育性价值，一代又一代儿童在学校的建筑空间中形成他们的体验并建构最初的社会关系雏形，但是学校层面对这一价值的讨论依然模糊不清。从教育意义上讲，学校是生成教学技艺和完成规训实践的空间；从社会意义上讲，学校是传递民族文化、塑造道德个体的理想场所；从政治意义上讲，学校是社会有效治理的缩微模型，一个"小社会"。我们可以从不同角度看到学校空间的特殊性。学校并不是从一开始就如今天这般样态的，现代学校从教室到校园的扩张，除了反映学校对时间和空间条件进行重新布局，也将教育影响力从教室的四面围墙拓展到校园的每一处领地。

艺术史家、现代主义先驱尼古拉斯·佩夫斯纳曾做过这样一组有意思的比对。他说，自行车棚是一种建造物，林肯大教堂是一座建筑。几乎所有占据足够大的空间，并能够将人容于其中的东西都是建造物；而建筑这一术语仅适用于那些以审美情趣为目的设计并完工的建造物。很显然，尼古拉斯·佩夫斯纳并未将所有建造物都视为建筑。在汉语中，我暂时未能成功找到英文中building和architecture的贴切对应语词，也很难说出二者的具体差异。在艺术史领域中，起码在佩夫斯纳的分类中，建筑是通向艺术审美和时代精神的，而人类日常生活中出现的建造物可能因其实用诉求而失去精神层面的考量。带着好奇，我特意查阅了韦伯斯特英语词典，building有两种释义：其一，通常为长久使用目的而建的有顶有墙的造物（如住宅）；其二，将原材料组合成为造物的技艺。而architecture的词义要丰富得多，除了指代建造的科学或艺术，还指建造的工艺和风格，以及此处未列出的其他多重含义。我们可能对佩夫斯纳暗含傲慢的划分存在异议，即使在艺术史知识界内

---

[1] [美]巫鸿（著），肖铁（译）.废墟的故事：中国美术和视觉文化中的"在场"与"缺席"[M].上海：上海人民出版社，2012，第15页。

部，也并非所有人都认可佩夫斯纳的划分，我猜想，一定会有人将即便是破如茅屋的建造物也同样视为建筑。当然，这已属于艺术史背后的哲学分歧。

仅凭日常经验，我们也可以发现，任何一种建造物，都是对空间秩序的安排和重组，都涉及人类的有组织的活动。这种活动将空间形态转换成场所形态，并赋予其空间、地理、人文意义。也就是说，我们称为建造物也好，建筑也罢，如果将人的活动和参与从围墙、砖瓦、石柱、拱顶中撤除，建筑也不能称其为建筑了。建筑自身关联着意义开放性，任何尝试理解建筑的努力，必须首先涉及建筑所在的空间、地点、土地、文化的特定历史。一座建筑一旦落成，它便不再是纯粹的客观造物，它一定会体现出与上述因素之间的和谐平衡，抑或是错乱冲突。有的建筑，本身就是社会存在境况的强烈表达——法院、国家会堂、纪念碑代表着严肃与权威，教堂和宫殿体现着崇高与安静，大型雕塑和高大廊柱透射着敬畏与神圣，博物馆和国家画廊蕴藏着知识与艺术的高尚追求，等等。而且每一种建筑都反过来向社会传递着不同的道德力量：勇敢、敬畏、虔诚、热爱……乔治·巴塔耶说："建筑最初是社会秩序的反映，现在则成为这种秩序的保证，并对这种秩序施加影响。原来不过是一种简单的象征物的它，现在变成了主宰。"[1]只要我们想一想人类历史上的伟大建筑，不难发现，这些建筑真切地展现出背后隐藏的维护社会秩序的野心。正如史学家赫尔德在《罗马史》中透过罗马城中的建筑看到最本质的古罗马精神那般，虽充满了浮想联翩，但丝毫不能否认建筑的历史阐释价值："从卡比多利欧山丘眺望，在这座悲惨的城市中，那些最重要的古迹可以让你毫不费力地把握住历史的发展过程和完整性。公共会场让你看到了共和国，奥古斯都及阿格里帕的万神殿会让你明白，在古代世界，所有的民族和所有的神都会在同一个帝国、同一座庙宇中得到整合。它是罗马历史核心时代的古迹，就坐落在罗马城中心，在它的两端，你可以看到，一处是斗兽场，与基督教早期的一系列斗争就发生在此处；另一处是圣彼得大教

---

[1] [美]巫鸿（著），肖铁（译）.废墟的故事：中国美术和视觉文化中的"在场"与"缺席"[M]．上海：上海人民出版社，2012，第29页。

堂，它代表了基督教的胜利和威权。"[1]建筑，尤其是历史建筑，充分凝结并反映时代精神，当我们目睹它们的时候，完全可以将它们看作历史事实，继而通过充满想象的沉思对历史加以阐释，这也是米什莱从赫尔德的历史作品中得到的教益。

学校是不是也是这样一类建筑呢?学校的空间布局又反映了怎样的社会秩序? 作为物理存在意义上的学校，纵使它早已历史弥久，形态多样，却一直是一种未完形的状态。原因很直接——学校的完整意义需要借由人来实现，其空间布局与建筑形态只是提供了容器。如果抽离了学校中的人（当然主要是教师和学生），学校的社会意义便会贬损。这一点上，学校不同于金字塔，不同于万里长城，它的真正内容其实是由行动者决定，而正是这些行动者将学校从其他建筑中区分出来。学校就像一个社会的大脑，每个时代，每个世代，大众或主动或被迫涌进各级各类各样态的学校中，当他们走出学校时，或得到净化，或受到启蒙，或被迫驯服。一代又一代浸泡在学校教育中的个体，他们眼中除了反射出对知识的渴求，也能看到每个人心中的社会秩序的镜像，这就是学校的魔力。按照比斯塔的看法，学校教育具有三重目的，即教育在不同程度上满足和服务于社会的每一代不同个体的资格化、社会化和主体化目的。前两个目的可以视为社会对个体的要求，后一个目标可看作个体的教育自主。学校作为一个巨大的容器，除了将一代又一代社会成员浸泡在文化传统与知识传承中，也为个体成员提供了沉思日常生活和哲学生活的场所。

学校在人类历史上的出现，首先是人类活动的自然结果，学校内嵌了人类对自我生活的改造与成形。古人虽未言明学校的空间意义，却早已暗含了丰富的空间智慧。不管是"谨庠序之教，申之以孝悌之义"，还是"设为庠、序、学、校以教之。庠者养也，校者教也，序者射也。殷曰序，周曰庠。学则三代共之，皆所以明人伦也"，抑或，"庠，礼官养老，夏曰校，

---

[1] [[英]弗朗西斯·哈斯克尔（著），孔令伟（译）.历史及其图像：艺术及往昔的阐释[M]. 北京：商务印书馆，2018，第319页。

殷曰庠，周曰序"，"庠为乡学，有堂有室；序为州学，有堂无室"，都首先将庠、序、学、校与世代教养与人伦通达联系起来。如果仔细推敲一下庠、序、学、校的词源，我们便会发现其中蕴含的空间智慧。庠、序二字，"广"字旁，意为宽大的房屋，而甲骨文和金文中出现的"学"字，也早已表明了"教育场所"之意。联及历史上出现的"堂""塾""书院"等建筑形态，以及出现在古希腊的"学园""会饮"中的庭院，近世出现的"校园"、大学"校区"（英文campus，来自拉丁文campus，意为"平地"），我们仿佛能够看到教育跳出历史时间的限度，在空间维度上展现出人类丰富的精神活动。及至当下，我们谈论学校的空间意义时，如何理解学校作为独特的物理存在的特殊性？学校仅仅是现代性不断蔓延过程中形成的具备特殊社会功用和政治功用的技术性场所吗？

学校在物理空间意义上，被构念为人类智慧和新知识的储藏地和生成之所。同时，也会呈现不同权力关系的意象。学校内含一种悖论性的关系。当学生、教师步入一所校园的时候，他（她）站在一个已然被设计和建造好的物理空间之内，学生和教师作为主要的使用者，往往并没有参与这一空间的设计和建造。因此，作为建筑和空间单元的学校，首先暗含这样一个问题，即谁的建筑？谁的空间？学校的物理结构影响着学校的活动及其功能发挥。它的建筑塑造了居于其中的师生的感官体验和外部社会对它的评价，也决定了学校中的建筑物在整个生命周期中如何使用空间，以及适应未来新需求的变化。学校面临来自社会（首先表现为受教育者及其监护人构成的集合）的持续并不断衍化的期望带来的压力，同时受到现代教育理论（比如强调学习者权力的"学习话语"）和现代科学技术的牵制，更不用说人口和经济波动带来的影响。所有这些不光是学校在理念上的回应问题，而且涉及学校通过建筑和空间传达出的教育意义问题。

如果说教育具有公共性特征，作为具体物理形态的学校可以视为公共性的历史合法性表征。学校的历史合法性首先回答这样一个基本问题：既然学校是教育公共性的表征，那么，学校面向的"公共"到底是谁？这一问题与上面提到的"谁的建筑？谁的空间？"是同一个问题。公共，可以简单理解为拥有"公众"的能力，这样，我们就可以列出一个"公众"的清单：建筑师、建筑工人、设计师、建筑委托人、未来使用者等。如果我们将使用学校建筑和空间的人认定为"公众"，那么，学校的建筑及其空间构成就应当满足"公众"的要求。建筑不单单是建筑设计师和建筑工人的事情，对建筑的讨论也不应局限在建筑艺术的美学范围；建筑也不仅仅是教育部门的指令和委托行为，对学校建筑和空间布局的理解不能够掉入僵硬的科层制控制。遗憾的是，学校建筑中的真正的主体行动者很少参与到建筑过程之中，学校建筑教育性的讨论也仅仅处于尝试阶段。

似乎很少有人专门注意学校建筑和学校空间的教育学意义，因此也就不会把它们视为教育性存在。只要学校仍然是构成特定人群活动的物理空间存在，学校对物理空间的组织将不仅构成其基本必需，而且通过成形的、系统性自我表征来提供最为直观和牢固的交往方式。按照阿伦特的理解，学校是居于私人领域和公共领域之间的中间领域，社会中的个体在其中完成对生活世界的理解。当然，最主要的方式则是学校通过哈贝马斯意义上的"交往"，理解各自行动的意义。学校建筑及空间布局能否在表征出包容、自由、想象力、审美特征的同时，也体现纪律、社会规范、仪式的社会要求，这些构成了它的教育性意涵。这样一来，学校建筑与空间的公共性问题，就转换成为学校建筑及其空间如何满足"公众"交往的需求问题。注意，学校建筑及其空间不单单是交往的媒介，而且是交往的主体。建筑及其空间虽不可言语，但它们蕴含丰富的情感、审美、象征意义，人类建造了建筑，塑造了空间，并不意味着人类与建筑及其空间关系的单向终结。相反，沉浸在学校"容器"里的"公众"，也会受到学校建筑及其空间的潜默影响。所谓，蓬生麻中，不扶而直。

学校的建筑和空间布局，不单单是立于平地上的一组组建造物。我们暂时难以给出"好的"或者"美的"学校建筑，以及"和谐的"或者"宜人的"学校空间布局确切的定义，不妨夸大一下我们的想象力。当我们徜徉在某座现代校园的时候，如果仿佛感受到楼宇间的交谈，教学楼的呼吸，图书馆的沉思，连廊的冥想，钟楼与尖塔不同的表情，我们基本上可以在"主观上"得出判断，这样的学校建筑和空间布局是舒服的。如果一座校园并没有受制于城市逼仄的空间压力，反而在它错落纷繁的布局中呈现出开放、宽广、延伸；如果一座乡村的校园并没有跳脱出它周围的村舍、农田、山峦，反而在它温情朴素的设计中透射出对生命的敬畏，对自然的感恩，对乡土的热恋，这样的学校建筑与空间布局就是"好的"，就是"美的"。建筑不是束缚，空间布局也不应成为想象力的限制。我想，这种想象力的夸大并非没有共情的基础。从形式上看，人对建筑和空间的理解是主观上的判断，也正是人的这种发自主观的判断能力，赋予了建筑"说话"的能力。这也是不管是米什莱还是赫尔德，认为历史遗迹、建筑具有阐释力的原因。毕竟，建筑和空间布局都是人化的结果，否定它们的表达力，不也是否定人自身吗？

学校建筑及空间布局不仅仅是对"物"的处置，还需要努力达成思想的统一。学校建筑与空间布局，势必会反映学校在理念功能方面从传统的规训、权威的教导模式向更为开放、灵活的学习模式的转变，推动学校成为教育想象力的生成之所，而不是相反。我们当下所见证的社会事实（新型冠状病毒全球大爆发带来的混乱）已经明确展示了"未来已来"的超现实景象。这一社会事实推动着数字技术、虚拟教室的加速使用与成形，显然这一变化已经超越了传统的学校物理空间形态，实实在在影响着我们对未来教育空间的想象。学校空间构成每一代新人理解世界的端点，未来学校的设计与建造，需要直面当今时代的缺陷与危机，正视自然生态的脆弱与恶化，坦承道德秩序的失范与滑坡，需要将人类对自我命运的理解通过人化的学校建筑和空间布局呈现给每一代进入学校的新人。

第三章　定义乡村教育

乡村教育之所以在理论建构方面没有达到期望规模与深度，与其镶嵌于日常生活实践之中的位置不无关系。任何想要在理论上建构系统的乡村教育理解的尝试，都会面临整体教育政策与局部社会发展提出的挑战。在当代中国的社会转型过程中，乡村不再维持观念中的某种静态意象。当我们以刻板的乡村意象介入乡村理解时，必然遭遇许多概念方面的遮蔽。事实上，乡村社会在中国整体社会的交融混合过程中，不断酝酿和维持自身的稳定性和多样性，同时居身于乡村中千千万万的家庭以各自的生计理性保持乡村社会经济的韧性与弹性。也因此，任何定义乡村教育的有效尝试，必须将乡村教育扎根其中的真实历史情境置于前提考量之下。

一、公共话语中的"乡村教育"

在主流的教育学语境中，一般把发生在乡村并以乡村人口为对象并为乡村经济和社会发展服务的教育称之为乡村教育。[1]这样以地域作区分的划分方式将乡村与城市相对，将乡村教育的发生地点局限在乡村。这样的乡村教育概念较为宽泛，既包括整个农业文明时期的教育形态，也包括今天从发展中国家到发达国家的乡村地区教育。这是一种典型的空间划分法，而未兼顾乡

---

[1] 王兆林. 反思与前瞻：城市化进程中的农村教育[J]. 教育探索，2006（05）：30—32.

村教育在时间和历史维度的含义。也有学者从社会发展程度对乡村教育进行定义，把以发展中国家乡村人口为对象，为乡村发展服务的教育称之为乡村教育。[1]依照这种界定方式，乡村教育被限定在一定的时代与国家背景之内，并且划定了乡村教育的范畴，认为乡村教育与一般意义上的教育体系并无二致，也应该是多层次、多类型、多形式的，包括初等教育、中等教育、高等教育多个层次，基础教育、职业教育、成人教育多种类型，正式教育、正规教育、非正规教育、非正式教育多种形式。有学者将乡村教育的概念聚焦于当代中国，基于中国国情，将乡村教育定义为一切可能且应该为乡村现代化发展服务的教育，[2]认为乡村教育应该是与时俱进、动态发展的，将促进乡村人口转移视为乡村教育的重要使命。这一定义将指向乡村人的幸福作为终极目的，将促进人与自然和谐视为乡村教育的价值引领。这样的定义主要将乡村教育指向了经济发展，虽然也考虑了乡村人的幸福、人与自然的和谐，但这一切是基于乡村教育应该为现代化服务的预设之上。现代化背景之下乡村发展，很长一段时期是在城市化、工业化、市场化的发展框架中，其自身发展逻辑长期被遮蔽。王剑和冯建军认为，乡村教育城市化进程已是不争的必然，但要进一步研究和探讨如何在此进程中趋利避害、实现乡村教育健康合理发展，并且使教育对农村城市化的影响回归到"教促富、富促教"的良性循环。[3]他们认为，乡村教育的城市化进程应该与乡村自身实现城市化转型一致。基于乡村的现实状况，从接纳、吸收外来城市文化，到外来城市文化与当地民俗传统文化有机结合，再到主导的城市文明，渐进地完成这一过渡。这就将乡村教育转回了乡村自身，回归于乡村自身独立的价值，这种价值不在城市体系之中，也不在乡村封闭原始的守旧之中，而只能从乡村的现实中挖掘。从类似更多的研究中可以看出，学界关于乡村教育的定义由宽泛描述逐渐聚焦于当代中国国情，并且开始注视乡村中的人的发展。乡村教育的目

[1] 陈敬朴. 农村教育概念的探讨[J]. 教育理论与实践, 1999 (19) : 39—43.

[2] 张乐天. 重新解读农村教育[J]. 教育发展研究, 2003 (11) : 19—22.

[3] 王剑, 冯建军. 对我国农村教育城市化的审视[J]. 教育发展研究, 2008 (8) :22—24.

的是为了乡村中人的发展，为了乡村的发展，而这种发展脱离不开我国具体国情以及经济、政治、文化等各方面的影响。如果悬置乡村教育之外的影响因素，立足于乡村教育本身，该如何对乡村教育进行定义呢？如果以一种外观的形式，至少我们可以按照以下的方式定义乡村教育。

以往谈论乡村教育的定位问题时，我们经常听到一种简化的二元论，即乡村教育的"离农、抑农"与"向城、为城"如此简单的形式划分。这种简化思维在过往乡村教育政策与实践的讨论中层出不穷，甚至成为乡村教育论域中的主流思想。"离农"教育被认为是以城市为中心，为城市培养高级技术人才，培养离开乡村、农业和农民进入城市主流文化而不是回归乡土的人才。[1]"离农"教育与我国长期实行的城乡二元对立结构密不可分。在城市化的道路上，大量农村人口涌向城市。城市成了重心，而乡村随着人口流动则一步步失去了自己的精神根基。一代又一代的乡村年轻人，出生在乡村，却不被乡村滋养，他们离开乡村的土地，走入了城市的钢铁森林。"离农"教育引发了乡村教育的失落，它以培养城市人为目的，遗弃了乡村的自然风物、人文情感、生活智慧。虽有一部分乡村孩子成功跳跃"农门"，成为城市人，实现了阶层的跳跃，但与之相伴随的，也产生了流动儿童与留守儿童，他们在乡村接受着现代[2]教育——要么处于城市日益增强的竞争之中，要么困于乡村有限的教育水平之中。此外，家庭教育的缺失，更是增强了他们的孤独感。而这些接受着现代教育的孩子，最终既成不了城市人，也因为失去了与乡村的精神连接，没有乡村生活经验智慧而回不去乡村，成了城市与乡村的"边缘人"。

"为农"观则认为教育当立足于乡村，培养乡村所需要的人才，为农村

---

[1] 张济洲. "离农"？"为农"？——农村教育发展中的悖论[J]. 当代教育科学，2005（19）：36—38.

[2] 这里讲"现代"二字，并不是现代化或者现代性意义上的现代，而是对教育形态的一种个人定义。如今的乡村教育，至少在教育形式和教学内容上，已经成为城镇教育的复制，而同时，乡村原本的本土性教育要素并没有成功整合到教育日常中来。

经济、社会的发展服务。[1]"为农"教育认为乡村不应该成为城市的跟班或附庸，乡村教育应该具有自身独立的价值取向，培养安于农村、安于农业、为乡村社会经济发展服务的应用型人才，让孩子认识乡村、热爱乡村，从小培养他们服务农村、发展农村、振兴农村的理想情怀和实际本领。"为农"教育表面上为了乡村，以乡村为目的，但事实上体现了对乡村孩子选择权的剥夺。以出生地决定人生未来的走向，既违背了公平，也将乡村功利化、物质化，没有真正地看到乡村本身蕴藏的社会动力和流动性需求。乡村是鲜活的，有其自身独特的文化与精神，如果看不到真正的乡村，只将乡村作为国家整体目标实现中的一个包袱，急功近利地为其设立一系列指标，大搞"发展主义"冒进，得到一个所谓的皆大欢喜的结果，或许反而是进一步对乡村的消解。

在"离农"与"为农"之外，也有学者认为乡村教育的定位应该超越这种二元对立的思维模式，不应该照搬城市化的"应试教育"，不拘囿于单一的升学教育，而理应能够满足升学、进城务工和服务乡村振兴战略等不同的需求，回到立德树人的教育宗旨之上，要从城乡这一整体系统出发，在制定农村教育政策、思考农村教育问题时协调各种关系，重构城乡一体的乡村教育价值取向，促进城乡共同发展。[2]这种"城乡一体化"的观点，默认城市文化主导的现代化已经成为不可扭转的社会趋势，城乡一体化本身隐含着的主要趋向仍然是把乡变成城，无论是由乡到城，还是由城济乡，总之，把乡变成城，乡村问题就不复存在，乡村教育也无从谈起。这种城乡一体化的立场是出于现代化的目的，但这里也存在着疑问，乡村真的可以被消解吗？被消解的是形式上的乡村还是实质上的乡村？乡村教育以及其根基是否已无存在的必要，以至于维系乡村发展被如此徒劳无功地形容为仅仅是现代化大潮冲刷至沙滩上的几朵美丽浪花？

---

[1] 张济洲. "离农"？"为农"？——农村教育发展中的悖论[J]. 当代教育科学，2005（19）：36—38.

[2] 肖正德，谷亚. 农村教育到底为了谁？——农村教育价值取向研究述评[J]. 教育研究实验，2019（06）：24—28.

　　无论是出于为了城市的目的而产生的培养城市人、现代人的"离农"教育，或是出于乡村的目的培养农村人才的"向农"教育，还是出于现代化的目的而产生的"城乡一体化"教育，都带有一种工具性，即乡村教育服务于某种目的。所有这些回答唯独缺乏向乡村本身要答案的思想尝试。种种观点之中，乡村教育显得如此包容、大公无私、任由安排。确实，作为每一个个体，对于乡村及乡村教育的所知所感总是带有主观性，每个人的立场不同，观点也不同。乡村、乡村教育像是静立田野的百年苍柏，从来没有大声言说自己是怎样的，它要成为什么，它只是在年复一年之中，用它的肥沃和宽容供养着所有人，它只是为乡村之中、乡村之外的每一个人，在他们需要它的时候，予取予求。思考乡村教育的目的是什么，主要是站在乡村教育本身的立场，不使其屈居于其他目的之下。

　　在基本理念上，乡村教育首先应该基于乡村、为了乡村，从乡村中具体的人的发展出发。乡村教育要立足于乡村的现实与背景，落在每　个真实的乡村个体身上，反映乡村及其中每个个体的真正需求，以乡村本身为主体而进行的教育。乡村教育既非把别的什么教育移植在乡村之中，亦非把乡村中的元素装点在别的教育之上而称之为乡村教育，而是真正基于乡村的教育，尽显乡村的主体性与主动性。其次，乡村教育的目的或因不同背景而有不同的呈现方式，但本质总是趋向于实现乡村本身的发展。需要思考的是，这种发展是乡村本身鲜活特色的发展，还是在对乡村本身生命力进行消磨之后得到的一种外部刺激化的发展？是精神发展、物质发展、生态发展的和谐统一，还是将物质发展作为单一的目标与衡量标准的发展？最后，乡村教育的范畴应该是广泛渗透的，既包括发生在乡村的教育，也包括发生在乡村之外为了乡村的教育；既关注学校教育，也关注乡村中的道德教化与社会风俗塑造。除了将乡村中的人看作教育主体之外，乡村教育也以自然、乡村本身为施教者。乡村中既有显性的教育，也有乡村本身隐性的教育。

二、乡村教育的核心：人的发展

前文将乡村教育定义为以乡村为主体，以乡村中的个体为对象，为了个体以及乡村整体发展的一切教育。这里已经指明了乡村教育的目的是使乡村中的个体以及乡村整体得到发展。教育是以每一个有生命、有思想、有情感的人为对象，通过培养每个个体独立的内在精神，促进社会整体的发展。乡村教育面对的首先是乡村中具体的人，但这并不意味着乡村教育只能依靠自己的力量。乡村教育离不开外在支持，也不会将培养出来的人局限于乡村之内，乡村教育培养的人，应当是有为的、包容的，无论是投身于何处，只要身上有乡村的根，带着乡村中成长起来的力量，就永远不会是无源之水、无本之木。从这一点上讲，乡村教育并不是像乡村的地理边界所限的那种收敛与紧张，而是包容与开放。

乡村教育培养出来的人应当是有强大生命力的人。这种生命力来自于土地的养育，来自他们切身感知的乡村之中生命的萌芽、成长、收获、衰亡。亲近自然，生活在自然之中的人，距离生命的本真更近，而这与城市中一切精心设计、细细规划的环境是不同的。现代化进程纵然不可避免，但乡村教育之中的人，真正认同乡村、感受到乡村价值、具有包容力的人，也不会完全被现代化所控制。乡村教育着眼于乡村之中每一个人的发展，这种发展包含着一种自由与选择，具有强大的适应性。乡村以其贴近自然的环境、土地之中蕴含的生命、乡村中世代传承的生活智慧为教育背景，培养有生命力、包容性的人，培养正直勤劳的人，培养尊重生命、热爱生活、怀有希望的人。乡村教育贴近自然，自然最诚实地展现、奉献一切，告诉人们生命的密码。乡村得天独厚地亲近自然，依赖着自然生活，即使现代化的浪潮不可避免，但乡村不是浪花，乡村教育亦不是泡沫，而是被冲刷着、打磨着、包容着的沙滩，总不失根基；是浪潮之上戏水的飞鸟，总有巢可归。

任何形式上的简化和理论对立，都不可能达成深刻的社会理解。乡村教育问题不同于乡村问题。乡村问题主要是以乡村的经济生产、社会组织重组、文化传统维系为主体。乡村问题涉及的范围极广，人口、土地、生产模式、社会交往、经济、教育、政治、娱乐、社区组织等等。而乡村教育最大的着力点在人的发展上。如果仅仅藉由乡村的地理和经济生产类别对乡村教育作出限定，显然没有涉及乡村教育的本体。如果乡村教育的定位可以如此简单，那么，我们还需要考虑城乡—乡城流动过程中的动态机制吗？即使我们在谈论乡村时，此时的乡村也完全不是绝对固定的"地方性"的、不发生流动的乡村。事实恰恰相反，正是由于乡村本身生产出的流动性，才产生乡村活力不断的动力，才产生了城市中无穷的经济要素。我们往往更容易看到乡村人财物的向外流动，但是没有深入分析这样一个反事实问题：作为地方的乡村，如果没有流动性，会是一个怎样的乡村？在思考乡村教育，或者乡村社会其他方面的问题时，"稳定"与"流动"就像是乡村社会的一体两面——没有稳定，不可能产生流动；没有流动，也刺激不了稳定。正是稳定才带来了流动，而反过来，流动进一步促进稳定。流动意味着新的经济、社会、文化等方面的新势力的介入，改变乡村原有看似稳定的结构，引发乡村内部产生的变革力量。而在乡村稳定和流动这两个意向性方向上，每一个具体的个体、家庭、乡村共同体都同时在两个意象上践行着不同的努力。因此，前面提到的"离农、抑农"与"向城、为城"简化思维，其理论盲点主要在于忽略了身在其中的具体的个人、家庭、乡村共同体的"努力"，更没有区分朝向稳定与朝向流动的努力。即便我们通常所说的"跳出农门"，难道仅仅是绝对的"脱离""撇清"吗？"跳出农门"之后的个体，他们与原初的家庭和社群便完全没有关系了吗？

21世纪的中国乡村，早已成为"跨体系社会"[1]的典型形态，如今的乡村早已卷身于不同的经济生产方式、不同的文化交融、不同的生活方式渗透多元交互的现代社会之中，乡村共同体自身、乡村中的家庭和个体都面临

---

[1] 笔者于2021年7月12日参加了由北京大学高等人文研究院主办、清华大学汪晖教授主讲的"跨体系社会与中国历史中的区域"线上讲座，受益于汪晖教授对"跨体系社会"及后文提到的"介入性力量"等概念的深刻阐释，此处借用而来，特别致谢。

着吸纳外部力量与整合内部力量的双重任务。因此，处于某一地方性区域的乡村，也会在经济生产、文化活动、社会联系方面体现出多样的"非地方性"，比如，数字媒体对乡村的介入就是最好的例证。另外，乡村中的每一个具体的个人，自身也内含着跨体系性，在个人身上集合着传统与现代、开放与收敛。乡村的介入性力量并不单单来自乡村外部。外部介入多是具体形态的介入，比如如今人们担忧的乡村"快手化"、乡村教育的"电子屏幕化"等，多产生局部性的变化，并不引起系统性结构性变化。同时，乡村会生产自己的介入性力量，而后作用于自身。这种力量多是内在的、渗透的、渐变的，它们构成乡村社会变化的机理性力量。

　　长久以来，无论是乡村教育改革还是对乡村教育问题的研究都关注乡村教育的价值，寄希望于某种价值的实现。从"离农"和"为农"的目的出发，乡村教育存在着"城市中心"和"农村中心"两种取向。"城市中心"价值取向把乡村教育当成改变"农民身份"的工具，把谋取"经济利益"作为自己的动力和目的；"农村中心"价值取向，把传授适合乡村的"生产技术技能"作为乡村教育的主要任务，将能否培养符合农业生产要求的劳动者作为认可乡村教育的标准。[1]这两种取向都显示出明显的工具化倾向，即乡村教育要为什么服务。重新确立乡村教育的价值取向，就要明确乡村教育真正的价值，回归教育，回归乡村中的人，回归乡村。同时，乡村教育处于现代化的背景之下，受现代文明影响的同时，也对现代文明存在着独特的价值。

　　要想明确乡村教育的价值，首先要理解什么是价值。客观主义认为，价值存在于事物本身，是事物本身固有的属性，它完全不依赖于人的需要、目的和意图。主观主义认为，价值来源于人的需要，价值可能因人的需求而改变，不存在纯粹独立、乐观和永恒不变的终极价值。价值的客观主义具有绝对主义倾向，主观主义具有相对主义倾向。而关系主义认为价值是主客体之间需要与满足的关系，事物的价值不是事物的存在和属性本身，而是它们同

---

　　[1]　田夏彪，张琼. 回归本体：论我国农村教育的价值取向[J]. 昆明理工大学学报（社会科学版），2009（08）：87—93.

主体的关系内容，任何价值都只是在关系中存在，绝不可能单独地内在于主客体的任何一方，也不可能脱离一定的主客体关系而单独存在。既然价值总是处于一种关系之中，谈及乡村教育的价值时，便不能将乡村教育的主体、客体、影响因素脱离开来，而是要回归其中，看到乡村教育真正的价值。

从乡村教育与教育的关系来看，乡村教育作为人类基本的教育形态，具有教育本身的价值。教育作为人类永恒性事业，首先是培养人的活动。这一特殊活动既要满足个体身心发展的需要，也要满足社会发展的需要，是内在价值与外在价值的统一。教育通过多种类型与形式，促进人的知识、技能的增长，品德、能力的培养，形成健全的人格，促进人的全面发展。教育的本体价值就在于人的发展，离开了对人的关注，教育极易成为其他目标的附庸，从而失去了自身的价值，转而束缚人的发展。脱离了有生命的个人和每个具体的个人对自身发展目标的追求，教育的社会价值就不可能实现。乡村教育也应坚持教育的价值，以实现乡村中人的发展为目标，通过人的发展实现乡村整体的发展，使乡村教育成为乡村发展的根基，在此之上才能发挥乡村教育的经济、政治等其他价值。

关注乡村教育本身的教育价值，就是要最大程度地发挥教育的力量。首先，要发挥学校教育的力量。如何开展乡村学校教育，在现实中也成为一个复杂的问题——经济资源、教师资源、地理环境、基础设施等因素影响着学校的建设，明确学校建在哪儿、怎么建，是教育的基础与前提。乡村学校直接培养的是乡村中的儿童、少年，发挥教育的功能，办好乡村学校，才有可能落实乡村教育的目标，在改变人的基础上为乡村带来新的改变。乡村之外也应该完善助力乡村发展的学校教育，为乡村发展培养人才。其次，要发挥家庭教育的力量。处于城市化背景下的乡村，家庭教育面临诸多问题。家长作为家中的主要劳动力，要承担起家庭经济的重担，尤其是进城务工的父母，可能更难顾及孩子的教育，难以陪伴孩子成长。对处于义务教育阶段的孩子来说，父母是其心理上的依靠，家庭教育的缺失直接影响着学校教育的效果。此外，要发挥社会教育的力量。社会教育更灵活、更广泛，内容涉及生活的方方面面，各个年龄段的人都可以参与其中。进行社会教育，一方面要在乡村之中结合乡村特色进行组织，另一方面在社会之中也要提供多方面有益的社会活动。最后，要发挥乡村环境的教育力量。在乡村之中，无论是自然生态、人际事态还是文化民情，都发挥着潜移默化的教育作用，影响着个体的思想观念与生活方式。

从乡村教育与乡村中的人的关系来看，乡村教育以乡村中的人为根本，关注人的价值。以人为根本，就会回到人的本质问题。人的本质并不是单个人所固有的抽象物，而是一切社会关系的总和。而价值就处在关系之中。人的价值不仅仅在于他人和社会对自己需要的被动满足，人本身也必须创造价值，人在满足自己需要的同时也惠及他人，奉献社会。乡村之中的每一个具体个体，是乡村教育的直接对象，每个个体都是鲜活的生命，而乡村教育以其亲近自然的特点更好地培育乡村个体的生命力。乡村中的个体本身就处于一种亲近自然的环境之中。这份自然性也影响着个体的人性，人性的自然是个体生命质量与生命活力的重要影响因素。乡村教育希望培养个体的生命力，在乡村的土地上生长出身体强壮、精神坚韧的人。只有当个体认为自身是有为的、有价值的，才能逐渐找寻到自身满意的生活状态与生存方式。而如果乡村之中每个人都在这种教育之下能够找寻到一种满意的生存状态，或许就能展现乡村所希望的命运，回答乡村要往何处去的问题。此外，乡村的发展离不开整体的社会环境，乡村的改变受制于整体社会的发展趋势，乡村的改变就是整个社会改变的一种尝试。

乡村教育对乡村中的每个个体施加教育，培养不断发展、有生命力的人，实现其个体价值的发挥。对于每一个个体的塑造，叠加起来就是塑造乡村整体的过程。每一个热爱乡村、有生命活力的人都是乡村鲜活的、流动的血脉，他们给乡村以生命与希望。无论我们如何定义发展，首先应当以人的发展和幸福为第一要务。乡村教育培育出来的乡村人，是整个社会中寻求改变与突破的重要力量，有助于发展人类整体的生机与活力。乡村教育通过对乡村中的人的教育，实质上是将乡村精神、乡村文明融入乡村人的灵魂与血肉，以实现其中每一个人的发展，通过个人的发展实现整体的发展，为人类命运提供新的可能，使乡村精神与文化哺育世界。

三、乡村的内生教育力量

从乡村教育与乡村的关系来看，乡村是乡村教育的主要场域，回归乡村教育的价值，就要看到乡村自身在生产、生活、生态、文化、社会和经济等方面的价值。

乡村有其生产价值。乡村最重要的构成就是乡村人赖以生存的土地。田野、荒地、草原、丛林、洼地……人们在各自的乡土之上，形成了最适合的生产方式——居沃土而农耕、居山地而采猎、居草原而畜牧。乡村人以自然农法为核心，与自然和谐相处，形成了独特的生产方式。这样的生产方式基于土地、基于自然，充分发挥了人类的智慧。除了大片的农用地，乡村的民用土地中也蕴含着生活智慧，体现乡村独有生产方式。乡村人家在家中小院，辟出专门用于种植日常蔬菜的土地、用来蓄养家禽的土地、用于培养志趣的土地，发展出了独特的土地美学。乡村的生产性价值，除了提供丰富的粮食资源以及利用自然得到的其他资源之外，还形成了人与自然和谐共存发展的生产方式。在现代科技对传统农业造成冲击的当下，延续几千年的乡村生产价值对于现代农业的发展依然具有较强的指导性，乡村生产中体现的依赖自然、与自然和谐相处，依然是现代社会发展所追寻的理想状态。

乡村有其生活价值。首先，乡村生活具有规律性，乡村人与自然和谐相处，相依相生，随着四季的轮转，生命的轨迹真实地展现在乡村人面前。春种秋收、夏耘冬藏，日出而作、日落而息，乡村人的生活方式暗合了自然的节律。其次，乡村生活具有稳定性，乡村社会安土重迁，血缘与地缘关系构建了稳固的乡村社会结构，这种结构如地基一般，让乡村人安居其上。乡村的日常是琐碎的、忙碌的，但是在这种日常之下，造就的是乡村人的耐性与知足，一种从平凡日常中感受幸福的能力。乡村人用自己的双手、自己的劳动直接触摸到有重量、有实感的生活。在一个稳定的地域与社会结构中，以有规律的生活方式，依靠最忠诚的土地，过一种满足的幸福生活，是乡村生活的价值所在。这种真实、温暖的生活价值恰如清新的空气、芬芳的泥土，清新自然。

乡村有其生态价值。乡村的自然环境，满含生机，一切都是大自然最天然的造化。乡村的生态价值不仅在于其青山绿水的生活环境，更体现在其超越物理空间的生态文明体系。乡村人崇尚自然、天人合一的思想和理念，维系着人与自然的和谐，体现了劳动人民尊重自然、利用自然的智慧；与自然规律相吻合的幸福生活，体现身心健康的生活方式；低碳的生活传统、种养结合、生产与生活相融合的方式，构成了乡村独特的生态系统，体现了充满生活智慧的生态文化。乡村的生态价值提醒人们保护乡村的自然生态环境，使乡村回归自然特色，彰显乡村绿色生态，而且也对乡村之外的生态建设提供思想指导与实际借鉴，唤醒那些将自然当做索取对象、早已失去敬畏的心灵。

乡村有其文化价值。乡村文明一方面以乡村的山川草木、建筑风貌等物质形式体现，另一方面也体现在传统制度、生产生活组织方式、传统思想精神与道德观念、民俗文艺表演等非物质层面。[1]乡村文明展现了乡村人热爱乡村、热爱生活、热爱生命的美好状态，这种状态来自于乡村的土地、生活方式、制度伦理、乡风民俗，影响着乡村的发展。乡村文明的价值，首先体现在乡村要以其文化自觉与文化自信维护乡村的活力与生命。乡村文明是乡村社会的灵魂，传承乡村文明，就是在延续乡村的生命。乡村文明是中华文化的重要组成部分，乡村蕴含着丰富的文化资源，展现着浓郁的地方民族特色，乡村文明自然是整个中华民族的精神所依，为现代人的灵魂提供栖居之地，为现代人留住乡愁、守住根脉、留下精神回归之所。

乡村有其社会价值。熟人社会是传统乡村社会的本质特征，乡里乡邻守望相助、联系紧密。乡村以家庭伦理和家族伦理建立起维持乡村稳定的共同

[1] 王文征. 浅析乡村振兴视域下的乡土文化资源[J]. 现代农业研究, 2021 (06): 87—88.

体秩序。家庭是乡村社会中的基本社群单元，家族文化是乡村构成的底色，是乡村得以维系的重要基础和基本构成。家族不仅是血亲和情感的纽带，也是乡村社会伦理规范的承载机构。虽然家族文化具有一定的地方保守性，但是将家族中的人凝聚为整体、强调共同体利益时，能够体现一种"为公"精神，展现乡村人的责任意识和奉献精神。这种精神品质超越个人、面向整体社会。在家族文化中，个体被教导要承担社会责任，将人文关怀、公共意识、家国情怀置于个人的追求之中。这与乡村社会的"礼治"传统相一致。礼以传统规则来维持秩序与规范，这种传统规则是长期生活于此的人们共同认同的，是一种潜移默化、心照不宣的教化力量。即便在当今的法治时代，除了作为外在约束的法律，同时也需要来自内心的礼教力量。

乡村有其经济价值。一方面，从产业发展来看，随着传统农业的发展，乡村形成了农林牧副渔等多种生产方式，农业现代化减轻了农业劳动强度，提高了农业生产效率，为农业的稳产高产创造了条件，维系了乡村已有的经济价值。此外，乡村地区特有的自然景观、文化环境、村落形态以及乡民的生活也逐渐成为乡村经济发展的重要资源，是乡村经济价值的体现。[1]另一方面，许多土地上的剩余劳动力进入城镇从事非农产业，乡村为城市化进程提供了大量的劳动力和智力资源。乡村经济价值的发挥离不开乡村中的人，而实现乡村中人更好的发展，就是乡村教育的目的。

以上所有乡村价值都承载于作为价值主体的乡村中的人身上。如果乡村人自身忽略乡村的价值，不愿意承担起维系乡村、传承乡村的责任，失去了对乡土的热爱，那乡村又何以为继呢？因此，乡村教育是理想与现实的桥梁，是传统与现代的桥梁，是沟通过去、现在、未来的桥梁。乡村教育承载着传承乡村价值的重任，这些价值通过乡村教育落在一代又一代乡村人的身心之中，给予他们乡村的根基，培养有生命力的乡村人，不管他们去到哪里，都有支撑，都有回得去的故乡。

---

[1] 刘国利. 让乡村价值充分释放[J]. 人民论坛，2019（06）：66—67.

　　从乡村教育与现代文明的关系来看，乡村教育是现代文明重要组成部分，作为乡村教育生长根基的乡村文明、农耕文明，与现代化进程中的城市文明、商业文明共同决定着现代文明的构成及走向。文明是人类认识和改造世界的实践表达，中国现代文明的发展过程中，乡村文明与城市文明、农耕文明与商业文明之间一直维持着相对稳定与互相牵制。现代社会的经济、社会、政治、文化等各领域的运行方式主要围绕城市组建起来，现代化道路中的城市化进程实际上是以城市的方式对包括乡村社会在内的整个社会进行组织统合，从生产方式、生活方式、思维方式乃至空间组织方式等各个方面进行重新组织、重新塑造，[1]是城市文明对乡村文明的改造。城市文明与商业文明占据着主导地位，对乡村文明与农耕文明造成了冲击，乡村在这种冲击之下发生了许多改变。近几年乡村发展的政策逻辑逐渐转回到对乡村振兴的关注上，将乡村本身的高质量发展作为未来乡村发展的目标，事实上也是对原有发展主义模式的跨越。

　　从传统上来讲，乡村的基点首先是土地，农耕文明中的乡村人一直都在土地上谋求自己的生活。随着现代文明尤其是城市商业文明的渗透，乡村人的价值观开始异动，乡村共同体的道德伦理渐渐失去了往日的约束力，个人性利益与个人价值追求逐渐成为新的标准。乡村原有的社会结构慢慢松动，个人主义、利益关系取代了原有生活的互助性，人们开始抛弃传统的生活轨迹，追逐新的生活方式。乡村越来越缺乏自主价值生产能力，自身价值不断衰落，人们对于乡村和乡村生活越来越缺乏认同感。涌向城市的人越来越多，而代表着强烈生命意识的土地被搁置，乡村大多只剩下大量的留守儿童和空巢老人。这种趋势不仅是因为城市商业文明的影响，也与乡村有限的生产发展能力与空间有关。乡村人在土地上投入了太多心血，但他们的收获却不足以支撑他们与子孙后辈充分的生存与发展。许多乡村人失去了对于土地的深厚感情，发出了土地不养人的感叹。

---

[1]　冯婷．城市文明时代的"乡村振兴"[J].浙江社会科学，2019（06）：66—74.

　　这种生存观念改变之下，掩盖的则是乡村价值系统的危机。乡村的价值系统，简单来说包括人与自然的关系、人与人的关系以及人与自身的关系。在现代文明的冲击之下，人与自然的关系发生了改变，人们失去了对自然的敬畏，将自然资源作为获利的手段，焚林而田、竭泽而渔，尤其在工业化无序扩张背景下，造成了生态环境的污染。工厂排放的废气给晴空蒙上了阴霾，排出的废水将溪底的鱼群驱逐，溪水清澈不再，乡村几千年赖以生存的土地，也受到了污染。工业化或许给乡村带来了经济利益，向乡村输送了更多的工业化产品，与此同时也带来了生态环境的破坏。在新的生产方式还未能给乡村带来稳定的发展之时，旧的生产方式已经遭到了一定程度的损坏。从人与人的关系来看，乡村的伦理价值秩序遭遇困顿，曾经乡里乡邻之间的人际关系结构难以为继，而城市之中的法律体系又没能完全进入村民的日常生活，新旧交织之间难以建立新的合理的价值秩序。在城市化的影响之下，金钱与利益取代了人与人之间的信任与依赖，经济理性成了新的价值标准。对于乡村中每个个体自身而言，现代文明带给每个人新的世界，但他们（我们）只能在其中被动地接受着改变。他们（我们）的生活方式发生了改变，对于自身的定位也不再清晰，在现代文明之中立足成为他们（我们）无法回答的问题。这其中体现的是乡村人自身能动性的衰弱以及自我价值的迷茫。当个体无法明确自身要往何处去时，又怎会有余力思考乡村应往何处去的问题呢？

　　乡村价值系统的困境带来乡村文明的衰落与乡村精神的遗失，落在个体身上，便展现为个体的信仰迷失与精神贫困。乡村文明的衰落，首先是传统的制度失去约束力，家法、族法、乡约民规在现代文明的影响之下被认为是束缚人的陈规而逐渐式微。之前决定乡村、家庭重大事宜的权威角色，在当下乡村社会中面临消解。其次，乡村生产生活组织方式也发生了改变。一部分人随着城镇化离开乡村，而留下的人，只能适应现代化规制之下的"新"生活，不管是乡村人主动迎合新的生产生活方式，还是坚决维持原有的乡村生活方式，总会形成传统与现代的混合形式。当然，对任何一个具体的乡村人来说，很难抵挡现代生活方式全面介入乡村的席卷之势。此外，当乡村留不住人，乡村人失去对乡村的热爱与归属感之后，乡村传统的民俗、精神、观念便面临失去传承的风险，承载这些精神文化的物质形态（就像前文所讲的乡村学校的败迹）也失去了价值。乡村文明的衰落，意味着乡村人不再认同传统的乡村文明。当本土的文化资源被遗弃，乡村人无法实现内在的精神生长，而外来的文化资源没有选择性的涌入乡村、在乡村传播时，容易造成乡村人精神上的迷失。

要想摆脱乡村的精神贫困，重建乡村文明，重塑乡村的价值系统，教育的重要性不言而喻。无疑，乡村教育是实现文化重建与价值重塑的重要手段。一方面，乡村教育可以传承乡村的价值，将其宝贵的精神与文化传承下去，重建乡村文明的自信心，树立乡村人的精神自信。另一方面，乡村教育连接并提炼着现代文明的精华，有选择性地引入现代文化，对乡村文明进行补充，通过整合不同类型的文化来培养具有现代精神的人。因此，乡村教育为现代文明培养具有独特价值的人，乡村教育在乡村文明与城市文明各种价值取向的交汇之下，能够发挥其主动性，在乡土之上培养继承乡村价值、具有现代精神的发展的人，实现乡村的现代化，推进现代化的进程，为现代文明的发展做出独特贡献。

总的来说，乡村教育有其独特的价值。完善的乡村教育旨在实现乡村之中个体的发展并助推乡村整体的发展。对于乡村之中的个体来讲，乡村教育将乡村文明、乡村精神融入乡村人的血脉，有助于帮助个体找到自身满意的生活状态与生存方式，通过个体生存状态的改变影响乡村，进而影响整个社会系统。对于乡村整体来讲，乡村宝贵的生产、生活、生态、文化、社会、经济等价值通过乡村教育得以传承。此外，乡村教育能够对现代性之下的不同文化进行选择与改造，使之成为适合乡村的教育内容，从而培养现代化的乡村人，促进乡村的现代化发展。

四、乡村蕴含的教育指向

明确乡村教育价值，超越简化的乡村本土取向与城市取向的二元思维，确立新的乡村教育价值取向，有助于为更好地实现乡村教育的目的、促进乡村中人的发展与乡村整体的发展提供参考方向。总的来讲，乡村教育的价值取向可以概括为回归人的生命、传承乡村精神、实现乡村现代化三个方面。

第一，回归人的生命，即是通过教育关注人的价值，给予个人成长的关怀。人不仅是教育的对象，同时也是教育的主体，只有真正看见教育之中的人，真切关怀人的生命成长与发展，才能实现教育的目的。人的生命不只是生物学意义上的生命，更是具有独特精神人格的生命。乡村教育的目的着眼于乡村中人的发展，着力于精神生命的陶冶与涵养，从而培养人的生命力，提高生命质量，实现生命的成长与发展。乡村教育生长于乡村之上，而乡村蕴含着浓厚的生命力，这种生命力来源于乡村的自然环境、社会关系以及世代乡村人的生活智慧，影响着一代又一代的乡村人。

乡村教育要回归人的生命，即是要培养乡村人的生命力，重视他们的生命发展，提升他们的生命意识，使其成为具有强大生命力与适应力、自由且独立的人。培养乡村人的生命力，离不开乡村充满生机的自然环境。随着四季的轮转，自然展现着生命的轨迹，而依赖自然进行劳作的乡村人直接接受自然力量的教育。播种、生长、结实、衰败，这样的轮回展现给他们的就是生命的力量。如果能够从自然的轮回与生命蓬勃中得到经验与感悟，既能够正视生命必经的过程，珍惜当下，在生命每个时节做该做的事，又能够明白生命的无常，接受风和日丽也接受狂风暴雨，这样的人便是从自然之中得到了维持生命力的秘诀。同时，乡村共同体中互帮互助、联系紧密的社会整体，相互信任、能够提供情感支持的人际关系，以及世代乡村人的生活经验与生命智慧为每一个乡村中的个体提供了支撑，也是其生命力的来源。重视乡村人的生命发展，不仅要关注乡村儿童的健康成长，赋予他们做出个人成长选择的底气与能力，也要着眼于乡村之中的其他人群，关注成人的生命发展状况，对其进行帮助与引导，优化乡村人的生命质量。这样的成长与发展不仅仅依靠乡村的学校、自然环境、人文环境，也依靠着乡村之外的世界，是立足于全体人类、整个世界的生命发展，提升乡村人的生命意识。生命意识是个体对自己的生命进行思考与领悟的一种自觉认识，既包括对自身生命的思考，明白自己的生的状况，也包括关于死的认识，正视生命必经的死亡。乡村教育要回归人的生命，以培养人的生命力、重视生命发展、提升生命意识等方向关注人的生命价值，实现人的生命更好的发展。

第二，传承乡土精神，即是通过乡村教育，将乡村最核心、最宝贵的内核传承下去。虽然夹裹于现代化进程中的乡村处于不断的变革之中，但只要属于乡村最本真的种子可以传承下去，那么乡村在精神上便有机会得以不灭。乡村，承载着关于自身、民族以及国家的时间、记忆与想象，乡村文明与乡村精神，也不仅仅代表着乡村本身，更是历史变迁之下整个民族留下的精神财富，连接着过去、现在与未来。乡村教育传承乡村精神，既是对乡村的延续，亦是对民族精神的守护。乡村以自然农法为核心、合理利用自然资源发展生产，以自然规律为依托形成有规律的、安土重迁的生活方式，以崇尚自然、天人合一的思想因地制宜、保护生态环境，以文化自觉与文化自信彰显各自特色的乡风民俗，以互助、守礼、为公的社会关系成为联系紧密的整体，以多种生产方式促进发展、实现物质保障。这其中的乡村精神体现了乡村尊重自然、合理利用自然、实现人与自然和谐共生的相处方式。这种方式隐含了人对自然的敬畏之心，是对人的无度欲望的警醒。如果将自身之外的一切都当作达成目标的手段，人便失去了敬畏与尊重之心，带来的只会是无序与破坏。其次，乡村社会中蕴含人与人之间互助可信的、有凝聚力、有集体意识的社会关系，这种关系之下隐含的是真诚之心。而这种真诚来源于传统乡村社会与生产生活方式带来的安全感——当人失去了安全感，将自身孤立于社会外，将真诚的内心隐藏起来，只以利益关系作为为人处世的标准，这样的社会关系则变得脆弱与虚假，人与人之间失去了真诚的情感连接。最后，乡村社会体现了乡村人充实生活、热爱家乡的生存状态，这种状态之下隐含的是热爱生活之心。乡村人在日常生活之中，创造出极富地方特色的服饰饮食、婚丧嫁娶仪式、节庆节日，形成各自的乡风民俗，尽显生命的活力与生活的乐趣。这些地方性的产品，有的是稳定的乡土仪式，有的已经成为直接的、深刻的地方性知识。这些仪式和知识成为保持乡村文明延续的内在活力，体现乡村人对乡村生活的热爱。只有热爱才能让生命鲜活起来，让生活充满乐趣，形成一种满足与幸福的生存状态。如果不热爱生命，不热爱生活与生长其中的土地，便失去了生命力量的根基，容易走向意义空虚与人生迷茫。简言之，乡村精神有三大核心——敬畏、真诚与热爱。敬畏自然、真诚待人、热爱生命，便是乡村深厚的土地中生长出来的种子，体现着人与自然之间、人与人之间、人与自身生命之间的和谐。乡村教育，好比是农业生产中下种、生根、发芽、开花、再结种的过程，亦是一个播种、生长、开花、结果，再以得到的种子进行新一轮播种，一代又一代延续传承下去的过程。

当前阶段的乡村发展，已经从外在产业带动转向内在高质量发展的逻辑之下。在此背景之下，乡村的现代化既体现为乡村物质生活的改善，又体现在乡村精神生活的提升之中。良好的物质生活是美好的精神生活的基础，而追求更美好的精神生活、提高乡村人的生命质量，则离不开乡村教育质量与水准的提升。此外，高质量发展已经跳出单一经济指标的发展主义评价标准，而是经济、社会、文化、乡村精神多维度深层次的发展。乡村文明是中华文明的基本形态，乡村文明的现代化是中国社会现代化的重要组成部分，而乡村教育作为乡村文明发展的重要依托，在其中发挥着重要的作用。因此，乡村文明在现代化的过程中有其重要价值，实现乡村的现代化，不能以城市商业文明的取向为绝对标准，把乡村文明变成城市文明，而是要以乡村为主体，从乡村的价值与需求出发，有舍有取，使乡村文明在不失其价值的基础上，与城市文明有机结合，从而实现乡村文明面向现代化的自我更新，实现一种更有深度、更包容的现代化，促进现代文明的发展，推进中华民族伟大复兴的进程。

乡村教育生长于乡村，是乡村教育存续与发展的根本。理解乡村教育，首先需要理解乡村在现代化进程中的立场。因此，要以乡村为主体，深入乡村，看到乡村的问题，挖掘乡村的价值，发现乡村的诉求，在此基础上有针对性地进行乡村文明的自我重建。重建乡村文明，要将乡村文明与城市文化结合起来，建设更有灵魂与生机的现代乡村，而不是漠视乡村的价值与诉求，用城市改造乡村。乡村的现代化不仅仅是乡村中物的现代化，更要实现乡村中人的现代化。乡村教育承载着乡村文明建设、乡村现代化的重要功能，承担着传承乡村价值与精神、培养具有现代化精神的人的重任，发展有生命力的乡村教育是乡村振兴的题中之意。

实现乡村中物的现代化，可以为乡村现代化提供丰厚的物质保障。首先，要推进乡村的基础设施建设，为乡村的发展提供牢固的物质基础。推进乡村的基础设施建设，能够提高乡村人的生活水平，为乡村发展提供便利的条件。同时，也要警惕因基础设施改善过程造成的乡村生态环境的破坏，要保留乡村中的自然特色。其次，要发展乡村的生产力，推动现代科学技术成果下乡。不仅要将最新的科学技术成果应用于农业农村发展，提高农业的综合生产能力，也可以将现代科技成果引入乡村二三产业的发展，提升乡村二三产业发展的科技化水平，从而实现乡村产业兴旺，推进乡村经济的发展。此外，要挖掘乡村本土的价值。乡村不仅通过借助外来力量实现乡村中物的现代化，也可以发挥乡村人的智慧，让他们参与其中，为乡村中物的现代化提供来自本土的智慧。乡土中有着乡村人熟悉的一切，本应成为乡村人留恋乡土的最好理由。如果不考虑具体个体的城乡迁移理性，大量流入城市承担低水平的工作的劳动力，可以返回他们熟悉的土地上，挖掘乡村的价值，靠乡村得到更好的发展。

实现乡村中人的现代化，即是要推进乡村教育的发展水平，提高乡村人的受教育水平与文化素养，将乡村中的人塑造为有独立人格与自由精神、有强大生命力与适应力的人，使他们更好地参与到现代化的进程中，发挥自身的主动性。从历史唯物观出发，人的现代化主要包括：人的自我世界的现代

化（观念、需要、素质、能力及行为的现代化等）；人的关系世界的现代化
（人人关系、群己关系、天人关系的现代化）；人的周围世界的现代化（经
济、政治、社会、文化、生态现代化）等。[1]人的自我世界的现代化，主要是
人对于自身观念、行为、能力的改变，这就需要乡村教育对乡村人的价值观
念进行引导，人的现代化重点是人的精神世界的现代化。在此基础上，才能
建立人的关系世界的现代化，无论是乡村之中的关系，还是乡村与城市的关
系，都需要建立稳定而健康的关系联结，金钱与利益不应该是一切关系的标
准，应该将对乡村之中、城乡之间的关系放在群体整体之下进行考量，对人
类整体命运与人与自然的关系进行反思。人的现代化还包括人的周围世界的
现代化，具体展现在经济、政治、社会、文化、生态等领域之中，在乡村之
中实现人的现代化过程，同时也是乡村整体实现现代化的过程。

结语

总而言之，乡村有其独特的价值，尤其是深厚的教育价值。而乡村教
育，则承载着传承乡村伦理文化、孕育现代生命力的独特价值，为一代又一
代乡村人提供支撑，给予他们（精神上）回得去的故乡。对于乡村教育而
言，能够发挥教育的功能，培养具有乡村精神与现代精神的人，为个体的生
命发展提供更多的可能性。对于中华文明而言，能够传承中华文明的价值观
念与生命理想，延续中华物质文化与精神文化的命脉，守护民族精神的乡土
根基。因此，发展乡村教育，要回归人的生命，关注人的价值；要传承乡村
精神，维持乡村的不灭；要实现乡村的现代化，以乡村为主体，将乡村文明
与城市文化结合起来，探寻更能够满足乡村需要、适合乡村发展的现代化发
展道路，从而实现乡村文明的自我更新，促进现代文明的发展。

由此来看，乡村教育具有丰富的内涵与重要的意义，前文将乡村教育定
义为以乡村为主体，以乡村中的个体为对象，为了个体以及乡村整体发展的

---

[1] 陈心颖. 新型城镇化中"人"的现代化解读[J]. 福建论坛（人文社会科学版），
2020（02）：36—44.

一切教育。将此定义结合乡村教育丰富的内涵，或许能够得到进一步的理解与丰富。一方面，乡村有其独特的价值，重点体现在乡村文明之中，而乡村精神又是乡村文明的核心，乡村教育则承担着传承乡村精神的重任。在现代化背景之下，乡村人拥有更多选择的同时，主动或被动地背离了原有的价值观念与生活方式，乡村精神在个体身上出现隐忧。乡村精神的隐忧，会在乡村现实社会中表现为共同体意识的逐步消解。相对地，乡村精神的传承，则代表着乡村的留存与发展。另一方面，教育有其特有的目的，而乡村教育立足于深厚的乡村土地之上，希望乡村中的人能够实现个体成长与生命发展。乡村教育就像扎根于乡土的大树，乡土是大树的养分，而每个乡村中的个体就是树上结的果实。只有实现了个人的成长与发展，才能更好地发展乡村、促进整体乡村社会的发展。因此，作为联结乡村社会与乡村中的人的中介，乡村教育是以乡村为根基，承担着传承乡村精神的使命，为了实现乡村中的个体成长与生命发展、促进乡村与社会发展的教育。

第四章　乡村自身的教育性

　　将乡村教育置于记忆的王国中进行思考，其实是唤起我们记忆之中身体的空间性和环境的空间性。我在唤起乡村教育的空间记忆时，像是在向读者发出一种宣言："我曾经在那里。""那里"即代表了空间。当然，读者在我如此的宣言中，很难看到一个具体的空间，也没有绝对的"那时""那地"的精确地理坐标。我曾经身在其中的那个空间，也以一种精神抽象的形态，出现在我此刻的思想中。这个空间既是私密的——唯我独有，也可以与有同样经历的人分享——我们共同的记忆与相似的体验。当谈到乡村教育的空间时，即使我与那些有同样经历的人没有返回到乡村现场，我们仍然可以凭借我们的反身性将此时的身体与意向中的空间环境联系起来。在分享这些共同的空间记忆时，一定会出现很多将我们都联系在一起的场所、方位，这些构成我们集体纪念的锚定之物，即前文所讲的"记忆之场"。这些"记忆之场"像是我们精神中的滞留物，每每在我们回忆的时候，都能看清它们。有了这些记忆之场，即便我们无需（身体性地）亲自回到曾经的现场，我们仍然可以（精神性地）返回现场。正是因为空间一直在，不管是具体的空间，还是抽象的空间，我们才能够较容易地返回到那个空间中。在这一意义上说，空间将时间拖长了。"由于人类有对时间的经验但没有对时间的再现，因而必然用空间形象来刻画时间。"[1]我们的返回与撤离，不再受到时间

---

　　[1]　[意]吉奥乔·阿甘本（著），尹星（译）.幼年与历史：经验的毁灭[M].郑州：河南大学出版社，2016，第131页。

的严格规定。乡村教育的空间逐渐成为一个结构稳定的恒久存在，它保存了乡村教育历史所经历的漫长变迁，储藏了乡村教育中个体生命的丰富故事。

一、乡村教育的空间

乡村教育，顾名思义，是在乡村这个空间或者地方中发生的教育。从广义上来看，乡村教育不仅指乡村里的学校教育，还包括乡村中的家庭教育和乡村社区教育等，以及弥漫在学校之外的乡村自然地理浸润与伦理文化熏陶。学校教育只构成教育发生的一个场域空间，是乡村教育的基础和主体，而发生在乡村社区（或共同体）的教育则隐含在乡村的地理环境、地方文化、民俗风情之中，它们统一构成了乡村教育的空间，都具有一定程度的教育意义，通过日常生活对人进行潜移默化的教育渗透。乡村教育是延续乡村文明的生命机制，其教育目的除了向受教育者传授知识与技能之外，更是通过环境、文化、风俗、乡土道德引导受教育者塑造完整的人格、富足的精神、饱满的灵魂。因此在研究乡村教育时，我们不能脱离乡村教育赖以生长的地方性环境，不能离开乡村的地理、风物与民俗风情。我们可以将这些超越可视物理空间的教育要素统称为乡村教育空间。空间是存在者寓居其间的必须场所。存在者在空间中存在，占有空间，并且在时间的绵延中创造历史，因而使空间变得充实。

一切人类活动都在特定的空间中展开，亦可以说，由于某些特定的人类活动而在我们可想象的巨大空间中孕育出无数个具体和抽象的空间。不论此特定空间连带何种社会活动，对其进行研究时都无法忽视其身处的时空影响。教育作为一种交织着人文、社会、经济等要素的复杂活动，是人类所有社会活动中较为特殊的活动形式。虽然我们将教育的日常空间限定在学校，但是如若考虑到教育的文化意义和社会意义，教育的空间无疑要大得多。如果从简单抽象意义上说，教育系统与社会大系统之间构成"子—母"关系，教育空间会在整个社会系统中形成表现各异的空间形式。这一关系，决定了教育空间及其内涵深受社会空间及其内涵的影响。[1]教育空间不能被当成脱离于特定社会场景的中性制度，教育空间应被视作话语、意义和人的主体建构和控制的政治性场所。同理，研究乡村教育空间不能脱离乡村的具象物理空间和文化维度，此二者是塑造乡村受教育者主体内部精神空间的重要因素。教育空间必须是人在场（或者曾经在场）的空间形式，是由教师、学生、学校等多方主体通过话语、文字、符号、仪式互动形成，并由人类控制的政治性、交往性场所，在此空间中积累成型且不断交流传播的价值观、信仰及知识不是来自于先验的普遍性原则，而是由地方性文化、社会现实规范和政治性力量建构而成，因此不能被当成脱离于具体空间、特定社会场合的中性制度来看待。乡村广博的物理空间和文化空间孕育了乡村教育，乡村教育无法脱离乡村的具象物理空间及文化维度的限定。正是在乡村特有的地理空间和文化空间中，我们才可能发现乡村教育独有的教育价值。乡村教育的空间环境浸润在乡村周围的区域结构中，随处可见的农地、林木、野物与劳作的乡民，构成乡村教育的空间环境。即使随着城镇化进程冒发出的新洋房、高速路，仍然没有彻底改变乡村的空间格局。同时，乡村教育是在乡村政治、经济、人文、自然环境构成的文化中进行的，乡村的文化传统天然地与乡村教育联系在一起。乡村的自然环境和人居环境是乡村特有的资源，当地乡民本身的淳朴忠厚和勤劳耐苦是现代社会最珍贵的文化传统，也是传授给一代代受教育者重要的教育内容。

二、乡土空间的教育性

乡村有着不同于城市的生活方式，这种不同的生活方式潜移默化地使受教育者形成了不同于城市学生的时空意识。成长、生活于乡村中的人们，世世代代与土地打交道，从土地上收获智慧。就如布罗代尔所讲，"'野地'自动扩大。……荒地的扩展'是乡村破产的见证。场院失修，磨坊坍塌，几

---

[1] 张谦舵，潘玉君，伊继东，孙俊，姚辉. 论教育空间与社会空间[J]. 云南师范大学学报（哲学社会科学版），2014，46（06）：122—128.

乎比比兼是，不再兴建新的房屋'。随着土地荒废，村民外流，这些地区便被荒草野木所覆盖。……但是过去，'野地'却是村庄唾手可得的后备资源，长期同野地打交道已使村民学会了使用这些资源"。[1]野地作为自然的一部分，本身也是童年最好的教育资源。但是与法国的情况类似，"很久以来，现代化的法国鄙视和诋毁另一个法国，竭力指责它暮气沉沉，拖了后腿"。[2]如果以发展主义的立场评判乡村中最为天然的教育资源，这些资源的教育性可能会很容易遭到漠视。对于每一个具体的个体来讲，当我们回忆乡村中的生活时，也可能会自问：过去的乡村到底是童年的乐园，还是成长的绊脚石？

苇岸生前写过一首诗作——"现代的孩子"，尤其能够体现乡村中的泥土、风物、劳作、游戏带给儿童的乐趣。这些弥漫在乡间日常的事物，恰恰是乡间儿童在进入这个现实世界时，赖以理解自我和社会的关键。

现代的孩子吃精制食物，娇弱的胃口让他们厌恶颐养劳动体魄的粗蔬和五谷。

现代的孩子穿漂亮衣服，卫生的观念将他们隔绝于孕育万物的风雨和泥土。

现代的孩子在高楼里居住，远离童年游戏，远离儿童天然的集体主义。

现代的孩子出门须要乘车，闲置起造物主为行走而赋予人类的双足。

现代的孩子懂得哪种级别的官高，哪种牌子产品好；不懂得什么是蒲公英，什么是布谷鸟。

现代的孩子每天能看到汽车，看到钱；看不到日出与日落，看不到地平线。

现代的孩子天天听机械的声音，听人类放声叫卖的声音；听不到鸟儿

[1] [法]费尔南·布罗代尔（著），顾良，张泽乾（译）.法兰西的特征[M]. 北京：商务印书馆，2020，导言第127页。

[2] [法]费尔南·布罗代尔（著），顾良，张泽乾（译）.法兰西的特征[M]. 北京：商务印书馆，2020，导言第621页。

的啼叫，林子的籁响。

现代的孩子可以在商店买到各种糖果，但无处可以摘下悬挂在树上的果实。

现代的孩子可以得到各种电动玩具，但无处可以捉到一只星斑天牛或金龟子。

现代的孩子按图示会精巧地垒起积木，再也不会造出一把木枪或苇笛。

现代的孩子注意看大人的脸色，注意不到变幻不定的季节的颜色。

现代的孩子一切事会由家里给做，他们为家里做的唯一的事是给大人增添一些乐趣。

现代的孩子时常生病，每个家庭都有许多药片，每个城市都有许多医院。

现代的孩子不再听老祖母讲狼和羊的故事，因为家家都有好看的彩色电视机。

现代的孩子需要补充钙片和维生素，他们每天在楼群间玩耍，呼吸机器排出的气体。

现代的孩子跟着大人从一个家庭走到另一个家庭，看不见蚂蚁的家庭、蜜蜂的家庭。

现代的孩子的勇敢体现在摔家里的东西，他们没有地方去爬树，没有机会走夜路。

现代的孩子从成人世界学到各种道理，无法在自然世界中获得各种启示。

现代的孩子仿佛天天都过年，因而他们已无法尝到真正过年时的甜蜜。

现代的孩子得到什么都很容易，因而他们无法理解"简朴"和"珍惜"的含义。

现代的孩子过多地享用和获取，他们的性格中将缺少坚毅与创造力。

现代的孩子缺少意外，缺少恐惧和冒险，他们将来回忆的将是失去色彩的童年。[1]

---

[1] 苇岸（著），冯秋子（编）.大地上的事情[M]. 桂林：广西师范大学出版社，2020，第237—239页。

"自然是无法被边缘化的。文明的所有美好都无法抹杀那些野生地区的首要性。"[1]乡村中的孩子并没有将生命的可能性限制在狭窄的地方性空间环境中，相反，乡间的一切都带来了无尽的想象力。"天空的深处，田野的远方向我讲到了仿佛存在于它们之外的另一个天地，唤起了我对某种我缺少的东西的梦想与向往，使我产生了莫明的爱与温柔，虽不知是对什么人或什么事……"。[2]在人们通常意象里，黄土高坡上的小山村定是干涸无色的。冬天的时候，确实是这样。但是我记忆中儿时的夏天，满脑子绿色。故乡的村子坐北居于山梁缓坡之上，乡民的窑洞院落沿坡有层次地上下布局。村子正面朝南横卧着一道土梁，是离村子最近的农地。村子与南梁之间是一道河沟。说是河沟，这道河沟也仅仅是在大雨的时候有些水流，平日只是草坡。河沟平地处有两眼井，负担着村里一半人的吃水问题。村人在河沟里辟出一小块一小块的自留地，种一些萝卜、大豆、南瓜之类的辅食作物。小时候，村里的孩子们也会在这些地里"偷"拔萝卜、摘豆角，然后躲在河沟里藤蔓遮蔽的小世界里尽情撒欢。我们"偷"吃，有时根本不分是谁家的地。有时甚至是自己家的地，也会带着小伙伴们"偷"。但是我们都知道，不能糟蹋这些宝贝，更不能折了株苗，将一片园地折腾得不像样子。有时候大人们也会在村子里喊上一嗓子，给我们提个醒，但并无驱赶之意。

村子附近好多地方都是以村人熟悉的事物命名，杨树沟、榆树院、桦林坡、柳木道嘴等，一代代人接续叫了下来。村子外围的野地里，更是一个缤纷的生命世界。春夏之际，满山苍翠，野杏花野桃花竞相争艳。田野一片兴旺，庄户苗如绿油油的毯子铺开。山丹丹、狗艳艳花开四处，装点田埂山间。木瓜、山枣、山杏、山桃，还有一些无法对应学名的野果，成了儿时重要的快乐来源。周末或者某个组团逃学的日子，即使在山里游荡一整天，也不会有饥肠辘辘的担忧。还有如今我已忘记名称又无法对应学名的许许多多

---

[1] [法]保罗·利科（著），李彦岑，陈颖（译）．记忆，历史，遗忘[M]．上海：华东师范大学出版社，2017，第194页。

[2] [俄]伊万·布宁（著），靳戈（译）．阿尔谢尼耶夫的一生[M]．杭州：浙江文艺出版社，2018，第6页。

的野花野草，都盛开在我记忆中的草间路旁。故乡地处高寒地区，只能种植杂粮作物。豌豆、胡麻、荞麦、莜麦，各有其脾性。胡麻花开的时候，漫山遍野的蓝色，丝毫不逊薰衣草的浪漫。霸气的老鹰，灵动的黄鹂、俏丽的山鸡、知时的布谷鸟、轻巧的燕子、更有鸽子、喜鹊、麻雀，栖居于村里村外，伴随着村人四季劳作。村人为它们添加不同的寓意。而孩子们则从这些寓意中习得了最早的自然观。另外，狼、狐、獾、野猪、野兔等时常出没于村庄，既给村人带来了麻烦，也带来欢乐和谈论的话题，有时甚至是英雄式的集体行动，比如御狼、捕獾。村人最忠诚的伙伴当属牛、马、骡、驴，这些家畜既是村人农忙的帮手，也是村人在重复农业劳作中的精神宽慰。猪、羊、鸡、狗在乡村中最为常见，成为乡村世界天然的一部分。村人与他们的世代相处中，慢慢形成对珍养、牺牲、虔敬、忠诚这些概念的本土化理解。

工业化的计时方式没有进入乡村之前，乡村的时间观与大自然的节律相影相行。世代农人日出而作，日落而息，没有具体的时、点概念，而是根据大自然的变化感知时间。他们的社会活动主要围绕农业劳作展开，因此时间安排多是以农作物的生长规律为根据，由此逐渐形成了身体里的生物时间意识。一天中的重要时间节点主要通过观察太阳的运行状态而定，[1]农业世界中一年的时间划分在祖先那里早已依照农作物生长的节律形成二十四节气。二十四节气把一个太阳年划分为24个彼此相等的段落，以此反映对农业劳动至关重要的四季气温、降雨等方面的变化，指导乡村人下种、耕作、收获等日常劳作。因此作为乡村人，年长一辈可以根据节气适时安排劳作进度，而年幼一辈则在一年又一年的重复轮回中熟识时节的重要性，为将来从事农业劳作和生产做准备。二十四节气对应着农作物的生长周期，也同时决定了乡村人的生活周期。在乡村社会，人们都是日复一日年复一年地重复着播种、收获的生活，如此循环往复，生生不息。他们没有被时钟上具体的分针秒针

---

[1] 如故乡人将早晨称为"早升"（朝升），太阳初升之意，将上午称为"前晌"，即晌午之前，相应地，下午称为"后晌"，中午农休的时间称为"歇晌"，傍晚时分叫做"黑将来"，黑夜降至。

禁锢，在时令的劳动安排中拥有着自由的时间。也正是由于与大自然的密切接触及亲密合作，让生长在乡村的人们有着天然的生物时间意识，并形成了内在于乡村人生命本体的维度。他们将天气、物候、自然颜色都作为生命经验的一部分，在年复一年的四季转换中规避灾难，迎接丰收。

在空间意识的维度，齐美尔从独占性、分隔性、固定性、距离性、运动性出发揭示了空间的社会属性。[1]他通过对外来人的分析，揭示出空间的反复位移和流动在认知与人格层面会建构更为客观的认知和更为短期的行为意识等等，堪称社会学对于空间最经典的研究。吉登斯从现代性的角度出发对空间进行分析，指出空间的日益抽象化——空间从社会活动中脱离，由原来的"在场"开始"脱域"。"在前现代社会，空间和地点总是一致的，因为对大多数人来说，在大多数情况下，社会生活的空间维度都受'在场'的支配，即地域性活动支配的，现代性的降临，通过'缺场'的各种其他要素的孕育，日益把空间从地点分离了出来"。[2]这意味着现代性使得人们不再倚重在场的空间参与互动，空间的情境化及各种意义不再凸显，取而代之的是各种象征标志、专家系统、信任机制；人与自然的关系被重构，世界越来越抽象化，越来越受各种符号、话语的支配；空间不再是束缚人们行动的范畴，空间既成为人们理所当然的生活维度，又成为可有可无的存在。

乡村中生活的人们对于空间也有他们特定的认知倾向，对土地的感知方面也与城市中生活的人们有所不同。在传统的乡村社会，有了土地就有了生存的资本，有了生活的底气。再贫瘠的土地，村民们都可以不计劳动成本地为之付出，土地对农人来说等同于生命，人们怀着对土地的敬畏，精心翻耕、锄草、播种、施肥，像对待自己的孩子，又像侍奉家里的长亲。民间的各种传说、信仰和神秘的价值观念都围绕着土地展开，土地被尊奉为神圣之物，人们逢年过节甚至要到田间地头供奉。现今的乡村社会仍然保持着这样

[1]　[德]盖奥尔格·齐美尔（著），林荣远（译）. 社会学——关于社会化形式的研究[M]. 北京：华夏出版社，2002，第512—516页。

[2]　[英]安东尼·吉登斯（著），田禾（译）. 现代性的后果[M]. 南京：译林出版社，2000，第16页。

的传统，一些乡村在逢年过节的时候，仍然会有敬奉土地神、灶王爷的乡土传统，一代一代农人奉行这些刻在他们骨子里的礼俗传统。人们对土地的这种敬畏和尊重，不仅为了求得土地的回报，满足基本的生存需要，更已深入其精神血液，成为满足其心灵安全的需要。因此，在传统乡村社会，大多数的人都是从出生到老去没有离开过土地，一直扎根于此。

人们在孕育生命、抚育成长的土地上生存、交往，这种生活方式使他们潜移默化地形成了情境化的空间意识，与在城市生活的人们的抽象化空间意识形成明显的区别。抽象化的空间意识将主体与被感知的客体一分为二，主体在一旁感知构建客体；而情境化的空间意识表明人就在情境中，人与情境合二为一，身临其境。在乡村社会，人与土地之间饱含情感联系，土地是自然的一部分，人与自然和谐共生，人是自然中的一部分，这也使他们形成了物我不分的统一的世界观，也直接影响了他们的空间意识。乡村中成长的学生基于乡村物我不分的世界观而形成的情境化空间意识，成为他们认知空间的主要方式，即使通过教学向其传授抽象化的空间意识也并未彻底转变他们的空间观。比如有研究指出，乡村学生在作画时会把在林间散步的人和坐在公园长椅上休息的人画成躺着或者趴着，这些现象都体现了乡村学生认知空间的情境化空间意识。[1]虽然乡村学生在学习过程中并没有完全参与土地里的劳作，但依然可以看出学生所生活的乡村社会以一种潜移默化而又影响深远的方式共同参与着他们认知的构造，对他们的思维方式、行为活动产生影响。每一个出生在世界上的人都有着自身存在的空间，我们每时每刻都处在一个特定的时空。我们在日常生活中都以不同的方式感受着个人所处的时空，通过与他人、与环境的交往累积起对周围环境的整体性经验，并逐渐在其生命历程中留下不可磨灭的印记，形成我们特定的思维方式、时空意识。时空以一种无形而又富有冲击的力量对身处其中的个体的感知和思维进行构造，使他们逐渐形成自身无法感知到、却又深入骨髓的生活惯习

---

[1] 高水红. 乡村学校教育变迁与时空意识的变革[J]. 北京大学教育评论，2012（10）：14—32.

和思维方式。

三、乡土文明的教育性

在《地中海与菲利普二世时代的地中海世界》第一卷中，布罗代尔将文明定义为人类和历史在其中劳作的空间。换言之，文明就是对人类特定社会活动与交往过程中在空间中的长久定位。乡村文明是人们在长期的农业生产生活实践中形成的带有地域性乡土性的物质文明和精神文明的总称。乡村文明有别于城市文明，有其产生的经济基础、文化生态环境、传播途径和建设主体。乡村文明是维护乡村社会秩序的重要内生力量。现代性力量大规模进入乡村世界，引发乡村社会的巨大变迁，促使我们对乡村文明进行重新梳理与认识。

中国自古以农为本，以乡村为根基与主体，衍生出中国的文化、法制、礼俗、工商业等，逐渐发展出高度的乡村文明。乡村是一个承载着价值与伦理、道德与信念、自然规诫与社会契约的自在生活世界，是仁、义、礼、智、信，温、良、恭、俭、让等人格精神衍生与成长的原乡。现代化进程极大地改变了乡村的面貌，许多原来封闭落后的乡村逐渐发展成为新样态的现代化乡村，但是乡村历史发展中传承下来的乡村文明并不会随着现代性外部力量的介入而发生根本性动摇。乡村教育一直在传统与现代的交融中努力寻找自己的价值定位，维持自身成为乡村文明中心的地位。乡村的具象物理空间通过地理环境在日常生活中潜移默化地影响和塑造着人们的思维意识，乡村的文化维度更是给生活在其间的人们留下不可磨灭的印痕。从古至今的乡村都是以血缘和地缘关系为纽带而形成的伦理共同体，大多数人更是从出生到去世都生活在这片土地上，辛苦劳作，繁衍传承，建构起了具有本土特色的地方性文化，并通过乡村自有的教育方式将这些文化传统一代代传承下来。

普遍意义上的文明是人类在经济、政治、社会等领域有意或自发产出的物质产品和精神产品，这些产品或象征凝结了人类活动的稳定性结构。乡村世界中常见的生产生活器具、安身栖居的房屋庭院、劳作耕种的天地、灌溉取水的河道等等,都构成乡村物质文明的基本形态。更不必说,村落本身与自然的长久相处中形成的历史。相对于物质文明,精神文明包含着人们的思维方式、价值追求、精神信仰、生活方式与行为规范。乡土是中华文明的发源地,中华文明中的许多传统与品质都与土地紧紧联系。世代农人在土地上生产、生活,积淀了无尽的文明精华,逐渐凝练成浓厚的文化意蕴。这些乡村文明在岁月长河中经过时间的洗礼被保存下来,成为如今华夏文化机体构成中的重要部件。乡村文明是个广泛的范畴,既包括乡村本土的地方文化、民间文化,又包括乡村自然环境的熏陶,还包括诸如乡村的自然院落蕴含的充满亲情、乡情的精神空间。刘铁芳教授对此作过精辟的概括:“乡村地域文化中原本就潜藏着丰富的教育资源。传统的乡村教育体系正包含着以书本知识为核心的外来文化与以民间故事为基本内容的民俗地域文化的有机结合,外来文化的横向渗透与民俗文化的纵向传承相结合,学校正规教育与自然野趣之习染相结合,专门训练与口耳相授相结合,知识的启蒙与乡村情感的孕育相结合。”[1]

乡村文明是乡民在乡村环境中长期生产与生活,逐步形成并发展起来的一套心理、思想、观念和行为模式,以及表达这些心理、思想、观念和行为模式所制作出来的种种成品。它内敛为乡民的情感心理、思想观念、生活情趣、处世态度、人生追求、行为习惯,外显为民风民俗、典章制度和生活器物,是乡民生活世界的重要组成部分,也是乡民安身立命的价值和意义所在。[2]因此,可以说,构成乡村文明整体的,“一是乡村独特的自然生态景观及建立在这种生态之上的村民们的劳作与生存方式;一是相对稳定的乡村生活之间不断孕育、传递的民间故事、文化与情感的交流融合”。[3]乡村文明的

---

[1] 刘铁芳.乡村的终结与乡村教育的文化缺失[J].书屋,2006(10):45—49.

[2] 张中文.我国乡村文明传统的形成、解构与现代复兴问题[J].理论导刊,2010(1):31—33.

[3] 刘铁芳(著).乡土的逃离与回归:乡村教育的人文重建[M].福州:福建教育出版社,2008,第38—39页。

核心正是善良、淳朴、亲情、善恶分明等这样一些维系乡村社会稳定的基本伦理价值理念。也正是这些乡村伦理价值理念，维系着乡村社会的和谐与稳定。

从教育学的思维来阐释乡村文明的涵义则有着更为系统的认识："一是乡村独特的自然生态景观；二是建立在这种生态之上的村民的自然的劳作与生存方式；三是相对稳定的乡村生活之间的不断孕育、传递的民间故事、文化与情感的交流融合。"[1]这样的乡村文明才能帮助乡村的新来者对生命有着最本真的认识。如果缺失乡村本土性的情感共识和道德伦理，乡村文明存在的自身表现形式则会呈现出断裂，文化本身包含的深厚内蕴也会被浅薄化。作为一个多民族、广地域的农业大国，我国的地域文化是异常丰富多彩的，乡村作为文化机体的重要一员，其文化传统对本地区的发展作用自然不容小觑。乡土文化的传承与乡村教育资源的选择和有效结合，是教育与文化主体价值需求的推动力。教育离不开文化的晕染，走不出本土文化思绪的浸透。将乡土文化与乡村教育相结合，内生出来的便是乡村受教育者所习得的教育资源。乡村中的每一个家庭可谓是乡村社会的细胞，家家户户的生活与劳作体现了本土乡村的生命与活力。促进乡村家庭教育、传承优秀的家庭文化是完善乡村教育、发扬优秀乡村文明的重要途径。

千百年农业生产生活实践中，中华民族以其勤劳、勇敢、智慧创造出历史悠久、灿烂的乡村文明。在五千年的乡村文明里有"天人合一"的自然主义情结，趋福避祸的民间信仰，乌鸦反哺、羔羊跪乳的道德观，出入相友、守望相助、疾病相扶的良善交往原则，平和淡然的生活态度，充满希望的未来期冀。基于人与自然、人与人及人与社会之间关系所形成的乡村文明，其包含的价值认知、价值追求与价值评判构成了乡村文明的价值观。乡村文明所体现的价值理念、思想观点、伦理道德、处事哲学等正反映了儒家文化所倡导的讲仁爱、重民本、守诚信、崇正义、尚和合、求大同的人文精神和价

---

[1] 刘铁芳. 乡村的终结与乡村教育的文化缺失[J]. 书屋，2006（10）：45—49.

值追求，乡村文明所蕴含的价值理念构成了中华民族的核心价值观。正如梁漱溟所说："中国文化以乡村为本，以乡村为重，所以中国文化的根就是乡村。"[1]乡村不仅孕育出农民的精神家园，也塑造了中华民族的精神世界和心灵归宿。

乡村文明历经时代的变迁、时空的转换，其文化精髓始终植根于广袤的乡土之中。乡村文明不仅是乡村居民的精神之源，也为中华民族留下了丰富的文化遗产。[2]人们在不同地域、不同历史时期创造出了多种多样的乡村文明样式，这其中既包括农业生产遗迹、古宅民居、木雕、石刻、剪纸等物质文化遗产，也包括节庆、民俗、礼仪、曲艺等非物质文化遗产。这些充满生存智慧和生命哲理的文化遗产至今仍熠熠生辉，它们构成了丰富多彩的中华文明，源源不断为中华文明提供精神营养，使中华文明以独有的方式屹立于世界民族之林。乡村文明独特的形成条件造就了乡村文明在表达形式和具体内容上的差异性和多样性。乡村文明不仅满足和丰富了乡村居民的日常生活，也构建起凝聚人心的精神力量，形成了抹不掉、忘不掉的文化记忆，成为农耕文明的重要组成部分。

礼俗文化是凝心聚力的重要力量。费孝通先生认为，中国社会是乡土社会，通过"差序格局"构建起乡村社会的礼俗文化和礼俗秩序。[3]礼俗通过内在的力量得到推行，以非制度性、非强制性的方式促使人们对自我思想和行为进行选择、调整与规范，进而形成了具有共同认知与约束力的乡规民约、风俗习惯、精神信仰、宗族文化等。礼俗文化所包含的伦理道德、价值追求、处世态度、行为规范等不仅是乡村文明价值理念的体现，更是千百年来乡村社会得以持续运转与和谐发展的文化基础。可以说，礼俗文化具有调节、约束、整合和规范人们思想和行为，维护乡村社会秩序，引领乡村社会

---

[1] 梁漱溟（著）．梁漱溟全集（第1卷）[M]．济南：山东人民出版社，2005，第612—613页。

[2] 王磊．乡村文明振兴的国学思考[N]．光明日报，2018—17—07（11）．

[3] 费孝通（著）．乡土中国[M]．上海：上海人民出版社，2013．

风气和鼓舞人心的重要作用。在乡村振兴实践中，通过对礼俗文化的解读与运用，促使礼俗文化中所蕴含的诚实守信、邻里和睦、尊老爱幼、讲义重情、崇德向善等道德思想在新时代得以继承与发扬。通过发挥礼俗文化的教化功能，培育文明的乡风、良好的家风、淳朴的民风。通过礼俗文化激发乡村人内在的活力，将广大村民凝聚在一起，自觉地为乡村振兴贡献自己的力量，形成建设乡村的强大合力。

乡村文明随着历史的变迁和地域的不同而发生改变，但核心价值深植于经年累月的乡村文明发展之中，烙刻着无法言明的价值认同。[1]在长期的小农生产和生活实践中，人们形成了善良淳朴诚信的人格观，热爱、敬畏自然的生态观，勤俭节约的消费观，和谐共处的人际观等，这些共同价值观构成了乡村文明的价值体系，成为区别于其他文化的重要标志和内容。乡风民俗是群体性文化，源于人们的日常生活，是人们生活方式、善恶奖惩制度、习惯礼俗、为人处世的隐性的不成文的戒律准绳。民俗是乡村文化传承过程中保持本质原生态的稳定性与传承过程中不断发生变化与变异的不稳定性的结合体。作为传统文化的载体，春节、清明、端午、中秋等民俗节日是农耕社会适应自然周期的生活节奏，与之对应的一些地方特色庆典活动是民俗文化不可或缺的组成部分。此外乡村中的礼仪，落地、成年、乔迁、婚丧嫁娶都是人生大事，各种礼仪文化随着时代的推进而悄然发生变化，甚至被淡忘。但在部分地区仍保留着这些习俗，特别是婚丧嫁娶的重要习俗仪式。必须指出的是，从古至今，乡村世代传承的文化经过时间的积淀，保留了许多令人称赞的精华部分，同时也有着需要摒弃的糟粕，乡村文明的延续与重振也仅仅是针对其中的积极部分而言。

四、乡村文明之中的教育展开

每一个乡村地区都有各自的地方特色，都会形成本土性的文化样态。嵌

---

[1]　赵旭东，孙笑非. 中国乡村文化的再生产——基于一种文化转型观念的再思考[J]. 南京农业大学学报（社会科学版），2017，17（01）:119—127.

入乡村之中的乡村学校，其日常教育教学实践难免受到地方性文化的影响。乡村学校教育的环境布置、教育制度的执行、教育方法的使用、教育内容的编排等都与乡村学生所在的乡村世界有着种种关系。乡村教育与乡村文化相映相生——乡村教育为乡村文化的发展拓展了空间，乡村文化为乡村教育提供了生长的领地。整个乡村文化像是广袤的原野，蕴藏其中的教育价值难以一板一眼地复制到乡村学校的课堂上。它本身就是乡村生活历史的一种沉淀，蕴含着对生命伦理、生活逻辑、社会礼俗和文化信仰的最高理解。教育与文化之间的关系如此密切——乡村文化是乡村教育的养分、沃土，是笼罩在乡村教育世界周围的精神空气；乡村教育是乡村文化的使者、示范，是活跃乡村文化的核心动力。教育对于文化的发展，特别是精神文化的发展具有积极的意义。乡村教育可以传递、保存乡村文化，也可以传播、净化和创新乡村文化。在保存和传承乡村文化意义上，乡村教育实实在在发挥着将乡村年幼一代"领入世界"的作用。乡村文化是每一代成长于乡村中的儿童浸濡其中的生活世界，是他们探求现实世界的本初家园。这一家园是否保存完整，精神内核是否饱满，将决定着一代又一代儿童汲取精神理解和发展想象力的水平和程度。儿童对乡村及其周围的自然环境、乡村人伦关系、人与自然的相处哲学等内容的理解，都是经由一辈一辈乡村中的成人施予的。而年长一辈施加"引领"作用的底气，则依系于乡村文化在他们各自身上的外显。

　　乡村教育改革一直都在进行，特别是近二十年的改革势头和影响尤为突出。教育制度作为国家整体制度安排中最为重要，同时也是最为敏感的部分，其改革调整中产生的联动效应是全方位的、细密的。虽然乡村教育在很长一段时期之内都处于"以县为主"的管理模式之下，但乡村教育的发展状态仍然受到国家教育制度统一化、标准化的硬性规制。乡村教育的"在地"办学不得不时常审度和参照国家层面在升学、考试、招生等统一政策的要求。20世纪末开始的教育资源布局调整，在有些乡村地区演变成为"一刀切"式的"撤点并校"，对乡村教育根基造成极大的破坏。有些乡村地区可能因为撤点并校、教育内容革新等政策推行而逐渐淡化甚至疏离乡村文明的原生知识，乡村中的受教育者逐渐产生一种靠近外来知识的倾向。两种知识状态夹杂之下的乡村儿童容易形成"悬浮"的人格状态——一方面是对乡村以及乡村文化的游离，产生非自觉的距离感；另一方面是对城市以及"外面的世界"的刻意跟随，同时保持自我的陌生感。特别是，当儿童具身参与到城乡教育的流动安排中时，"悬浮"的体验便会更加深刻。如此这般可能导致的情况会是新一代的受教育者未能承继地方性的乡村文化，从而使得乡土文明在现代文明的进逼下逐渐式微。这里并不是刻意摆出乡村文化悲观论，或者乡村文化消亡论，而是提醒读者与我一起思考乡村教育在现代性中的处境，以及乡村中个体生命的立场。如果乡村世界是绝对封闭、与外界隔绝的自成世界，那么，乡村中的具体个人绝对不会以完全的"个人理想""个人抱负""个人实现"来理解自身，而愿意将自己置身于共同体的伦理关系保护中。但是，现实中的乡村世界早已接纳了现代性的全方位介入，想象乡村仍然是自成自为的桃花源，不啻于当代乌托邦。以说教的方式让乡村中的个体服膺于假想的封闭乡村文化观念之下，也只能是一种浪漫主义奢望。而且这种想法本身也漠视了乡村中个体生命的生存权利。任何一个个体，不管身在乡村或者城市，他（她）都有权利在个人主义的立场上理解自我，找寻自我的独特价值。

虽然看似为身在现代性之中的个人进行辩护，但是我还是要指出现代性给乡村及乡村教育带来的隐忧。查尔斯·泰勒在他那本著名的小册子中简明扼要地论述了现代性的"三个隐忧"。这一作品是这样开头的："我说的隐忧指的是当代文化和社会的一些特点，尽管文明在'发展'，人们仍视这些特点为一种失败或衰落。"[1]这里讲的失败或衰落恰恰就是人们可以在日常中感受到的，或者观念世界中渲染出的一些主题。尤其当我们进行跨越时间

---

[1]　[加]查尔斯·泰勒（著），程炼（译）. 现代性的隐忧[M]. 南京：南京大学出版社，2020，第21页.

的对比时，今昔对照之下产生的各种"悲叹""怀旧"，都属于这类主题。想想这几年反复出现的"返乡体"和乡村主题的非虚构写作，无不渗透着对"先进"文明牵引之下乡村发展"落后"状态的哀叹。三个隐忧当中，其中第一个便是被许多人冠之以现代文明最高成就之名的个人主义。[1]人们依照自己的理性决定生活的志向，选择自己倾向的生活方式，选择不再复制先辈的生活，怎么就成了现代性的"隐忧"了呢？人们跳出原有的经济生产模式的格式，跳出原生家庭生活的安排，摆脱传统礼俗观念的限制，难道就成了"背叛"了吗？"我们生活在这样一个世界中，人们有权利为自己选择各自的生活样式，有权利以良知决定各自采纳哪些信仰，有权利以一整套他们的先辈不可能控制的方式确定自己生活的形态。这些权利普遍地由我们的法律体系保卫着。原则上，人们不再受害于超越他们的所谓神圣秩序的要求"。[2]每个人追求成为自己的努力本无可厚非，问题出自个体追求自由的过程中，与原有的生活秩序和社会结构脱离。如果仅仅是生活秩序的暂时脱节，或者在原有社会结构的缺失，都不构成最为严峻的隐忧。这里的隐忧是深层次的、生活世界意义上的脱离。人们对乡村社会的怀旧，除了留恋乡村曾经的风物、轶事、人情，还有对自我身份归属问题的担忧。每个（曾经）生活在乡村中的人，都与他的周围世界相伴相生——山谷、河道、田野、森林、禽鸟、走兽，这些事物不仅仅是我们生活计划的客物；它们不是我们生活的背景，不是没有任何色彩的冰冷环境；相反，它们在我们的生活计划中也会生成多样的意义。这就不难理解，为何农人对家畜有着特殊的感情，对于土地有着至上的尊崇。同样地，乡村社会中存在的乡约民规、道德礼俗不仅仅是简单的说教或者工具性参照，而是实实在在与具体的乡村生活绑定在一起的。当我们从乡村中出走，兴高采烈地拥抱"现代的""先进"的生活时，我们才发现，曾经与我们相连的意义王国也在慢慢消褪。我们出于某种个人

---

[1] [加]查尔斯·泰勒（著），程炼（译）. 现代性的隐忧[M]. 南京：南京大学出版社，2020，第22页。

[2] [加]查尔斯·泰勒（著），程炼（译）. 现代性的隐忧[M]. 南京：南京大学出版社，2020，第22页。

自由正义的动机，对"束缚"我们的传统秩序提出抗议，努力从"较古老的道德视野中挣脱出来"。[1]我们曾经热情地将自己卷入其中的共同体，从我们的精神中抽空了。个人化的生活安排只是被简化为"成功""有钱"这类狭隘的目标上，个人蜷缩回封闭的、自我的精神世界中，"生活被平庸化和狭隘化"。[2]身在乡村共同体之中的个人，曾以相似的生活方式、共同的信仰传统、共同的权威规范而生活在一起。而现代社会则将包括整个乡村社会一起都纳入按照市场和经济法则运行的国家版图，甚至世界版图，纳入按照理性化运行的轨道。在施坚雅看来，市场力量的介入，引发乡村社会出现对传统体系的背离，这种变化标志着一个传统的农耕社会向现代工业社会转化的开始。[3]乡村中的每一个角落，每一个人似乎都落入了世界性劳动分工的规制之中。现代理性侵入乡村，将乡村中的人降格为生产者和消费者。个体在原有乡村共同体中的情感归属、个人身份、道德感均遭到分隔与抽象。乡村社会成员原有的相似身份逐渐被理性化市场中的利益取代，个体可以凭借对自身利益的期望而行动。其代价便是乡村共同体一直珍视的那些有关亲密、互助、友爱、虔敬的传统遭到破坏。更糟糕的是，现代化的过分膨胀还导致了农业的边缘化。农业劳作本来是人类所有社会活动中最基础、最迫切、最稳定、最必要的活动之一，是维持人类生存繁衍的最根本保障。土地的作用应该愈加重要，土地上的工作应该更加中心化。但是现代化进程将城市和工商业发展放在优先发展序列，农业在维持基本的粮食生产功能之外，将更多的生产要素和劳动力让渡给了城市和工商业。也因此，一波接一波的农村劳动力涌向城市，寻找新的就业机会，寻找新生活的希望。此时，外在世界对个体的功能性劳动需求与个人的职业理想和人生目标"默契"联手，成为个

---

[1] [加]查尔斯·泰勒（著），程炼（译）. 现代性的隐忧[M]. 南京：南京大学出版社，2020，第22页。

[2] [加]查尔斯·泰勒（著），程炼（译）. 现代性的隐忧[M]. 南京：南京大学出版社，2020，第24页。

[3] [美]施坚雅（著），史建云，徐秀丽（译）. 中国农村的市场和社会结构[M]. 北京：中国社会科学出版社，1990，序第1页。

体寻求自身利益无可指摘的正当性。以往由家庭、血缘、宗族延伸出来的权威，逐渐让位于个人性的"理想""抱负"。泰勒将这一隐忧归结为"意义的丧失，道德视野的褪色"。[1]因此，前面提到的今昔对照之下产生的各种"悲叹""怀旧"，正是我们在失去某种重要的东西之后表达的失落。我们"悲叹"和"怀旧"的对象，也只能是遥远的过去之中乡村的浪漫意象。这些东西就是一直以来将个人与更大的共同体和更长的历史联结起来的道德感。道德感缺失之后，我们的生活很容易落入"小时代"的个人激情、欲望、舒适感，而对于荣誉感、集体感、共情能力的追求则逐渐淡然。

尽管"现代""城市文明"这些概念本身并不清晰，但是生活在当今时代的任何人都可以感受到现代势力的渗透。传统的乡村文明、乡村生活也同样面对现代性冲击的问题。当乡村文明以往的悠久、坚固、全渗透、深意蕴等形象不断消褪，而与此同时，瞬时、快捷、可置换、低成本的现代商品观念不断侵入乡村，正好应验了马克思在《共产党宣言》中写到的那句话，"所有坚固的东西都烟消云散了"。传统的乡村劳作或者乡村事务商定都需要很多人的协作或集体参与，至少在家庭层面，许多包括农业生产在内的家庭计划都需要整个家庭参与其中。但是面对市场和其他现代力量的逼迫时，乡村原有的共同协作、集体商议机制变得无能为力，原来处在共同体保卫之下的个体，也从各自的理性出发，寻找个人自由的突破。在传统问题的认识上，希尔斯独具慧眼。"现代社会，尤其是西方现代社会，之所以一直在破坏实质性传统，其中的原因之一是，它们已经以多种形式培育成了某些或明或暗，或直接或间接有害于实质性传统的理想，而这些理想已经反过来成了传统"。并且，"大多数的这类理想一向是'发展'理想，人们认为它们是值得坚持和追求的"。[2]对于任何一位"走出农门"的农家子弟而言，我们不都是一路追求这类理想吗？"'发展'理想要求人们与传统的观察方式和

---

[1] [加]查尔斯·泰勒（著），程炼（译）. 现代性的隐忧[M]. 南京：南京大学出版社，2020，第31页。

[2] [美]爱德华·希尔斯（著），傅铿，吕乐（译）. 论传统[M]. 上海：上海人民出版社，2014，第309页。

行事方式决裂"。[1]我们很难判定，现代性侵入乡村文明之后的结局是什么样子。但是，乡村文明依旧是乡村精神的庇护所，是世世代代人们的精神慰藉，是乡村不可磨灭的灵魂所在。乡村文明用它独特的隐涵精神指引着生活在一方土地上的人们精心作出生活计划安排，教导人们对自然的尊重与对生命的敬畏，建构我们内心坚固而又不越伦理的精神世界。尽管乡村文明遭遇了现代性入侵而发生形变，但不管是悠闲宁静的田园生活，还是重复辛劳的平常日子，依旧给在城市中奔波劳碌的人们内心留下可以返回的精神原乡。那种认为所谓现代的就是先进的立场，为个人摆脱传统礼俗、家族权威、共同体规范的羁绊提供了理性化底气。但是，这种认识本身否定了乡村传统的行动范式的价值。至于乡村传统的行动范式是否会在现代理性秩序中消亡，或者我们是否应该返回到乡村传统的行动范式之中向现代理性作出抵抗，这是当下无法回答的问题。

与此同时，将乡村文明直接等同于传统，或者将其看作传统特性，实则也是一种模糊隐晦的说法。不管是乡村文明，还是传统，我们不会轻易为它们附加褒义或者贬义色彩。我们必须警惕这样一种"许多人都熟知的习惯"——"把那些'过去的好日子'当作一种手杖，来敲打现在"。[2]很多乡村的"怀旧派"总是缅怀乡村生活的美好和乡村文明的平和，但是如果我们对怀旧的历史时间做一番考察的话，我们会发现，多数人所怀念的要么是他们成长经历中的童年时光，要么是想象中"世外桃源"式的乡村生活。而且这种怀念往往掩盖掉真实生活经历中痛苦的部分。我们虽然对现代这一历史时间概念多有批判，但是，我们怀念的乡村生活的那个时间点或者历史，较之于十年前、二十年前或者更早，也同样是当时的"现代"。当我们谈论乡村文明时，脑海里想到的一定不全是以下景象：未经分化的产业和劳动分工，现代机械介入程度低，经济收入较低，教育程度普遍不高，集体舆论主

---

[1]　[美]爱德华·希尔斯（著），傅铿，吕乐（译）.论传统[M].上海：上海人民出版社，2014，第310页。

[2]　[英]雷蒙·威廉斯（著），韩子满，刘戈，徐珊珊（译）.乡村与城市[M].北京：商务印书馆，2013，第15页。

导个体行为，地方性的乡土信仰较为突出，家长或者宗族的权威角色较重，社会秩序基本保持不变，乡土社会发生的变迁较少。我们对照当今的任何一个乡村，恐怕都很难见到以上情景。实际情况是，乡村很难在国家统一规制的"现代化"进程中保持隔绝与独立。

拿教育发展来说，教育现代化过程是在国家统一现代化发展过程中的一种理性行为范式的呈现。城乡教育发展过程中的国家理性化，主要体现在国家调配和动员人力、财力、物力投入教育事业的改善中，使得教育事业与国家各项事业的发展有效衔接起来。这里讲的"有效"，便是最为典型的国家理性化表现。教育现代化之下的个体教育目标，不管是个体道德提升，还是个体人格养成，都与国家整体意义上的现代化建设所需的各类人才需求衔接起来。国家理性化之下的乡村教育，其教育的内容、形制和方式都受到标准化和统一化的影响。进而，乡村学校教育的改变又影响乡村文明的发展。近代以来，在民族危亡、西方列强入侵的历史背景下，当时乡村的社会文化生态发生了急剧变迁。依存于乡村内部文化的乡村学校教育也随之发生变化。这一时期，伴随新式学堂、新式教育理念的输入，乡村学校教育领域发生着"文字下乡"[1]现象。建立新式学堂，编排新教材内容，设计新课程，乡村学校的管理体制、学校基础设施建制方面发生了质的变化，与传统乡村社会的私塾教育并立而行，而后逐步改良。[2]事实上，一直到20世纪中期，乡村地区的一些地方仍然保留私塾传统。关于私塾与新式学堂的历史评价，也不宜简单作孰优孰劣的二分判断。

20世纪二三十年代，中国产生了一大批乡村改造运动，许多当时的先进知识精英结合国情及乡村问题提出了发展乡村教育的新思路。这些思路与当时中国的现代性问题保持一致。中国的现代性问题，虽然不与西方现代性同步，但长期受到中西两种文化冲突的影响。尤其是从鸦片战争开始，一直延

---

[1] 费孝通（著）. 乡土中国·生育制度[M]. 北京：北京大学出版社，1998，第7页。

[2] 比如清末的私塾与学堂之争。左松涛（著）. 近代中国私塾与学堂之争[M]. 北京：生活·读书·新知三联书店，2017.

续到20世纪初的思想激荡，正是这种冲突的反映。发生在知识界和思想界的现代性证候，首先体现在当时先进的知识分子对所处时代的深刻反思，进而积极探索温和的社会改良以救世。五四前后，受西方民主科学观念的影响，平民主义思潮兴起。当时知识分子的反思和动员，寄望这一思潮能够唤起普通民众的民主意识。比如，晏阳初参与领导的中华平民教育促进会总会开展的乡村平民教育完全可以归入基于反思的现代性实践之列。晏阳初倡行的平民教育，志在超越社会精英知识阶层的单纯"沉思"，走向"积极行动"，立意培养现代国家公民以致实现民族再造。[1]他和中华平民教育促进会其他核心人员一起，先后在湖南长沙、河北定县、四川新都等地，开展了包括识字教育、生计教育等一系列平民教育实验和乡村建设运动。这场规模浩大的现代文明实践，既是晏阳初为了社会改造目的进行的一场个人教育理想的实践探索，也是反映那个时代革命性变化的一次社会性文明实践尝试。[2]晏阳初的平民教育和乡村建设运动，确实为平民带来了一些益处，如平教会的扫盲工作所取得的成效在全国最为突出，提升了当地农民文化水平，有助于农民利用科学知识从事农业生产，而且晏阳初的诸多乡村教育实践活动，在中国教育史上都是创举。费孝通对晏阳初的教育理论虽有批判，但并不否定本人，"晏先生一生事业的中心是他的平民教育。不论他今后会做什么事，他在平民教育上的贡献是不应当抹煞的"[3]。晏阳初寄望通过平民教育将落后的农民群体培养为有文化、高素质的现代公民，达成现代公民权利的实现，最终实现社会改造的目的。他多年的乡村教育实践是"要通过对农民的教育建立成熟的中国现代文明"，他的平民教育和乡村建设运动"是中国教育作为一种现代文明实践的可能性"[4]。晏阳初用教育救国的和平改良方式力求推动现代

---

[1]　晏阳初（著），宋恩荣（编）. 平民教育与乡村建设运动[M]. 北京：商务印书馆，2004.

[2]　项继发，韩云琴. 晏阳初平民教育：一场现代文明实践[J]. 终身教育研究，2020（6）：61—67.

[3]　费孝通. 评晏阳初"开发民力建设乡村"[J]. 观察，1948（1）：3—6.

[4]　吴飞. 乡村建设与现代中国文明[J]. 北京大学教育评论，2009（3）：65—75.

国家的新生，他将有文化素养的现代公民、全民扎实的文化根基视作现代国家建立的必要前提，这恰恰是晏阳初践行个人理想，也是他从事乡村建设运动的内在动力。晏阳初认为，乡村建设运动的发生"完全是由民族自觉及文化自觉的心理所推迫而出"[1]，在这一现代文明实践中，他除了践行作为知识分子的个人理想外，也在全国各地从事乡建活动，唤醒同胞学自力、做新民，这不啻为20世纪上半叶的一次伟大的社会实践。遗憾的是，晏阳初的这套方案未能医治他假定的愚、穷、弱、私四大病症，但却打开了一扇探索教育现代化、社会现代化的文明窗口，让国人触到了现代文明的曙光。

晏阳初把愚、穷、弱、私当作中国问题的症结只看到了社会问题的表象，没能意识到西方国家的殖民侵略和封建主义的压迫才是导致当时中国政治腐朽、经济衰败、民不聊生等社会问题的根源所在，遮蔽了问题的实质。他虽然认识到了中国的经济问题莫过于土地问题，但并未触动生产关系的调整，而是寄希望于教育救国，一方面冲破了上层社会对教育的操控权，另一方面也扩大了教育功能的限度，多少有些不切实际，这也是其不能担负救亡图存历史重任的关键。作为知识分子出身的温和派社会改革家，晏阳初不满足于为当时国民提供幻觉式的救治方法，而是通过教育和乡村建设实践躬身于社会拯救。从"开发民力"到"民族再造"，晏阳初的教育救国方式彰显了他的理想主义者身份，将教育视作化解国人苦难的良方。同时，他对于当时国人的教育、政治、经济状况等境遇的判断，又充分体现了他作为现代主义者的视野。他看到当时的国家只有"人"而没有"民"，对时局的这种判断反映出他对传统秩序的抵制与向现代理念的皈依，他借助平民教育和乡村建设实验来改造国民的努力，也有类似宗教上的救世色彩。平民教育和乡村建设实验未能达成他对中国国民病症的医治，但并不表示二者的失败，恰恰证明了二者在一个正常国家秩序中可能的重要价值。这一点，已经在贯穿20世纪直到今天仍在持续进行的乡村建设运动中得到明证。

---

[1] [美]赛珍珠（著），宋恩荣（编）. 告语人民[M]. 桂林：广西师范大学出版社，2003.

晏阳初早期将其领导的中华平民教育促进会定位于政治中立组织，坚持依靠自身的力量进行活动，防止卷入任何党派而受到掣肘无法保持独立。就像晏阳初所讲，"平教会应保持独立、超党派与学术自由的立场，拒绝参加某方之组党活动"[1]，"平教运动是独立的——我们和其他从事乡村工作者不同，我们不依赖任何政府的力量"[2]。但在乡建实验后期，晏阳初认识到仅凭平教会单独的学术工作和教育培训已难以维继，必须得到政治力量的帮助，尤其需要政府的拨款。教育和政治结合的产物便是县政实验，以及随即产生的县政研究院。"这一转折使他从识字教育和一般的文化与技能教育过渡到了全面的政治和社会教育"[3]。平教会由独立运作转向寻求政府当局支持，是晏阳初对教育实践的自足性与它受到的政治制衡和挑战做出的清晰判断，这一转向已经隐约地触及了现代性命运的关键，即生成于国家的政治与生成于社会的教育之间的冲突。这一冲突反映的正是现代性的基本问题——平民教育和乡村建设实验期望达到社会的改良，而代表国家意志或权力的政治并不总是默许或者配合这样的社会改良。这不仅仅是晏阳初个人遭遇的困境。而化解现代性基本问题中政治与社会之间的张力，仅仅依靠单一的教育手段显然不能实现。相比之下，陈翰笙主持的中央研究院社会科学研究所"乡土中国"调研，更加侧重社会变迁过程中生产关系的重建，强调从社会制度设计层面改造"乡土中国"。因此，陈翰笙看到了近代中国半殖民地半封建的社会现实，他领导的无锡调查关注社会底层结构，从生产关系入手，从社会关系的提升而非局限于技术手段等生产力因素解决江南社会危机，并涉及民意乃至人心维稳。[4]

梁漱溟同样认为乡村是中国传统文化的基层单位，中国社会结构的稳

[1] 晏阳初（著），宋恩荣（编）. 平民教育与乡村建设运动[M]. 北京：商务印书馆，2004，第347页。

[2] 晏阳初（著），宋恩荣（编）. 平民教育与乡村建设运动[M]. 北京：商务印书馆，2004，第383页。

[3] 吴飞. 乡村建设与现代中国文明[J]. 北京大学教育评论，2009（3）：65—75.

[4] 王天根. 乡情与学理：近代经典村落文化的跨语际分析及其历史书写[J]. 史学理论研究，2021（3）：99—108.

定、经济的发展建设以及政治上的民主进步，必须从乡村建设开始，而乡村建设又必寓于教育尤其是学校教育之中，进而实现延续文化而求其进步的功能。此处强调的也正是乡村教育与乡村文明的延续的密切关系，乡村文明赋予乡村学校教育独特的价值和意义。按照教育生态观的看法，教育活动与所处环境息息相关。乡村教育居于乡土文明的包裹之内，其教育活动的主体、办学理念、教学内容、教学方式以及学校文化等要素必然与乡土社会、乡村文明紧密关联。乡村学校教育首先是一个地域性概念。从这层意义来讲，乡村既从地理空间上造就了乡村学校教育的独特性，也从文化空间上赋予乡村学校教育独特的价值和意义。乡村学校教育所具有的个性和特点正是基于乡村文明的内涵与特质，乡村学校教育濡化于乡村社会、乡村文明的生态法则之中。虽然隐含性的乡土文化和乡风文明很难直接转设为学校正规开设的课程内容，但是乡村中成长起来的儿童无不处在看不见的文化浸润之中。乡村文明对于乡村教育的重要性是勿庸置疑的，我们可以形象地将乡村文明比作乡村教育这棵大树的根，树的成活和繁茂无疑离不开根的滋养。乡土文明的根扎得越深，乡土上长出的枝叶才会有更高远的眼见和更开阔的想象。虽然现代性在我们生活领域任何角落都发挥着规制作用，但乡土依然是许许多多人生命成长的原初世界。乡村儿童在乡村成长、学习、劳作、游戏，他们熟悉乡村的草木几时开花几时结果，他们知道家里的牲畜性情如何，他们懂得耕种时机和作物脾性。在乡土世界里，处处弥散的乡村文明构成了他们生活的"场域"，成为他们一切"经验"的来源。

乡村"怀旧派"或者乡村悲观主义者对过去乡村生活进行缅怀，并且将这种情感看作是乡村衰败的事实本身。我们对乡村是否衰败暂先不作判定，我们能确定的是，乡村社会发生的变迁，不管是外力刺激，还是内部促发，确实足够剧烈。这一变迁在"时空—历史"观照中很容易找到对应的经验证据。乡村社会的巨大变迁，不仅仅是一种社会经济现象，更是一种文化表征。乡村从来都不是一块完全对外封闭、自给自足的"世外桃源"。即使乡村有自身的内部经济，但远不足以达到自足状态。按照卡尔·波兰尼的观点，经济活动本身是一个动态的过程，因为它处在不断的变化运动之中，而且这一过程还植根于各种生态、技术和人工建构的组织制度之内，即经济生活是嵌入各类社群文化活动之中的。被认为不言而喻的各类"经济"活动，实质包含了种种被界定为"非经济"的社群文化实践。[1]乡村社会的巨变，在外在形式上是经济组织方式和现代生活方式的转变。而在内里，是一个正在发生文化巨变的社会。乡村社会本身就是一个文化变迁的现实本体。乡村社会不是思想、政治、文化领域的英雄主义想要改造的静态对象，而是一个不断生长的动态文化机体。这也正是马林诺夫斯基在他后期人类学研究中（尤其是《文化动态论》）产生的重大认识论转向。[2]即使人们通常假定的乡村发展退化或衰落，也不单单是经济原因。波兰尼进一步论证道，"……导致退化和沦落的原因并非像通常假定的那样是由于经济上的剥削，而是被牺牲者文化环境的解体……恰恰是这种对剥削的强调使得更重大的文化退化问题逃离我们的视野"[3]。当前和今后很长一段时期，乡村发展的基本方针是"产业兴旺、生态宜居、乡风文明、治理有效、生活富裕"。这一方针将乡村自身的发展逻辑作为乡村振兴的根本思路，而不是现代理性或者工商业文明思维之下的发展随仆。不管是20世纪二三十年代的乡村建设，还是当前的乡村振兴，其具体脉络一定是将乡村的政治组织、经济产业、文化乡风整合而一的宏大社会工程。虽然从表面上看，发展乡村是经济问题，但是如果只从经济层面入手，乡村发展的根本问题依然无法解决。这一点上，梁漱溟早有较为清醒的认识。[4]他认为，中国问题本来就是混整之一个问题，虽被说成政治经济文化三个问题，其实只是分别从不同角度看，并不是当真有分得开的三个问题。乡村发展过程中遭遇的症结问题，不仅仅是经济制度、社会组织方

[1]　潘家恩，杜洁.社会经济作为视野——以当代乡村建设实践为例[J].开放时代，2012（06）：55—68.

[2]　费孝通.从反思到文化自觉和交流[J].读书，1998（11）：4—10.

[3]　[英]卡尔·波兰尼（著），冯刚，刘阳（译）.大转型：我们时代的政治与经济起源[M].杭州：浙江人民出版社，2007，第134—137页.

[4]　梁漱溟（著）.梁漱溟全集（第2卷）[M].济南：山东人民出版社，2005，第425—428页.

面的问题，还在于波兰尼所说的"文化环境的解体"。乡村文化没能够持续地、良性地与乡村经济社会发展达成平和秩序。

乡村振兴的核心是人的发展和文化繁荣。从20世纪的中国乡村建设运动一直延续至今的乡村振兴百年进程中，作为整体文化形态的乡村自身要么被掩盖在救亡图存、民族再造等宏大的"国家—民族"意识形态话语下，要么被置于经济发展、巩固积累的基础经济要素的位置。乡村自身天然携带的社会经济系统与稳固的文化礼俗系统一直被视为"改造"的对象，而不是"自新"的主体。费孝通早期提出并在晚年不断反思的"文化自觉"概念，同样可以帮助我们理解乡村文化以及乡村发展的路径问题。中国社会内生着人与自然、人与土地、个体与家庭、自我与他者，以及世代之间浓厚的、复杂的联系。中国乡村发展与文明延续需要依靠文化上的自觉和自信，需要在文化传承的基础上探索乡村文化的创造性转化，"各美其美，美人之美，美美与共，世界大同"。

"我在早期提出'文化自觉'时，并非从东西方文化的比较中，看到了中国文化有什么危机，而是在少数民族的实地研究中首先接触到了这个问题。80年代末我去内蒙古鄂伦春聚居地区考察，这个民族是个长期在森林中生存的民族，世世代代传下了一套适合于林区环境的文化，以从事狩猎和养鹿为主。近百年来由于森林的日益衰败，威胁到了这个现在只有几千人的小民族的生存。90年代末我在黑龙江又考察了另一个只有几千人、以渔猎为主的赫哲族，存在问题是同样的。中国10万人口以下的'人口较少民族'就有22个，在社会的大变动中他们如何长期生存下去？特别是跨入信息社会后，文化变化得那么快，他们就发生了自身文化如何保存下去的问题。我认为只有从文化转型上求生路。要善于发挥原有文化的特长，求得民族的生存与发展。可以说文化转型是当前人类共同的问题。所以我说"文化自觉"这个概念可以从小见大，从人口较少的民族看到中华民族以至全人类的共同问题。其意义在于生活在一定文化中的人对其文化要有

'自知之明'，明白它的来历、形成的过程，所具有的特色和它的发展的趋向，自知之明是为了加强对文化转型的自主能力，取得适应新环境、新时代文化选择的自主地位。"[1]

中华上下五千年文明史，占主导的一直是农耕文明史，其基本形态是乡土文明。作为文明形态的乡村与乡土文明之于中国社会现代化的意义无需赘言。农耕文化、乡土文化构成中国社会当中千千万万普通人的生活生存基质。传统中国人"修身、齐家、治国、平天下"的人生抱负，是将个人的自我实现和国家的长治久安结合起来的实践哲学，其中彰显了"家"与"国"的天然联系。五千年文明史与土地保持着紧密的亲缘关系，乡村文明和乡土文化的往昔与现在，仍然脱离不开人与脚下土地之间的天然联系。受着大自然与土地滋养的乡村人民在生活安逸稳定时期最赤诚、最勤奋，在受到压迫民不聊生时期又会成为最勇敢、最果断的先锋。乡村人民不管是在革命觉醒年代，还是和平建设年代，都是现时历史的亲见者、参与者。在乡土文化滋养下成长的乡村人民有着对生命的敬畏和尊重，也有自身的尊严与韧性。这些特有的品质使得他们在面对压迫与奴役之时收敛起了平日的忠厚谦虚，捍卫自身的尊严；在奋斗创业年代释放身体里的汹涌劲头，建造幸福的生活。这些最朴素的人格特征，也成为民族国家重振和现代新生活建设的内在动力。乡村人民经年累月与土地为伴，与天气物候打交道，跟灾难厄运相抗衡，在节律与突变之间做调整，这般独特的生活状态使得乡村人民即使在面临灾难、厄运、失望、错讹时仍然保持从头再来的勇气，能够在较短的时间内恢复家庭和共同体的生活计划，重塑乡村空间的社会、政治秩序。

每个人都是寓居于特定环境之中的存在者，这一环境的空间特征、文化性格对个人有着莫大的影响。来到这个世界上的每一个新人所习得的知识既包括个人具身的生活经验，也包括教育环境中的文化濡化。前者是淹没在日

---

[1] 费孝通.文化自觉的思想来源与现实意义[J].文史哲，2003（03）：15—16.

常生活中的个人性知识，可以通过感知觉而获得的实证性知识；而后者主要表现在乡村社会中长期形成的道德理想、礼俗制度、器物行为三个层面共同构成的文化整体中，[1]主要通过发生在乡村内渗透式、非制度化组织的教化和制度化的教育产生。文化先于教育形式而存在，不管是制度化的学校教育，还是非制度化的乡土教化，均"出现"在既存的乡村文化之中，均包裹在乡村文化的复杂生态系统。如果不考虑这一生态系统中人的主观能动性，我们对于乡村教育甚至整个乡村文化的考察便会相对容易。可实际情况却是，乡村教育，以及更大圈层的乡村文化都不是自然天成的现象，而是掺杂了人的因素，是"人们有目的的行动造成的结果，其中除了有时空、环境等客观因素的作用之外，更多的是由人的主观动机、意图乃至价值观所引发的行动建构而成"[2]。也就是说，理解客观静止的文化生态模式远远不是真正有人参与的文化模式。对社会文化的深入理解，必须"从共存的生态秩序研究进入共荣的心态秩序研究"[3]。而在理解和阐释心态层次的秩序时，费孝通取道潘光旦先生的"位育论"："………位就是安其所，育就是遂其生。在全球性的大社会中要使人人能安其所，遂其生，就不仅是个共存的秩序而且也是个共荣的秩序"[4]。"共荣的心态秩序"并非是对"共存的生态秩序"的简单否定，而是将其融汇在自身中，即"中和"。据此，"位育论"向前推进到"共荣的心态秩序"，构成理解中华民族多元一体格局的认识论基础。

　　教育活动的开展依托文化资源来丰富教育内容。不管是乡村还是城市，

---

[1]　苏国勋先生从社会学立场出发，将文化体系看成由理念价值、规范价值、实用价值（即所谓道德理想、典章制度、器物行为）三个层面共同构成的统一价值整体。参见：苏国勋. 社会学与文化自觉——学习费孝通"文化自觉"概念的一些体会[J]. 社会学研究，2006（02）：1—12.

[2]　苏国勋. 社会学与文化自觉——学习费孝通"文化自觉"概念的一些体会[J]. 社会学研究，2006（02）：1—12.

[3]　苏国勋. 社会学与文化自觉——学习费孝通"文化自觉"概念的一些体会[J]. 社会学研究，2006（02）：1—12.

[4]　费孝通（著）."中国城乡发展的道路"，费孝通文集（第12卷）[M]. 北京：群言出版社，1999. 转引自，苏国勋. 社会学与文化自觉——学习费孝通"文化自觉"概念的一些体会[J]. 社会学研究，2006（02）：1—12.

凡是能够被传承发扬的文化都是经过不断筛选、整合、编辑并符合时代需求的，有着社会所容纳、需要的各种表现形式：知识、思想、道德、风俗、艺术等，由多重性与多彩的内容组成。平日里乡村的农耕生活对于儿童来说一种就是浸入式的、自然的教育。相比于城市里的孩子，农村中成长起来的儿童不光要对四季物候、天色气温有极强的敏感，还要对丰收、喜悦、灾难、困顿有适当的应对；不仅需要习得时节的安排，还要养成时时为自然的不测做准备。此外，在乡风敦朴的乡间地区，村民之间友好往来、勤劳忠厚、和睦互助的品性对于儿童品格的良好塑造，帮助他们养成待人和睦、与人为善的良好品行，都是潜移默化的影响。乡村日常生活中的地方性知识不同于学校教育中标准化的书本知识，乡村人民在生活、交往、劳作中所产生并提炼的乡村文化虽未直接转化成为书本性的教育知识，但这些无形的乡土知识通过一代又一代人的经验传递，成为一种弥散的实体文化。文化并非是为了教育而生，文化是生活中切实发生着的，教育可以说是为了文化而生，为了将我们多年来传承的文化瑰宝发扬给下一代而需要用教育来实现。[1]生活中的文化才是活生生的、富有现实感的、饱满的，是有灵魂的、最为真切的文化，乡村课堂上的教育永远无法像乡村生活中那样将一切真实展现在受教育者面前。更不用说如今教育改革当中的标准化倾向，乡村的学校教育模式逐渐向城市靠拢，而与此同时，乡村中原本厚实的乡土知识也在遭受着外来现代讯息的侵扰。

乡村振兴的内在动力是要重振乡村的主体精神，不管是集体概念意义上的乡村，还是由一个个个体构成的集体概念。乡村文化振兴既要通过文化观念的转换对经济社会发展提供支撑，更要通过文化传承和地方文化特色来找到自身的文化主体性。乡村振兴与发展离不开文化的复兴繁荣。在确立文化主体性和自主性前提下，对乡村价值进行重估，对乡村发展价值理念进行重新思考和判断，建立基于中国文化本源，又符合当代社会发展需求的文化重

---

[1]　丁钢.文化的传递与嬗变：中国文化与教育[M].广西：广西师范大学出版社，2009，第2—3页。

建。只有通过对乡土文明在地化的文化历史积淀进行挖掘传承，通过与在地化的生产、生活、生态的发展实践进行再融合、再创造，才能实现中国传统乡村农耕文化的再生与创造性转化。只有在此基础上，才能将乡村经济社会发展深深地扎根在乡土中，建立可持续发展的坚实基础。过往的乡村发展政策确实存在过破坏性建设的发展思路，忽视发展的历史连贯性，忽视人的发展与文化建设，以断裂式而不是传承创造发展的方式进行乡村建设和改造，简单地将政治建设代替文化建设。这种发展思路以对文化的破坏性建设来打造所谓的新世界，结果却造成外在的发展和内在的人文断裂，使得发展缺乏坚实的人文和社会文化基础。乡村建设不仅是物质建设，更是文化建设，人的改变和文化建设将决定建设的成败。传统地方文化既是乡村建设的发展资源，也应当是参与区域建设、重塑地方文化和解决现实问题的一种运作机制。

五、乡村教育的文化建设力量

乡土社会在现代化进程中正经历着巨大的变迁，现代性携带的技术文化造成的渗透和冲击，使得地方性知识的传承逐渐向家庭私人领域退让。现代化的进程并不总是带来线性的进步，它推动国家富强、经济繁荣的同时，也造成传统文化与现代性文化之间的张力。拒绝现代化可能带来国家的贫困，全面拥抱现代化（尤其是世界性的现代性特征）则威胁本土文化的完整性。文化包含了知识、信仰、艺术、道德、法律、习俗和个人作为社会成员所必需的其他能力及习惯，是一个复合的整体，[1]它是附着在空间、地域、自我、他者、过往、现在之上的开放系统，封闭的、不交融的文化几乎不再存在。文化通过人们的具象生活经验和生活世界的阐释促成象征性的符号知识得以在历史绵延中持续生长，透过身处不同文化次级场域之中人类群组之间的互

---

[1] [英]爱德华·泰勒（著），连树声（译）.原始文化：神话、哲学、宗教、语言、艺术和习俗发展之研究[M].桂林：广西师范大学出版社，2005，第1页。

动交往展现文化的交融与博弈。[1]在一个多样性文化的社会中，学校教育担负着弘扬民族优秀文化和提高民族整体素质的重大使命，在民族社会的文化选择过程中起着举足轻重的作用。在传统乡村社会，地方性知识的传承主要通过家庭教育和本地乡土教化来完成；而在现代文明社会，制度化的学校教育则成为民族文化传承的重要渠道。生长在乡土社会中的人，除了以一种接受性的方式承接上一代传递下来的固定知识，同时还以嵌入性的方式体验着乡土文化中隐藏的知识、信仰、艺术、道德、法律、习俗和惯习。美国人类学家赫斯科维茨用"文化濡化"一词概括文化传承的方式。所谓文化濡化，就是指文化中的成员继承文化传统的过程以及与此同步进行的文化从一代传到下一代的过程。[2]在赫斯科维茨这里，一切人工创造的环境均可以被看成文化，也就是说，除了自然原生态之外，所有由人添加上去的东西均可称之为文化，包括客观文化（如房屋建筑和机器工具等）和主观文化（价值观和社会规范等）两部分。在一个前喻文化社会中，社会文化的许多方面在代际之间几无差异，下一代趋同于上一代，表现出一定的连贯性。社会文化的这种延续性部分是通过文化濡化的过程来保持的，对于嵌身其中的个体而言，文化的习得是部分有意识、部分无意识的学习过程。文化传承就其本质而言不仅是一个文化过程，更是一个教育过程。而且这种教育过程更多显示作为主体学习者的反身性特征。不管是儿童还是成人，在某一具体文化中的学习过程，恰恰就是个人的主体化过程。本书之前的章节中已经提到，如今的乡村早已成为一个"跨体系社会"结构，卷身于不同的经济生产方式、不同的文化交融、不同的生活方式渗透多元交互的现代社会之中，乡村共同体自身、乡村中的家庭和个体都面临着吸纳外部力量与整合内部力量的双重任务。因此，处于某一地方性区域的乡村，也会在经济生产、文化活动、社会联系方

---

　　[1] Keesing, Roger M. Theories of Culture[J], Annual Review of Anthropology, 1974（3）:73-97；Keesing, Roger M. Theories of Culture Revisited[J], *Canberra Anthropology*, 1990, 13（2）:46-60.

　　[2] 王铭铭. 文化格局与人的表述——当代西方人类学思想评价[M]. 天津：天津人民出版社，1999，第65—66页。

面体现出多样的"非地方性"。另外，乡村中的每一个具体的个人，自身也内含着跨体系性，在个人身上集合着传统与现代、开放与收敛的多重特征。乡村的介入性力量并不单单来自乡村外部。外部介入多是具体形态的介入，同时，乡村会生产自己的介入性力量，而后作用于自身。这种力量多是内在的、渗透的、渐变的，它们构成乡村社会变化的机理性力量。

从目前的教育模式来看，部分乡村的学校教育也是一种内嵌于"跨体系社会"结构之中的教育形态，其中既包含制度性的固定知识传承，也包含地方化的文化涵化现象，乡村中发生的教育是不同文化之间的传递、交流与互动的过程及其结果。"文化濡化"和"文化传承"都强调从历时性，特别是从代际的维度看待教育衍化，而广义的教育实际上是人类群体历时性地传承文化和共时性地传播文化的过程。教育既是维护社会稳定的一套制度，又是促进社会变迁的动力机制。一般而言，学校教育是根据一定的社会需要对已有的文化进行筛选，并将已选择的文化在时空上加以延伸。学校教育对文化的选择，主要体现在教育内容上，特别是课程上。当然，从根本上说，教育最集中反映人们对社会"秩序化"这种有限的"确定性"的追求和期许。而现代学校教育迎合了现代社会分工的需要，从前现代的"浑然一体"的教育中分化了出来，成为承担人的再生产和"复制社会"使命的一种最重要的社会性制度安排。

教育的根本目的就是培养人，即促进一个社会中年轻一代的健康自由和谐发展。对于教育的内容选择来说，没有科学则愚昧，没有人文则虚空。就这一点而言，乡村文明乃是乡村少年成长的精神家园。乡村文明当中蕴藏着丰富的教育内涵，这是千百年来乡土中国的人们在生产生活当中所积淀下来的财富。当前的乡村振兴目标，显然已经不止于物质生活水平的提高和物质丰裕程度的满足，而需要上升到乡村精神的富足乃至人的生命意义问题。新时代的乡村振兴是在乡土社会中重新确立适合时代、适合乡村社会的生活方式，创建贴近人性的发展方式，以超越单纯发展主义模式下的简单、工具性现代化模式，走向一种更有韧性、更具包容性的自新模式。乡村发展不能被置于一种"异时性"的认识论之下，认为乡村处于次要发展阶段或者低等发展阶段。"文明、进化、发展、涵化、现代化（以及它们的表亲工业化、城市化）都是从进化的时间中衍生出来的概念化术语，以这样的方法说明其内容。它们以一种与伦理或非伦理相分离的认识论维度来表达意图。"[1]如果认为城市发展优于乡村发展，城市文明是一种"进步"的文明，而将乡村认定为"传统的""原始的""封闭的"，就不可能建立研究者与研究对象（包括作为集合概念的乡村共同体和乡村中单个的人）之间的主体性沟通。

　　嵌身于新乡土文明之中的乡村教育首先要将乡村中个体生命的健全塑造作为乡村文明建设的核心要件。在这一层意义上，乡村教育的重心自然要将优先关注人的成长放置在工具性的局地发展之前，突出人性发展的自由及其可能性。今日的乡村教育在紧紧追随城市教育的路上，被裹挟到应试的迷雾中，逐渐迷失，乡村教育原有的独特内涵被冲刷替代，乡村儿童成长过程中的精神内涵遭到弱化。例如，乡村社会中原有的许多民歌民谣、民间故事、民间文艺、民间体育等文化形式，可以让人联想到乡村自然风光的美好、童年伙伴的纯真、田间农民的勤劳和街坊邻里的善良，而这些都是值得乡村少年继承和发扬的优秀文化要素。当我们把这些丰富的文化要素提炼并融入乡村教育当中，乡村儿童沐浴其中，胸中自然会涌动一股对自然、对劳动、对朋友亲人、对家乡的爱，自然会感受到身心的愉悦，而这些不正是教育所追求的吗？教育的根本目的是培养人，至于对人的发展的多重面向的考量上，仁者见仁，智者见智。但无论如何，教育都不是要培养同质的人，或者服膺于发展主义工具理性之下的人。我们需要一个丰富的世界，我们需要培养富于个性的、多样的人。显然，只有在丰富的文化土壤中，才能培养出这样的人。不同的生存环境影响不同的文化内容，生存环境的改变必然导致文化内容的改变，这就是文化差异与文化变迁的原因与动力。

　　所谓生存环境，是指一个民族或族群赖以为生的有形与无形条件，包

---

[1] [德]约翰尼斯·费边（著），马健雄，林珠云（译).时间与他者：人类学如何制作其对象[M]. 北京：北京师范大学出版社，2018，第22页。

括自然生境与社会生境两个方面。即使属于同一文化体系，不同地域仍然表现出不同的文化特色。[1]乡村和城市正是由于在自然和社会生存环境方面的不同，各自创造了独特的文化。乡村社会地域广大，不同地域文化迥异，这给乡村教育提供了独具特色的发展空间，为乡村少年鲜明个性的形成提供了可能。虽然乡村文明在乡村教育空间中占有重要地位，对于乡村的受教育者有着无法抹去的影响，但是我们仍然需要警惕，对于乡村文明我们切不可过于理想化，乡村文明也同其他文化一样优劣并存，乡村社会当中也有一些不利于乡村少年健康成长的消极文化因素，这就需要我们在乡村教育中加以甄别，发挥优秀文化要素在乡村教育中的积极作用。

如果仅从教育发生的场域来说，乡村教育是发生在由空间、时间、历史共同作用形成的乡村场域之中的。但是如果深究乡村教育的未来面向，一定不能将乡村教育仅仅局限于地域上的乡村。乡村发生的地方性事实，与教育可能面向的开放性之间不能成为限制乡村教育发展的悖论关系。从教育立场出发的"乡村"，至少包含这样几个基本维度："一是乡村独特的自然生态景观，一是建立在这种自然生态之上的村民们自然的劳作与生存方式，一是相对稳定的乡村生活中不断孕育、传递的民间故事、文化与情感的交流融合。"[2]从乡村中的自在自然到人为自然，从社会生活到历史文化，这些统统构成乡村教育得以生产的本体基质。在这些要素构成的乡土世界中，乡村中成长起来的儿童一方面熟络乡村中自然、天时、物候、劳作、故事、传说、习俗之间的关联，另一方面借由这些乡村意象想象乡土之外更宽广的文化世界。乡村教育离不开乡村日常生活，不能悬浮于乡村经验之外。乡村教育与乡村生活、乡村经验构成有机联系，而乡村生活和乡村经验又自然融汇在乡村文明之中。文化是教育的内在支持，为教育赋以社会价值和存在意义。文化传统影响着教育活动的过程，文化流变制约着教育发展的历程。教育是文化的"生命机制"，既可以传播外

---

[1] 吴开婉. 文化与旅行：基于概念的探讨[J]. 云南民族大学学报（哲学社会科学版），2007（5）：11—16.

[2] 刘铁芳. 探寻乡村教育的基本精神[J]. 探索与争鸣，2021（04）：15—18.

来文化，蕴育、创造新文化，促进文化变迁，又可以保存传统文化，维持文化生存，增强文化自身的凝聚力。[1]因此，乡村文明对于乡村教育、对于乡村儿童的成长来说是不可或缺的。乡村教育为乡村文明的传播、传承与发展储备了力量。乡村学校除了实施国家标准的知识教学之外，还可以通过设置地方课程、编写地方文化教材等方式，将乡村文明引入课堂教学，培养学生传承和发展地方文化的基本情感。从教育生态观来看，乡村学校教育与乡村生活、农业生成构成了一个相互影响、协同进化、持续发展的生态系统，农业文化遗产及其保护与传承本身就是其教育过程中不可或缺的部分。因此，乡村学校亟须构建以传承文化为起点、以课程建设为载体、乡村学生自觉参与的农业文化遗产教育传承模式，为农业文化遗产的保护与发展提供有力支撑。

结语

乡村教育空间的影响不仅体现在乡村教育内容、教育形式等方面，同样有着深远的道德文化意义。乡村的地理环境、人文情怀、民俗风情都在不知不觉中渗透、影响、塑造着生活于其中人们的精神空间与道德伦理。乡村文明是乡村历史的积淀，乡村儿童是乡村气息中的生命源泉，乡村学校是乡村的文化传承的重要场所，乡村教师和学生是乡村文明与社会知识的承载主体，乡村教育是乡村文明传承发扬的关键渠道。教育在时间的节点上呵护生命的空间延展，这种延续与乡土文化同呼吸、共脉搏。乡村教育中的学校教育传达的并非标准的书本知识，乡村空间里地理环境的力量、人民生活的智慧，其悠久的文明史、亲密的邻里关系、忠厚老实的笑颜、田间不断生长的作物、不成文的习俗都将可能成为源源不断的教育资源，充实教育的力量，延展教育的胸怀。

乡民多年来秉持且流传的乡土礼俗和传统道德是乡村独有的文化特质，也是中华民族优秀文化的一项重要内容，是乡村教育不可或缺的部分。乡村

---

[1]　赵霞，杨筱柏.当代中国乡村教育的文化阐释与价值选择[J].河北学刊，2012，32（03）:209—212.

传统道德在乡村社会淳朴、勤劳、忠厚的习俗风气中孕育而生，对于乡村生产和生活秩序的构建有着重要的价值和意义，更是保障乡村持续发展和乡村教育兴盛的生命源泉。在乡村生活中，传统道德作为乡村文明的重要组成部分，有着深刻的道德文化意义，是乡村教育过程中教化世代村民、传递道德文化知识的重要途径。这种教育以一种熏陶、传承的形式展开，却潜移默化地产生了强大的社会效应。乡村生活是村民们与生俱来切身体验到的真实的生存环境，其中蕴含着世世代代村民传承下来的生活方式和价值规范理念，并在潜移默化中影响新一代村民的生活方式及未来精神空间的建构。在乡村的日常生活中，除了民众读物等文学形式，乡规民约等制度形式、民众娱乐等系列活动形式也是传统道德元素的载体。这些乡村传统道德的元素，是乡村教育的基础材料，也是乡村教育的重要力量。这是世代乡民接受道德教育和传承传统道德精髓的有效途径。乡村传统道德、乡村文明、乡村具象空间对于乡村教育都有着不可或缺的重要影响，其道德文化意义也值得探讨。

首先，乡村的土地作为乡村教育空间的一员，以伦理道德的形式充盈着村民的生命世界。乡村以土地为生，世世代代的乡村人民在土地广博温暖的怀抱中生活。乡村在土地中耕植出了乡村文明，它以伦理道德的形式走进村民生活的各个角落、充盈着村民的生命世界。[1]土地将其无私奉献、内热外温、平淡静谧、不惧困厄的特性传递给生活在其中的村民，帮助村民塑造起谦逊、淳朴而又勇于斗争的精神形象，在土地滋养下生长的人们有着仁厚淳朴、感恩施善、宽广阔达、灵动内敛、谦和中庸的生活与为人之道，受恩雨露与土地就要回馈宇宙万物的报答信念。乡村土地以其具象物理空间的形式对村民们生活中的伦理道德发挥着不可或缺的作用，有着不可磨灭的道德文化意义。

其次，乡村文明作为乡村教育空间的重要组成部分，以丰富多元的形式丰沛着村民的精神空间。乡村文明孕育在乡村村民的长期实践与辛勤劳作

---

[1] 贺雪峰（著）. 新乡土中国——转型期乡村社会调查笔记[M]. 桂林:广西师范大学出版社，2003，第9—10页。

中，是民间智慧的集合体，是保持乡村族群记忆、繁衍与发扬乡村文化的载体，是充沛乡村教育精神内涵的骨架精髓。[1]乡村文明有物质的具象文化载体，有制度书卷中的文字载体，也有着民间故事、待人处事方略等非文字文化，都对生活于其中的村民有着不同程度的道德文化教化意义。村民日常生活中接触到村落的房间屋舍、稻田麦场、寺庙祭宇、农具物事、手工艺术品等文化样态对其世界观、人生观、审美观都有着影响；勤劳、谦逊、忠诚等良好品格都由此扎根；制度书卷中记录地方特色的文化轶事、诗词歌赋、礼仪规范更是对道德文化有着直接的教育意义；生活中的尊爱孝悌之道、婚丧嫁娶的礼仪规范、宗亲邻里的处事信条、市场交易中的诚信之本、宽恕惠助中的乡里之风则通过社会教育的方式间接地影响着道德形成。

　　乡村教育空间是具象物理空间和抽象文化空间的结合，然而随着教育政策的变动与革新，许多原本停驻在土地上的乡村学校也逐渐撤离或者在人口规模较大的集镇重新整合，慢慢呈现出地理位置远离乡村、教育内容脱离乡村文明的局面。建筑是一个地区基本的存在象征元素，乡村学校建筑是人们在当时的社会历史发展条件下，基于当时生产力水平、技术水平、时代精神、审美观念、文化观念、民族风俗和需求等而创建的代表当地情感意义的物质载体，是为了满足当地教育需求、发扬乡村文明而建造的教育场所。其所承载的不仅是对乡村新生者的教化教育、安全保护、知识与技能传授的任务，更有着传递教育思想、教育文化、教育情怀的多重教育价值。乡村文明是学校建筑的魂灵所在，文化性是建筑的天然属性。乡村教育的文化性是乡村学校扎根于乡村社区的底蕴根基。学校建筑并非自然之物，学校建筑所特有的文化品性是其根本的独特之处。学校营造之初便须考虑其作为某一地区的文教场所应具备的独特的文化意蕴与文化价值。地域性文化包括地质、生态、人文、历史、生活方式等，是学校文化肥沃的土壤。这种文化因子的融入，既可以使学校成为本土文化的正式标识、传播媒介、创新温室，又可以丰富本土

---

　　[1]　马永强.重建乡村公共文化空间的意义与实现途径[J]，甘肃社会科学，2011（03）：179—183.

文化的内涵、滋养当地学生的生命色彩，促进文化认同与心灵归属感。乡村教育的推行不可走出乡土性的自然环境，故学校建筑的布局需能够回应具有特殊意义的自然生态文化，让学生沐浴于自出生以来便带有的天然的审美情趣与和谐的身心状态。

文中谈论了许久的乡村教育空间，其道德文化意义好像也并没有明确的内容。乡村教育空间对人的影响是潜移默化的，其道德文化意义自然隐含在精神层面。但是可以明确的是，身在乡村的人们身体中会有着自然的自由与放松，精神深处也有了内心的宁静与归处。乡村地域文化中长期积淀而形成的地域、民俗文化传统，以及乡村生活现实中原本就存在的许多合理的文化因素，有着对于乡村生活以及乡村生活秩序建构弥足珍贵的价值成分。换言之，乡村地域文化中原本就潜藏着丰富的教育资源。传统乡村教育体系是以书本知识为核心的外来文化与以民间故事为基本内容的民俗地域文化的有机结合。外来文化的横向渗透与民俗地域文化的纵向传承相结合，学校正规教育与自然野趣之习染相结合，专门训练与口耳相授相结合，知识的启蒙与乡村情感的孕育相结合，这种统整方式构成乡村教育的基本形式。

目之所及，春华秋实，苍天厚土，本身就是重要的教育资源。这种教育资源在唤醒孩子们对世界的认识与亲近的同时，也可以启迪他们的生命意识；村民以自然为底色的劳动、习俗、传统等生活方式，带给少年个体的自然生命的体验，是城市教育无法相提并论的。乡村教育场域的贴近性、自然性天然赋予乡村孩子不一样的教育经历，乡村的和谐与天然生长出教育的浓浓人情味与醇厚感。乡村少年既生活于活泼健康的生态世界，又保持着对外部世界的向往与追求，既坚守住踏实的本性，又追逐于竞技中的卓越与坚初。一个人的成长，离不开他的文化背景，甩不开他的生活质态，脱不掉他的生命经历，如果把他强硬地从原有的文化生态中抽离出来，他生命中某些东西会产生本能的抗拒。乡村教育空间与乡村生活息息相关，渗透于日常的点滴中，乡民用而不知，是一种无形的思想与行为规诫的浸染。作为教育研究者，我们要唤醒自身的文化自觉意识，应该放弃那种先在性的简单的二元价值预设（这并不是说漠视城乡差异）；放弃那种居高临下俯视的姿态，尽可能地消除作为说话者与乡村世界的隔阂，把乡村学校教育的问题同等地纳入我们的学校教育的"视界"中来，纳入到"我们的世界"中来，更切实地关注、倾听、理解"他们的世界"的学校教育处境与要求，以"他们的世界"作为我们论说其学校教育问题的基础与背景。在"面向世界、面向现代化、面向未来"的同时，也面向乡村生活和乡村发展本身需要，真实地表达乡村世界的教育理想与期望。

第五章　乡村教育的发生逻辑与底层叙事

　　自从现代教育制度进入乡村，乡村教育与乡土社会的变迁紧密相连。不同的历史时期，政权国家都会对乡村教育作出整体规划，影响乡村教育的发展。但乡村教育政策并不是每次都顺畅地融入乡村社会，也会经过一段时间的调试，影响乡村教育与乡村社会。在这个过程中，底层民众虽然不能主导乡村教育的发展与变革，但是作为乡村的主体，他们也以各种方式表达自己的诉求，在逆流中开创适合自己的道路。中国乡村教育变迁，总体上经历了从"文字不下乡"到"文字下乡"，再到"文字上移"的历程。探究"乡村教育"与"文字"的关系可以深入了解乡村教育的发展脉络，进而探析作为中国本土根源的乡村之发展。20世纪90年代后期以来，一系列农村义务教育政策改革实施使得农村教育日益脱离乡村社区，乡村学校与村落的关系渐行渐远。对于城市学校的临摹与复制成为乡村学校努力追赶现代化步伐的任务。然而，简单的学习与效仿使得乡土教育失去其原有的本色。从当前中国最显著的乡村教育事实出发，通过对乡村教育发生逻辑的探究，结合乡村教育的底层叙事，有助于揭示当前乡村教育事实的意涵，进而深入思考乡村文化的延展之途。

一、乡村教育的"下移"与"上移"

（一）"文字上移"发生背景

清末民初"文字下乡"之前，乡村教育主要由地方士绅与宗族控制。"中国传统政治的结构是国家—士绅—农民三层结构，其运作过程则是自中央、地方政府到士绅的政策执行的'一轨'与自农民到士绅并通过各种非正式关系向上延伸到政府的另外'一轨'的交互作用。"[1]在皇权不下县的传统帝制时代，乡土社会共同体的内部礼序支配着乡村教育的运行轨迹。虽然自清代起，中央政府有逐渐将乡村初等教育纳入政府管理的趋势，但限于政府财力，真正意义上的全国普及性的义务教育并没有出现，乡村初等教育仍呈现出多种形式并存（私塾、义学和社学）、多种资金筹措渠道（官方、民办及官民合办）的状态。学校管理权限掌握在宗族和乡村士绅手中，教育费用主要由政府机构之外的个人或组织（如宗族、社会团体等）负责，政府不在教育上进行大规模的投资，这实际上也是中国历朝政府教育理财的传统。[2]此外，社学与私塾的"时间制度""空间制度"与乡土社会相契合，遵循"生物时间"与"情境化空间"的要求，适应村民的劳作与生活节律以及乡村儿童的身心成长规律，反应了乡土社会的客观诉求。承载着"地方性知识"的乡村教育，不仅表现为"时间""空间"上扎根于乡土社会，还表现为乡村教师的薪酬、价值观、心态与思想状态受制于乡土社会，遵循着熟人社会的运作逻辑。[3]一些具有较高威望的塾师，掌握着乡土社会的文化权力，受到公众的爱戴与认可。绅士可能是退休官员或者官员的亲属，或者是受过简单教育的地主，他们往往是"受过较好教育的有钱人家里的头面人物"。在传统

---

[1]　费孝通（著）. 乡土中国[M]. 上海：上海世纪出版集团，2007，第278—293页。

[2]　郭建如. 基础教育财政体制改革与农村义务教育发展研究：制度分析的视角[J]. 社会科学战线，2003（05），157—163.

[3]　本书前面的章节已作过详细论述。另参见：姚荣. 从"嵌入"到"悬浮"：国家与社会视角下我国乡村教育变迁研究[J]. 清华大学教育研究，2014，35（04）:27—39.

乡土社会，"愈是有学问的人愈有威信做出决定"[1]。显然，承载着"地方性知识"的"文字"，受到乡村社区的支配。在日常生活的世界中，谙熟乡村社会"民情"的塾师们，同时作为乡村社会重要的生活主体，与国家正式制度体系及其代理人之间保持着特定的张力。其中，传统儒学教育与"学而优则仕"的科举制度，使得国家知识与地方性知识、正式制度代理人与乡村社会生活主体之间保持着微妙的平衡与张力。

百年前的清光绪三十一年（1905），实施一千多年的科举制被废除，现代学校制度开始向乡土社会移植，"新学"开始兴起。伴随着抵触与冲突、支持与合作，中国在20世纪90年代基本完成了"文字下乡"。纵观我国乡村教育的发展，从传统到现代的进程中伴随着国家与社会力量关系的消长变化。传统乡村教育有着自己的话语表达与特征体系，建构着自己独有的发展方式，从"文字下乡"的过程中，我们也在价值层面失去乡村教育，乡村教育的生存状态发生着重大变迁。

20世纪90年代末以来，中国教育改革中的教育布局调整和农村寄宿制学校建设工程在一些乡村地区演化成了大规模撤点并校，这一政策的实施导致大量乡村学校急剧消失。农村学校布局调整始于2001年5月国务院颁布《关于基础教育改革与发展的决定》，终结于2012年9月《国务院办公厅关于规范农村义务教育学校布局调整的意见》的出台。"10年间，我国农村中小学数量锐减一半，小学在校生数量减少了23.72%，小学数量减少了56.43%。"[2]中国农村小学校数量和农村小学在校生规模大幅减少，与这些减幅并行的还有乡镇中心校和农村寄宿制学校的普遍建设、留守儿童就学县城聚集现象、城市流动儿童的大量增加和农民工子弟学校的设立。10年的时间，中国改变了原来"村村有小学"的格局，众多农村小学校在"优化教育资源配置、改善办学条件"的原则指导下，被逐渐撤并或升级，不少地方已达到一个乡镇只有

---

[1] 费孝通（著）. 中国绅士[M]. 北京: 中国社会科学出版社, 2006, 第50页。

[2] 王铭铭. 教育空间的现代性与民间观念——闽台三村初等教育的历史轨迹[J]. 社会学研究, 1999（06）:103—116.

一所中心校的程度。熊春文将撤点并校带来的一系列乡村教育现象称作"文字上移"，并且认为"文字上移"是"文字下乡"走到极致时候的反向过程。[1]

（二）"文字下乡"与"文字上移"

文字与文明社会意识形态有密切的关联，文字流传与发展的历史长河中总是与思想传播和政治统治相结合。位于下级阶层的人以口头语言为特征，这是比文字更为直接的交流工具，且口语交流比文字交流更准确，表达的意思也更明确。费孝通在《乡土中国》一书中有一个论点，即无文字的乡野是先于有文字的文明存在的，而若说中国社会有什么延续性，那么，它正表现在乡土社会的无文字性上。在费孝通看来，乡土社会的一个特点，就是人们在熟人社会里长大，他们构成"面对面的社群"。在"面对面的社群"里，人与人之间交流的主要方式首先是语言而不是文字。传统的乡土社会有自己独特的乡土文化，文字对于他们来说并不是一种必要。文字下乡的进程中，乡村文化的独特性也被城市的进程所弥盖而失去了自己的话语权。费孝通认为，对于"面对面的社群"而言，文字的传情达意作用是不完整的。人们在利用文字时讲究文法、讲究艺术，都是为了避免文字的"走样"。现代交流工具如电话、广播、传真等，都是为了弥补文字的缺陷而发明的。当这些技术发达之后，人们可以更直接地通过这些媒体用口语交流，此时文字的必要性就成了问题。[2]在乡土社会里，文字既有缺陷又无必要，对于乡土社会的"面对面的社群"而言，不但文字是多余的，连语言都并不是传达情意的唯一象征体系。

"文字下乡"是费孝通先生在其经典著作《乡土中国》中所使用的概念，对于"文字下乡"的论述，其实并无批判文字的意图，他的论述回应的是20世纪前期中国的"扫盲运动"。作为现代主义者，他不是认为不必推行

---

[1]　熊春文．"文字上移"：20世纪90年代末以来中国乡村教育的新趋向[J]. 社会学研究，2009（05）:110—140.

[2]　费孝通（著）．乡土中国[M]．北京：北京时代华文书局，2018，第25—45页。

"文字下乡"，而是强调，在现代化的进程中，想要推行"文字下乡"，需要考虑到文字和语言的基础。在"再论文字下乡"里，费孝通进一步诠释了语言与社会生活的密切关系。在安定的乡土社会中，人的生活在与时间的关联中，词是最主要的桥梁。而在这定型社会中长大的人们彼此之间的习惯以及已有经验足以支撑日常的生活。然而，不同于人类学家笔下的"原始社会"，中国社会显然是有文字的。费孝通认为最早的文字是庙堂性的，并不是发生在基层，在传统乡土中国的人们不是愚不识字，只是没有用字的必须性。由此也可以说，中国社会乡土性的基层变化是"文字下乡"的基础。[1] "文字下乡"是很现代的事情，因为乡土社会没有文字的需要，文字原本是不必下乡的。只是到了很晚近的阶段，才在一批乡村社会工作者中间发生了普及农村教育或"文字下乡"。

20世纪90年代以来，由国家推动的大规模学校布局调整和农村寄宿制学校建设工程导致乡村教育出现一系列连带效应，包括大量村庄学校的急剧消失、乡镇中心校和农村寄宿制学校的普遍建设、留守儿童就学县城聚集、城市流动儿童的大量增加和农民工子弟学校的设立等。熊春文将这一系列现象概括为"文字上移"，并且认为"文字上移"是"文字下乡"走到极致时候的反向过程。[2] 不同于熊春文，周晔认为大量乡村学校急剧消失这种现象和态势概括将为"文字上移"不甚准确，应概括为"学校离村"。同时认为"文字上移"不是国家意志的反映。"文字下乡"曾是代表国家行使权力的政府"建国君民"之需的行动，是针对曾经广大乡村社会现实中的文盲特征和封闭社会生态的国家意志的反映。而近十余年，中国广大乡村地区学校大量急剧消失的主要原因是中国政府主导的农村地区结构调整的国家行动，是政府在教育领域追求规模效益的价值取向和提升乡村学校教育质量的行动体现，不能代表国家"文字上移"意志。否则，这与中国各级政府克服重重困难，

---

[1] 王铭铭. 文字的魔力：关于书写的人类学[J]. 社会学研究，2010（02）：44—66.

[2] 熊春文. "文字上移"：20世纪90年代末以来中国乡村教育的新趋向[J]. 社会学研究，2009（05）：110—140.

付出巨大成本才得以完成的"两基"工程的目的相矛盾。所以说，乡村学校（尤其是小规模学校）大量急剧消失的现象和态势，只能是"学校离村"的事实动向，而非"文字上移"。[1]邬志辉认为自近代以来，伴随着学校教育的国家化和现代化进程，学校之于乡村社区越来越具有"嵌入"的特征。学校尽管座落在乡村社区，但学校校长和教师大多是由村外派入的，他们与乡村只有表面的联系，从而导致乡村学校与乡村社区之间在精神、情感与文化上的第一次断裂。而乡村学校急剧消失这一进程是乡村学校与乡村社区之间关系的第二次断裂。[2]"文字上移"提出之后，有学者对其实质进行了详尽的分析。万明钢认为"文字上移"是政府主导、自上而下，全面涉及城乡基础教育的学校布局调整进入了攻坚阶段而导致乡村学校向城镇集中的做法。[3]刘云杉认为此番学校布局的调整也绝非仅是教育系统内部的事情，从更宏观的乡村治理角度来看，"学校进城""文字上移"背后是乡镇"悬浮型政权"的形成。[4]姚荣基于国家与社会的视角指出，无论是"文字下乡"抑或"文字上移"都是国家主义的产物。"文字下乡"主要是国家主义逻辑的产物，而"文字上移"则是发展主义逻辑的必然结果。[5]程天君等人认为"文字下乡"与"文字上移"是两个相对的命题，分别指乡村学校在其兴衰过程中的轰然兴起与急速衰落，是两个完全相反的历史进程。[6]李涛认为"下乡"和"上移"实质上与国家权力对村落空间垂直下渗的意愿相关，都是"国家主义"

　　[1]　周晔. "学校离村"的乡村教育新动向及其社会文化隐忧——兼与"文字上移"提法商榷[J]. 河北师范大学学报，2015（5）:118－122.

　　[2]　邬志辉. 当前我国城乡义务教育一体化发展的核心问题探讨[J]. 教育发展研究，2012（17）:8－13.

　　[3]　万明钢. "文字上移"——渐行渐远的乡村教育[J]. 教育科学研究，2010（07）:19－20.

　　[4]　刘云杉. "悬浮的孤岛"及其突围——再认识中国乡村教育[J]. 苏州大学学报（教育科学版），2014（01）:14－19.

　　[5]　姚荣. 从"嵌入"到"悬浮"：国家与社会视角下我国乡村教育变迁研究[J]. 清华大学教育研究，2014，35（04）:27－39.

　　[6]　程天君，王焕. 从"文字上移"到"文字下乡"——乡村小学的兴衰起伏[J]. 教育学术月刊，2014（08）:3－12.

和"发展主义"政治逻辑在不同发展阶段中的一致性文化控制行为和治理过程。[1]李金刚认为农村学校的部分抽离恰恰不是"文字"的离场，而是文字与农村社会进一步结合的表征和现代社会发展的必然进程与结果。[2]

整体看来，不同的学者对于"文字上移"有不同的看法。基于费孝通"文字下乡"的论述，可以看出无论是"上移"还是"下乡"，背后都有国家主义与发展主义的逻辑，"文字下乡"发生的机制更多卷裹在中国发展的整体进程之中，在下乡的过程中伴随着复杂的生成机制。相比于"文字下乡"，"文字上移"的发生似乎更加迅速，更为理所应当，虽然也有抵制与冲突，但比起"文字下乡"的历程，也可谓是"一帆风顺"。对于"文字上移"的探究，需要追寻其发生的机制，进而探讨其深远意义。"文字上移"的提出也映射了乡村教育在当今迅速发展的时代潮流中的"弱势"地位，深入挖掘"文字上移"的实质对于我们探究未来乡村教育的发展意义深远。

（三）"文字上移"的发生机制

关于"文字上移"的原因分析，出现了经济学、人口学、社会学等诸多解释。这些解释不仅从政府行动角度加以说明，还从中国社会的整体进程中去寻找答案。"文字上移"的根本原因就是中国社会格局的改变，即乡土中国走向离土中国。改革开放以来，中国社会处于快速转型期，中国社会发生了翻天覆地的变化，乡村社会更是经历了深刻的社会变迁，农民的生产生活方式和价值观念都发生了较大的变化，"离土""离乡"已经成为当代中国社会转型的主旋律。

在现代化进程的推动下，新式学堂的建立改变了传统村落的教化权。传统村落更多是基于三层管理体制，乡绅与宗族调节着顶层与底层的文化认同，村落的文化发展依托的是年长的传统经验与乡绅的文化底蕴，集聚于祠

---

[1] 李涛. "文字"何以"上移"？——中国乡村教育发展的社会学观察[J]. 人文杂志，2015（06）:122—128.

[2] 李金刚. 教育景观视角下的农村"教育社会"构建[J]. 南京师大学报（社会科学版），2021（01）:38—46.

堂或民居中由乡绅所施授的教学本身就凸显了村落文化发展的公共性。然而，1905年科举制废除后，现代性的新式学堂彻底改变了原有村落文化发展与延续的方式，以"迅猛"的方式将普遍性的城市文化单向度施加于村落文化之上，历经百年浮沉，最终仍然动摇了村落公共文化的平衡，使地方性的知识服从于普遍性的知识。

2001年，国务院出台的《国务院关于基础教育改革与发展的决定》指出，应"因地制宜调整农村义务教育学校布局"。按照小学就近入学、初中相对集中、优化教育资源配置的原则，合理规划和调整学校布局。据此，全国各地政府纷纷制定本地区的农村中小学布局调整专项规划，农村中小学布局调整工作在全国范围内大规模地展开。2002年和2003年，国务院和财政部又分别下达了《关于完善农村义务教育管理体制的通知》和《中小学布局调整专项资金管理办法》的通知，各地政府也都加快了布局调整的步伐。全国各地政府主导的布局调整（一些地方演变成刚性的"撤点并校"）行动在中国广袤的农村地区迅速开展。农村义务教育学校布局调整的过程中，大量乡村学校急剧消失，乡村文化的独特性也遭受重创，其发展与延续也在"撤点并校"的过程中遭遇危机。"文字上移"的发生最直接的原因是国家的行政干预，无论出于经济效益，还是行政简化，但是农村中小学校布局调整确实带来了一系列教育影响。

中国农民的生存样态在现代化进程的洪流中迅速改变。改革开放后，特别是20世纪90年代以来，大规模的城乡人口与产业流动导致几千年来维系的传统农耕生活发生剧烈变动。城乡发展的巨大落差让农民越来越不依赖于土地，大规模的农村劳动力由土地转移到了新兴产业，"乡土中国"不复以往"乡土"的特征，大量土地在人口转移之后逐渐荒芜，传统乡土社会的生产和生活方式受到城市文化冲击，"离土"也因此成为当代中国社会转型的主旋律。"离土"的趋势一定程度上决定了村落学校的"终结"。人的生存不再依赖于土地，为了努力追寻城市化定义的"优质"生活而放弃对于乡土和村落的留恋，尤其是资源更加贫困的地区，对于"离土"的愿望更为迫切和坚决。"离土"带来的"文字上移"依然仍在发展，以普遍性与抽象性为特征的现代教育对农民的吸引力更为深刻。[1]城乡社会结构性变迁和制度性转轨使村落文化湮没于城市的强势崛起，村落文化的主体性和自为性已消失殆尽。20世纪80年代中国农村生产要素改革曾使乡镇企业和个体经济出现过短暂繁荣，村落文化也因这股繁荣树立起适当的自信。然而，建基于经济效应优势而出现的文化自信随着90年代城镇发展而农村滞后的强烈对比日渐消弭。村落共同体对于城市的崇拜迅速上升，蕴含国家意识形态的普遍性知识将改革开放后并没有厚重积累的村落地方性知识迅速击垮，以至于村落地方性文化似乎天然要沦为其附属文化。对于城市文化的认同事实上是基于经济绩效的合法性，文化优劣的评价标准更多通过经济统计方法来判断。因此，村落文化难以避免因强大经济绩效优势的城市而失去其主体性和自为性。

城市文化在教育领域的强势地位使得乡土文化的地位受到冲击，不断走向边缘化。在乡村学校的校长、教师以及乡村学生家长的观念里，大多认为乡土文化知识是"落后"的代名词，随着时代的发展和进步，其价值在逐渐消失，自然不会同意学生在乡土文化知识的学习上花费宝贵的时间和精力。乡土文化在乡村教育内容方面的日渐式微，使得乡村教育与乡土文化失去了最佳的合作方式，二者之间的纽带力量逐渐变弱。"文字上移"乡村教育与乡土文化之间的关系走向渐行渐远，也表现在乡村教育的教育内容方面——"离土"的教育内容。这也与长期以来乡村教育对城市教育模式的复制不无关系，从而使"文字上移"的趋势与我国的城市化发展趋势保持一致。乡村中人们的生活不再受到土地的限制，离开土地，乡村人们依然可以找到谋生的手段，这就加重了乡村教育内容的"离土"化倾向。

此外，传统村落文化所拥有的共同经验在现代技术力量的覆盖下也失去了独有的价值，"老经验""土办法"在现代化的发展中不断遭到批评。科学日进的年代里，人们已经丧失了对于传统的坚守。随着"文字上移"趋势

---

[1] 熊春文.再论"文字上移"：对农村学校布局调整的近期观察[J].中国农业大学学报（社会科学版），2012（04）:22—36.

的发展，乡村教育越来越认识到接受和教授普遍性的知识对于提高升学率更有帮助，也更符合其"离农"的新教育理念。在"文字上移"运动过程中，有些经济较发达的农村地区确实通过因地制宜的"撤点并校"取得了良好效果，改善了办学条件，提高了教学水平。就是在"撤点并校"政策初见成效的过程中，乡村教育质量得到了一定程度的改善，但乡村教育也愈加追求现代化，少了一些"土气"。分数至上的观念，对升学率的片面追求，乡村教育成为乡村学生逃离乡村进入城市的工具，在"离农"与"为农"的相互竞争之下，乡村教育更加倾向于"离农"的教育理念。乡土文化在这一教育理念的转变过程中似乎失去了对乡村教育的吸引力，这就使得乡村教育不再对乡土文化"情有独钟"，在空间距离上已经渐行渐远的乡村教育与乡土文化之间在情感联系上也逐渐变少，从而也影响了对乡村学生的价值导向，使其盲目向往城市生活、追求城市文化，渐渐失去乡土情怀。

（四）"文字上移"的教育表现

中国社会通往现代化的进程中，无论是在经济上还是在文化上，乡村社会始终都处于边缘地位。百年以来，中国的乡村教育虽已逐渐被推入现代化轨道，却因种种原因滞留于现代化中途，此间充满了复杂性，让人困惑。而目前中国社会"文字上移"的过程在合理配置农村教育资源、实现规模效益、节约教育成本的同时，也给乡村的学生、家长、教师以及乡村自身带来了巨大的影响。中国的地方政府对于任何一项中央政策的执行都要面临国家合法性与社会合法性的双重考验。[1]国家合法性的来源是国家意志的实施，每一项决议自上而下传达，各个地方按照决议精神贯彻实施；而社会合法性的来源更多基于现实性的社会基础。国家意志的实施以社会的整体进程为基础，各个地方需要根据自身的独特性进行协调实施。因此，在上传下达的过程中，总会产生诸多意想不到的结果，"撤点并校"所产生的"文字上移"就可列为此结果。

---

[1]　熊春文. 再论"文字上移"：对农村学校布局调整的近期观察[J]. 中国农业大学学报（社会科学版），2012（04）:22—36.

　　布局调整集约教育资源、提高教育质量的初衷最终体现在学生身上。一方面，布局调整增加了学生的有效学习时间，提高了他们的受教育质量，农村学生的自立自强、自我管理能力、好的生活习惯乃至整体精神面貌方面都有很大的改善。然而，另一方面，乡村儿童在乡村小学急剧衰落的过程中完全处于被动接受的地位，只能被动适应，在夹缝中求取生存。"文字上移"的过程给乡村学生带来诸如上学远、上学难、亲情的断裂和乡土认同的迷失等一系列问题。从农村到城镇学校寄宿是为了使农村学生与城里的学生享受到同等的优质教育资源，相同的环境、相同的作息时间和普适性的、共同的知识。这种安排的初衷也是为了学生能够更好地应对考试，抓住升学机会，从而跨过底层的限制而拥有更多的自主选择机会。由此造成的结果就是他们没有学校生活以外的、属于自己的生活世界，学校生活成了他们唯一的生活世界。农村学校布局调整使农家子弟远离乡村，寄宿于城镇学校。空间与时间的隔断给儿童带来的是标准化的生活，他们不再关注色彩斑斓的田野，风吹日晒的劳作，也不再聆听家族、村落的传说，与乡村有关的一切喜怒哀乐在他们的求学之路上渐行渐远。村落、家庭对他们的意义仅仅是临时的休憩之地，而父母在一定程度上成为他们追随城市发展的奠基石。

　　追求高度统一和普适性的学校教育，不仅割裂了现代与传统的关系，也割断了今天的发展与本土发展的历史联系，从根本上割断了人与土地的血肉联系。"文字上移"本是为了教育公平，允诺社会团结与融合，在运行过程中以个人成就为标准导致新的社会分裂，"向上"与"高处"成为竞相追逐的意象。然而，一个稳定的社会结构中，在现实中又无法拓展出充足的空间以容纳将这些意象充斥于心的年轻人。这样根基不稳、血脉不通的教育对于不上不下的个体无疑是一种阻碍，回不到乡村，也无力踏入城市，远大的理想与沉默的现实相互交织，困住了无数年轻人的心而使他们无法安居一个位置，安享一种生活，在喧嚣热闹之地尽显苍凉。对于乡土的认同也是对国家的认同，未来走向世界的孩童要清楚自己的出发点，儿时的记忆和乡土的依恋会是他们发展中永不消逝的文化印记，而祖祖辈辈赖以生存的土地也是他们的认同与皈依。

城乡产业结构的调整使得大量村民外出务工，乡村商业经济失去活力，乡村学校在校生数量不断下降，教育经费和师资力量配备不断缩减，教师的职业稳定感和成就感也随之下降，从而明显影响到教学质量。经济发展的旋涡让村民无法再回到传统乡土社会的"与世无争"，进城务工年轻村民的价值观念日益现代化，他们更加重视子女的教育，"再苦不能苦孩子，再穷不能穷教育"已经成为他们外出辛苦打工的精神寄托和追求，村民义无反顾地倾囊而出，迫切希望子女能够成功远离农村。因此，城乡教育质量的差距以及村民对于优质教育的追求形成了底层群体、中层群体和上层群体对于农村学校布局调整截然不同的利益诉求。自2003年国家全面取消农业税，2006年在全国范围内逐步实行免费九年义务教育政策以来，一直为国家现代化默默奉献的农民仿佛终于摆脱了子女沉重的教育负担，但在"文字上移"的过程中，事实情况并非如此乐观。隐性的义务教育成本、昂贵的陪读费比起之前的教育成本有过之而无不及。"撤点并校"带来的"文字上移"并未促进教育公平，反而带来了新的教育不公平，底层农村家庭的主体性和价值诉求进一步被抛弃和遗忘。

相对于城镇教师和初中教师，乡村教师，尤其是乡村小学教师是乡村教师队伍中更为边缘的群体。乡村小学教师整体收入低，社会经济地位也不高。相较于乡村学生和乡村家长，在"文字上移"的过程中，乡村教师们的感受和需求则受到一定的忽视。布局调整在教师群体身上的效果也有政策初衷未曾预料到的结果。一方面，布局调整通过一种层层淘汰的机制对整个教师群体重新洗牌，乡村小学撤离出村，乡村教师"流离失所"。乡村教师在学校布局调整过程中基本上没有选择余地，只能到师资比较短缺的乡村小学任职，无论距离和路况。由于乡村小学大多没有教工食堂和宿舍，教师们唯一的公共活动区域就是学校的公用办公室，有时候，教师们连最基本生活都会成为问题。学校基础设施建设中凡提到投资、捐资兴学就是修建教室、整理校园，很少有人想到投资兴建教师住宅、资助教师进修学习。现在国家对农村学校的资助大多也是针对学生本人和学校设备，农村教师的感受和需求完全成了"被遗忘的角落"。

另一方面，国家实施布局调整政策以后，为了解决乡村小规模学校被撤掉后的农村学生上学路途遥远的问题，很多有条件的农村地区设立了寄宿制小学。在一些寄宿制学校，教师因为教学工作量的加重，对学生生活和安全责任的加大，根本无暇顾及钻研教学、提升素质，俨然退化为"教书匠"和"保姆"，这似乎又走向了教师专任化、研究化和素质提高的反面。因寄宿制学校学生人数增加，原本由学生家长承担的子女教育教养任务只能由学校教师尤其是班主任统统承担。大多数农村教师处于超负荷工作状态，而且学校一般不给教师提供额外津贴，即便有也少得可怜。教师们照看学生的工作完全属于义务劳动，这也是很多年轻教师不想当班主任的原因。很多农村寄宿制学校，教师白天上课，晚上除了备课批改作业，还要照顾和管理学生，基本上没有属于自己的休闲生活。另外，由于小学生自由活动的空间和时间相对较大，在相对封闭的寄宿学校环境中，来自不同地域的学生常常容易滋生矛盾，这也增加了教师的管理难度。学校教师在此过程中所需承担的安全责任也让教师们承受了很大的精神压力。

乡土文化的本初意义对于中国人难以割舍，片面性的"文字上移"无法促进乡村教育全面、整体发展。中国过去40多年创造了大量的流动性就业岗位，传统体制的结束与市场的开放使得投资主体多元化和流动性资本运转，数亿流动人口在中国版图上规模性和季节性迁徙。城乡分离的二元固化结构被打破，规模庞大的新移民提升了中国的城镇化率。然而，快速的城镇化并未配套全方位的制度性保障，因此这种形式的城镇化并非实质意义上的城镇化。在现代化的发展中，建立新型城镇化具有重大的时代价值。乡村教育要面对现实的社会变迁，不能一味沉湎于过去难以自拔，也不能寄希望于乌托邦的想象，更不能舍弃个人的主体性而追逐经济效益以及统计学意义上的城镇发展。面向当前的中国社会实际，乡村教育未来发展之路需关注新型城镇化背景下的统筹城乡教育发展道路。在系统化和有层次推进的农村城镇化中，实现农村劳动力转移的过程也应更多关注主体诉求常被忽略的社会弱者和底层，关注他们的阶层融入与社会适应，畅通社会流动渠道和扩大阶层上升空间与机会，而不只是从经济发展与政治成本角度去进行公共政策设计和实践。

现代教育以学校作为基本场域空间，乡村对于学校的选择与认可在于其是否可以将乡村精英经由教育轨道纳入国家体系与城市生活之中，是否能够有效且成功地改变个体的命运，"向上流动"是乡村居民愿意投入教育的最大缘由。现代社会发展的程度更多基于知识的专业性与技能的复杂性，因此，新型的知识技术精英不断以自身具有的后天优势为基础而"向上流动"，自致性的成就不断取代先赋性出身或财产因素而成为向上流动的途径。教育一直以来都被看作可以打破既有的社会阶层区隔，选贤任能，促进阶层之间合理的流动，实现社会必要的民主。但是，乡村社会却无法从这些成功的"流动者"身上获得相应的提升与文化尊严。伴随"文字上移"的出现，乡村学校一直高居于乡村之上，它早在精神上、心理上切断了与乡村的连带。它所对应是经济的个人主义，农家子弟成功跨越了阶层，暗暗庆幸终于摆脱了原有的位置，记忆中的乡村文化在知识理性覆盖下愈见模糊。伴随现代化、工业化、城镇化的迅速演进，乡村世界中传统的农具、农业耕作技术已经让位于农业技术和数字化的传媒手段，围绕农时与节气的生产和生活经验成为历史发展中的记忆。乡村固有的存在状态发生了深刻的改变，不同于传统乡土社会在地方性的限制下"生于斯、安于斯、死于斯"的社会，农民的流动使乡村的人口结构、性别比例、家庭规模、养老方式、代际传承、组织管理，乃至农民价值观念发生了诸多变异。市场经济一定程度改变了乡村生活的伦理和人际交往的模式，而鲜活的个体生命和多样的地方性知识也以其独有的方式在历史的洪波中留有存息之地。困囿于经济发展中的农民离土是主动选择与被动选择共同作用的结果，然而，背井与还乡的选择都是基于"土"，因此乡土文化既是外出农民规避风险的依托，也是他们融入城市生活的障碍。

一千多年的科举制被废除后，传统中国无差别统一的城乡良性循环也走向终结。近代"文字下乡"推行中，城市在资源、人才、地理等多方面占有优势，居于主导地位。尤其在救亡图存、现代复兴强国的压力下，中国选择了优先发展城市和工业化道路，乡村不断为城市和工业的发展提供资源。乡村社会形态在全球化过程中逐渐分散，传统文化的作用力和影响力不断式微，并为国家意志下的主流文化所消融。然而失去乡村意味着空间上和地理位置上失去传统中国的社会结构、城乡关系，以及乡村文化、乡村价值。一百多年来，中国教育紧随时代的发展，一步步发展为我们今日所见的乡村教育，思索当今的乡村教育，似乎无法再窥探到其独有的文化特色，敦厚淳朴、靡然乡风、云淡风轻也逐渐被时代忘却。经济主导的时代也让乡村的气息带上了典型的物欲之风，利益的诱惑将乡土的醇厚连根拔起，人情、礼俗已经随波而去，留在乡村的更多的是人之所得。乡村想要重新赢回文化上的尊重、教育资源的均衡，形成良性循环的城乡教育关系还需要仔细斟酌，未来更需关注乡村的多元发展。只有乡村的文化价值、经济价值和政治权利在整体社会发展过程中得到充分尊重和肯定，才能重新找回乡村文化应有的前行之途。"文字上移"所带来的一系列连锁效应为我们深入思考乡村教育带来了文化形态的文本，置身于现实中的我们往往禁锢于已有的现实状态，投身于经济的奔腾发展而忽略了本初的来源。

二、乡村教育发展的主体视角审视

源于农村学校布局的调整，"文字上移"总体上看确实具有农村教育发展的现实性，但是我们不能绝对化认为农村学校撤并是在破坏乡村教育，也不能乐观地认为是在促进乡村教育发展。基于城乡文明框架内对二者不同的价值审视，前者认为乡村教育具有自为的合理性，后者则认为乡村教育天然具有落后性。作为真正意义上"以人为本"的新型城镇化，教育行政部门面对现实的"文字上移"客观趋势，更应该有科学态度和行政魄力来实施更为合理的教育布局改革，摆脱围绕刻意改革而生成的"发展综合症"和"创新妄想症"，使乡村教育发展真正回归"常识"，或许这才是乡村教育在新型城镇化背景下有所作为的统筹城乡教育发展之路。

近十年来学者们对农村劳动力流动和转移的研究发现，进城务工人员虽然生活在城市中，却依然维持于原有的关系网络中，彼此交换信息、资源以及寻求支持、庇护。[1]空间的转换中也伴随乡土的关系和组合，这种乡土文化在城市中的延伸显示了文化传统的生命力和适应性。以往的乡土传统并未因城市的掠夺完全失真，本土性的逻辑在不断转换形式的过程中延续，乡土文化也在发明着传统。正如萨林斯所说："文化在我们探询如何去理解它时随之消失，接着又会以我们从未想象过的方式重新出来了。"[2]文化惯性的力量不可忽视，在另一个空间中会以别样的方式继续生长。

事实上，无论是"文字上移"还是大规模的"离乡"，农民的主体部分依旧生活在乡村。在城市文化的冲击下，乡村的伦理、文化、习俗依旧支撑着乡村的秩序。不管是乡村人际关系在都市的嵌入，传统仪式对村民心理的抚慰，还是村民重写文化传统的变通与智慧，实际上都是乡土社会固有文化元素的变体，乡土社会的凋敝以及乡村文化的蜕变都是危机的表象，可以认为仅仅是社会转型中的一种过渡形式。在"文字上移"的过程中也彰显了乡村文化发展所面临的问题，"离土"暂且可以认为是"乡土重建"的序幕，传统的文化仍旧扎根于"离乡之人"，而村落中的学校却在抛弃传统中实现跨越。未来理想生存状态的乡村文化其实可以在传统与现代的交织中永续发展，中国社会形态的塑造依然离不开传统的乡土文化。寄望于众多反思可以实现在淳朴敦厚的回望中使得乡土景象慢慢溢出丰厚的精神力量，虽然这一过程会坎坷异常，但仍然值得我们努力。中国社会的变革与发展影响到乡村教育的变革与发展。百年来，国家权力不断介入乡村社会，从制度上明确乡村教育的发展方向。在这个过程中，底层民众似乎只是政策的被动接受者，

---

[1]　孙庆忠. 离土中国与乡村文化的处境[J]. 江海学刊，2009（04）:136—141.

[2]　[美]马歇尔·萨林斯（著），王铭铭，胡宗泽（译）. 甜蜜的悲哀[M]. 北京：生活·读书·新知三联书店，2002，第141页。

他们丧失对乡村教育的话语权，但底层民众不是完全的沉默者，他们对教育期待的高低，影响对教育变革的接受程度。因此，他们也在以各种形式表达自己的教育利益诉求。

历史上的科举制度将优秀人才输送到中央，壮大中央的官僚体系，是底层阶级向上流动的主要渠道。科举制废除，新式学校进入乡村，改变乡村千百年的教育传统，在乡村社会掀起巨大波澜。民国时期，底层民众对教育期待低，教育的回报率也低，对教育相应投入少。民众对教育的理解就是读书做官，接受教育的最好出路是做官，也是每个读书人毕生的追求。接受教育的出路少，这条路又拥挤了太多人，真正能挤出去的寥寥无几，因此，接受教育并不是每个底层民众的首选。私塾的存在符合民众的生活状况，既可以满足极少数人读书做官的愿望，也能使大部分人花费极少的费用接受识字教育。新式学校的出现打破了这一局面，民众的生活水平没有上升，教育观念还未改变，就被迫接受另一种教育形式。乡村民众无法接受，读书本就是为了做官，现在科举制废除，读书的用处何在？乡民们一时无法转变观念，既然无法做官，学校上与不上有何区别，还不如在家做工。学手艺还可以赚钱，教育却是花钱，这样算下来，还是不去学校为好。新式学校是基于国内复杂形势为促进乡村教育现代化而进入乡村，从历史发展来说，这是出于促进社会现代化进程的考虑。但是对乡村民众来说，他们必须对此做出牺牲。新学与旧学之间的冲突是民众出于各方面的考虑，表达自己诉求的表现。一系列的冲突事件让政府注意到底层民众也有巨大的力量，他们通过改良私塾来获取民众的支持，但新式教育已是大势所趋，不可废除。并且随着新学教育的发展，民众也慢慢接受，不再有像以前那样的仇视态度和极端行为。私塾也仍然存在，但私塾的影响力大大下降。

新中国成立后，政府彻底改造私塾，将私塾改为新式小学，私塾彻底终结。这一阶段的教育发展关乎到社会主义建设，因此，教育是党和政府关心的大事，得到各级政府的重视。这一时期的教育政策向农村倾斜，农村教育获得有利的发展环境。新式小学代替私塾成为乡村社会的教育机构，并没有像清末民初那样遭到民众的强烈抵制，而是平淡接受。一方面是因为政府变成团结带领人民取得抗战胜利、建设新中国的新政府，深得农民信任。另一方面是因为乡村社会在几十年的斗争中慢慢接受了新的教育形态。新中国成立后，农村仍然是贫困状态，但相比于战争时期的贫困，农民有了奔头，只要踏实肯干，工作的机会很多，农民的生活是充满希望的。20世纪50年代，全国上下掀起了轰轰烈烈的扫盲运动，农民在劳动之余学习拼音、汉字。扫盲运动让从未接受过教育的农民也享受到受教育权，由于绝大部分农民都是文盲，加入扫盲运动的人很多，这种集体性的活动使农民接受教育的热情高涨，最主要的是，学习识字、算数能让农民的生活获得便利。扫盲运动的开展使农民的个人素质有了明显提高，对教育有了新的认识，开始意识到子女接受教育的重要性。

改革开放后，城市化进程加快，但大部分农村地区仍然落后，农村的基础教育需农民筹资艰难支撑。对于当时很多农村家庭来说，交不起学费就让孩子辍学，回家帮忙做农活。还有很多兄弟姐妹多的家庭，不能同时满足每个孩子上学的要求，往往就让学习成绩最好的孩子继续上学，其他孩子辍学。工业化、城镇化的进程加快，农业已不能满足农民对于更高生活的追求，农民纷纷去往城市寻找出路。乡村与城市之间的差距越来越大，乡村的落后与城市的先进形成鲜明对比，见识到城市的繁华后，底层民众也在寻找途径定居城市。恢复高考后的大学生首先尝到了教育的甜头，他们往往能在城市分配到令人羡慕的工作，离开家乡，人们对教育有了更高期待。市场经济下，农村的挣钱渠道不仅仅是依靠农业，农民有了更多选择，收入也有了较大提升。父母的期望就是孩子好好学习，走出乡村，到外面找到满意的工作。教育对于农民来说就是简单的等同于好工作，学习好就能考上好大学，考上好大学就能找到好工作。进入21世纪，普及义务教育的目标基本实现，教育在民众心中有着不可替代的重要性，农民见到越来越多受过教育的人有了更多更好的职业选择，接受教育之后的出路也更多。上一代的父母吃了没文化的亏，留在农村继续以庄稼为生。而农业的收入支撑不起一个家庭，土地上富余的人需要农业生产之外的工作，农业反而成了第二收入来源。只不过，对于没有知识的农民，大都是靠蛮力挣钱维持生活。他们吃过没有文化的亏，不想让子女也这样，经常说的一句话就是砸锅卖铁也得让子女读书。农民对教育赋予极大的期待，希望通过教育让子代摆脱务农的命运。由于城乡之间的差距，村里的学校教育设备落后，师资力量薄弱，教育质量低下，不能满足民众想要通过教育摆脱农民这个身份的愿望。为了让下一代幸福，农民对教育的投资加大。为了接受更好的教育，农民将子女送出农村，乡村学校的生源大量流失。在每个人都想通过教育实现阶层流动时，教育的竞争加大，也造成农村学生的分流。其中的一些佼佼者，通过优质高等教育资源提供的人力资本，成功实现了阶层转变。另有一些底层子女的学习成绩不理想，家庭在付出更多的经济成本和时间成本上仍然得不到好的结果，农村居民对教育又产生读书无用论的观念。梳理乡村教育的发展历程可以发现，在乡村社会变迁中，乡村教育从传统的私塾，到新中国成立后的村小，也经历着教育期待与教育价值方面的转变。这些转变同样是乡村教育发展中遭遇的困境。

三、乡村教育的底层叙事

近年来，有关乡村教育的研究逐渐回归田野，通过一个个鲜活的"故事"将乡村场域中存在的简单朴素、平凡纯挚的体验领入大众视野。无论是乡村社会中复杂的"底层"情感，还是乡村教育所引发的与"寒门出贵子"相关联话题，都引发学界对这一类问题作出不同维度的思考。通过文献回溯不难发现，"底层文化资本"成为阐释"寒门出贵子"的主要理论路径，它包含两条逻辑：一是多数底层子弟之所以学业成就低，是因为延续了上一代缺乏中上社会阶层所具有的"高雅"文化资本；二是涌现出的少数能够实现向上流动的底层子弟，是因为他们通过某种方式弥补了原生家庭文化资本的不足。以下内容基于个人对乡村场域的体验尝试解读其中的关联，并探讨当今学者在研究相似问题时，是否会陷入"文化资本"的内卷化，过度的"另辟蹊径"是否会与乡村"本真"的品质相违背？

　　纵观乡村教育的研究范畴，从起初的基于中国制度下的城乡结合问题来讨论乡村教育在其中的生存，到后来因2011年"寒门再难出贵子？"这一话题的出现将底层叙事研究转向"寒门"与"贵子"的相关问题。因为"寒门"的出现，为学界谈论乡村教育这一话题带来不同的维度，即把乡村社会中能够取得高成就[1]的学生称为"贵子"，暂且不谈文字意义上对"寒"与"贵"的隐喻色彩偏差。通过搜索相关问题，我们不难发现10年前这一话题的"火热度"一直延续到现在，甚至在未来的5年、10年内，也会时不时地被拿出来讨论，深究其背后的原因，也许与我国农村社会结构和人口规模的变化有着直接联系。基于自身的实际出身，不少研究者也因此对"寒门贵子"问题产生了共鸣。那么在将乡村教育问题与这一火热的话题相联系时，似乎能看到为什么只有"寒门贵子"能够引起热议，而"贵门贵子"却无法产生同等效应的原因了。

　　（一）"回归乡土"：怀旧式的宣泄？

　　研究者热衷回归田野来分析教育，是基于某种"乡村"情怀，但真的能够将自己放置在乡村社会的真实场境中，是因为自己的"出身"赋予了在谈论乡村—城市边缘化问题的敏感。正如司洪昌在解释自己为何要研究一个村庄的教育历史时所说的，这是研究者对自身和一个群体命运的思索。[2]在不同的时代背景下，社会主体对于同一类的问题也许会有不同的侧重，而在这个"快时代"中，社会个体对待教育的态度风向已逐渐刮向"精英式知识"获得，教育中的"内卷"现象也时常出现在社会生活中的各个角落。人们去触碰教育更多是出于一种利己之心，试图实现个体的空间流动，在这个过程中，个体与社会之间愈加呈现复杂的样态。或许有很多类似的曾接受或正在

_____

　　[1]　基于大量的文献参考，这里的"高成就"主要表现为上大学，尤其是进入"985/211"序列高等学府。

　　[2]　司洪昌（著）. 嵌入村庄的学校：仁村教育的历史人类学探究[M]. 北京：教育科学出版社，2009.

接受高等教育以及从事教育相关工作的人会时常感到困惑和疲惫，想要找到任何一丝证明教育的纯净和透明的影子，也同样思考着湮没于朝九晚五工作之中的无数个体于无形之中受到各种各样的制度规范时，能否将自己抽离，寻得一处静谧之处，探讨教育在那个地方的初心。如果是农村出身的个体处于此类问题情境之中，曾经看过与经历过的乡土万物是将他们拉离困境的最佳捷径，因为自身携带的故乡情怀会采用隐秘无声的方式悄悄含蓄地提示他们，是时候回归到自己的"本"去放松一下身心了。这里的"本"自然是针对那些同类的农村出身的个体本源性而言，并非是表达人类骨子里的与故乡的牵连，而是强调一个人的出身或是那样的一个地方对人本身的影响是多么的细腻深刻。若能跟随着故乡的指引，回到触及心底的地方，每一寸土地的出现都将自己慢慢牵引到具象的家的位置。然而，不常归家的个体也只能通过模糊的记忆去捕捉关于那些乡土，也许有些会渐渐明晰，有些却会像一缕风飘过，掀起涟漪但无踪迹。这样的"地方"此时也刚好能验证乡村不可单单指那块象征意义的土地，还有各类各样无法阐述出的在内心世界构建的事物。不难察觉乡村与社会中的个体之间的联系，在不同的空间与场域，其中都饱含着巧妙的连接，而这都恰是与城市所不同的。

乡村的魅力吸引无数学者回归田野，最大的缘由无非是自己一再跻身于与乡村教育"相对"的城市教育，只会越发感到在面对那些看上去似乎精确无比、准确无误的数字与数据时的无力。如果对当代教育学知识进行粗线条分类，大致可以找出两个主要的知识阵营：一方是崇尚指标、注重证据、强调操作、神话数字的科学教育学知识（或称教育科学）；另一方是重归经典、注重阐释、挖掘智慧、内生思想的人文教育学知识（或称教育思想）。双方即便没有公开论战，也少不了彼此嫌弃，相互指责。科学测量、大规模评估等技术手段挟着课程导向的学习话语霸权，助长了前者俯视后者的底气，以至前者认为后者迂腐；而后者认为前者放弃了教育本体，因此倡导回归到教育思想和行动及二者的基本结构和问题史的反思和分析上来真正理解教育。大规模测评形成的结果、学业成就、表现、能力、排名、位次等可见指标，成为教育政策制订和教育实践修正的重要参照，甚至成为权威的"科学"依据。这两大阵营，代表了两种不同的学术倾向和学问气质。前者偏于"硬知识"，寻求知性上的满足，执着于客观的现实问题，通过细致地分析、辨别经验证据，试图找到教育发展的"科学路径"。后者则更偏于探求人类总体的"精神"世界，这一阵营中的学人，即使只是极少数，孜孜不倦地在古典中找寻教育的本体价值，诠释生命的意义，倡导古典理性的回归，从而关怀人类自身之生存境况。两类阵营在教育学知识的本质认定上，自然也存在着根本分歧。前者关注教育行为的种种规律性；后者更强调人的本性的价值。

大规模测评得以立足的知识论立场，是将教育目的直观化为可见的、可测量、可预判的数据。这一立场迎合了现代经济理论和社会理论对教育的期许，更与现代社会的技术治理逻辑一拍即合。技术实现了对社会运行控制的同时，也逐渐以合法性的意识形态达到对人的统治。这恐怕是现代性最为凸出的后果。社会运行中的权威诉求，越来越倚重于合法化的话语。而技术，毫无疑问，已经成为最具权力的话语形态。遗憾的是，这一立场将教育哲思所重视的智慧和属人的古典精神移至边缘位置。

这样的场景倒也似曾相识。胡塞尔对欧洲科学的危机提出过这样的担忧："在19世纪后半叶，现代人的整个世界观唯一受实证科学的支配，并且唯一被科学所造成的'繁荣'所迷惑，这种唯一性意味着人们以冷漠的态度避开了对真正的人性具有决定意义的问题。"[1]胡塞尔清醒地指出，科学仅仅是对客观的实际世界的理解，它并不囊括人对世界的全部理解。同时，这种绝然科学化的理解容易将理解对象客体化，从而忽视了它们的处境，而后者恰恰是古希腊哲学传统珍视的对象。回到哲学原点重思教育理想问题，正是"对真正的人性具有决定意义的问题"的回答。而这一选择，当前正面临被怀疑论、现代理性主义、教条科学以及学术殖民主义压倒的危险。这种压倒

---

[1]　[德]胡塞尔（著），王炳文（译）. 欧洲科学的危机与超越论的现象学[M]. 北京：商务印书馆，2016，第18页。

性正好与公众的态度和观念合流，甚至渲染出一种针对古典教育理想的敌对情绪，理直气壮地"拷问"："在如今生存焦虑的时代，教育理想能告诉我怎么做吗？"甚至更直白一些："教育理想能保障我的收入和地位吗？"公众用实际行动对教育理想发起倒戈，汇成全民涌入无序无休的"实用"教育和分数崇拜的洪流。人们更倾向于坚持自己在经验上感知的世界，而对内省式理性体察和卓越理念存在的合理性持有实用主义的怀疑。从理论上讲，我们也确实很难驳斥这样的经验挑战。

同时，日常生活中零碎经验遭到忽视使得我们的教育研究只局限在科学无比的计算之中，但仔细回想各种谈论有关教育起源的学说时，不同经验之间的传递与交流，人与人之间的口耳相传是最为原始、最为基本的实现教育发生的方式，因此教育从某种程度上说，应该是要去回归"原始"。假若能够褪去现代感包围十足的外衣，乡村教育的实感及与城市之间的边缘性也能够被展现得淋漓尽致。"我已经意识到作为一种经历的乡村经历的学校教育，对个人的成长具有不可磨灭的影响和印迹，它对个人的成长具有非同寻常的影响……"[1]无疑，对能够投身田野做与之相关的调查的研究人员来说，最不可缺少的品质是足够敏感和富有共情。不管研究田野是否是自己土生土长之地，在与乡亲们或村民们进行交往沟通之时，都得能够达到切身感受与感知，即通过彼此的语言交流与交谈，这样的过程不是"机械式的"或者"固化思维式的"，而是一种在没有任何笼罩之物下的真实体验，即通过每个参与者之间的实践互动所生发出的对教育理解的情意。因为，乡村世界里飘过的每一缕风都含有自身的意味，在乡民们诉说的每一个故事、每一句话中都带有不一般的情感，在其背后蕴藏着的独特社会机制赋予乡村世界中的与众不同之处。"农家出身"的子弟的情感体验经由具体事件得以再现和强化，[2]这一情感结构不仅在冲突性事件中得以呈现，它也隐匿于日常生活中，

---

[1]　引用司洪昌在《嵌入村庄的学校：仁村教育的历史人类学探究》一书的开篇所提到的自己对城市文化和乡村文化的差别产生了一种敏感的意识。

[2]　程猛.农村出身：一种复杂的情感结构[J].青年研究，2018（06）:64—73.

在主动和被动的比较中出现，同时，我们也要关注这种情感结构的时空性。由于无法抗拒被乡村世界自身"美好"属性的吸引，许多乡村教育研究者无法控制自己不去投身乡村田野，通过回归乡村教育现场来从中体验日常中平民式的、普适性的教育给自己带来空间与感知的冲击，也许从中也能让因为对乡村的记忆模糊而感到愧疚的心理得到几分释怀。一个个体验与感知的过程能够发生在对某个场景、某段对话、某件小事感到熟悉或亲切的瞬间。那么，在研究中的一个个小"故事"对人而言，正是循着归属感的方向为之带来的一星一点的情感，从而使人身临其中且与之产生共情处的乡土人文情怀。回归乡土人文般的叙事，会选择强调面对不同的真实情境时转变方向，"叙事转向"一说也已与社会理论传统充分融合，并在认同、时空、因果性与权力等多个核心维度激发社会学的想象力，但这种激发多以扬弃的姿态出现。[1]叙事的过程是对故事进行善恶甄别，发扬好事，剔除恶事，可若按照这样的看似科学的逻辑，则导致研究者对乡村教育的本心发生偏执。本章节部分的论述旨在通过借鉴一系列有关乡村教育叙事文本材料，关注先前大批投身乡村研究的学者，从他们经历的万千生动鲜活的个例描述和诉说中分析真实参与乡民生活中的实事，试图从中浅析叙事的视角以及每个个体在这样的乡村场域中所处的位置。分门别类的有意义的叙事文本材料为学术同行和普通读者呈现出每一位参与者与研究对象（包括田野和人物）的联接交流。在对这样一个问题进行思考与分析的同时，我们也需要考虑或者明确，在乡村世界中产生的叙事是否存在完全规避掉我们的主体"人"去诉说存在于乡村教育中的看不见的制度的现象。在高扬城市化的今天，这样一批从事乡村工作的研究者可能偏离了主流，但这样的"逆风而行""逆流而上"，并不是怀旧式的情感宣泄，[2]而是这个时代里这一辈人最为真切的使命。

---

[1]　刘子曦. 故事与讲故事：叙事社会学何以可能——兼谈如何讲述中国故事[J]. 社会学研究，2018（02）:164—188.

[2]　孙庆忠. 乡村叙事与田野工作的滋味[J]. 中国农业大学学报（社会科学版），2017, 34（04）:133—136.

（二）阶层逻辑下的"底层"社会

想要掌握乡村教育该采用何种叙事方式，是需要研究者真正进入乡村空间的。这样的观点似乎在相关研究者的心里已被默许俗成。以自身经历感悟来说，无论对乡村、乡土的情感表达得多么浓烈，或是在细碎生活中太容易被乡村世界的一土一物所牵动，但由于时间不经意间地"操纵"，血液里流淌的有关乡村记忆的储存量变化总会呈消退趋势，更不用说在暂时脱离乡土见识了广阔纷杂的"知识精英者"了。具有类同体验的农家子弟很容易察觉到从他们出生起就自带有与城市孩童不一样的情感，对于乡村土地的感受难免会比城市小孩多一分真实。就像上文提到的那样，乡村是美好与质朴的象征，与城市喧哗繁杂形成强烈对比，乡村贴近自然并且与"本"这个字搭边。乡村里的土地、作物、山川、溪流是自然与人类之间的联系物，除却"包装化"的现代景区与"盈利化"的返古派遗迹之外，无疑，乡村成为它们最合适的选择，是它们得以自由存在的唯一空间。在乡村世界，万物能够成为主体，人类需要依循它们的自然规律来开发主动能动性，比如，若想将山川土地为人所用，耕种自然作物，则"了解它们"成为一个必不可少的前提。如何了解？这里就不得不提依赖它们得以生存的乡民了，用"与生俱来"这个词来形容这样的了解能力也毫不夸张，也许此时我们会深入原始社会时期那段人类逐渐学会使用工具以及利用土地河流的历史中。所以看来，似乎现代社会中存在的所谓"城市人"，归根到底，是无法于血脉之中剔除"乡土"的。

饱含从事乡村教育研究情怀的专家与学者，在经受各类精英、精致、精细的外化之后，尽管内心深处还保留对乡村的一丝丝情感，但在事实上，他们与乡村世界中本真的事物渐行渐远。虽说，并不需要真的去复刻乡村中的每一寸土地和流淌在乡村中的每一条河流所附带的情感，但想要做到最基本的展示乡村生活、分析其中的各项运行机制已经显得十分艰难。只从理论维度去分析的话，乡村教育的发生会使人难以信服。幸好，教育学科领域所固有的人文性可赋予研究者采用叙事的方式，也就是记录"事"、分析"事"，使乡民心中、记忆中的事成为我们分析教育及其变迁与变化的文本。往表面看，是在讲一个个具有典型代表意义的村庄所历经过的"故事"；往深处看，其实是在揭示和探析在简朴乡村中的教育现象，透过现象察觉一些无法用人类的肉眼直接看到的联系，这是由跳跃在一份又一份的叙事文本中的一串串句子潜藏于表象上而得以建构。当人类试图脱离城市圈层，回归本土，扎根乡村田野时，不管田野是否为自己所熟知，是否为自己所亲近，这都能被看作是从一个场域到另一个场域的转移，认知结构随之发生改变，内心世界的塑造变得多样，在不同空间内的感知与体验会产生较大的变化。当人类身处城市与乡村这两种个人体验完全不同的空间时，能够感受到两者之间的转换变得十分重要，地理位置上的迁移带动着内心世界的构建，繁杂而丰富。

毋庸置疑，大部分"心系乡村"的研究者进入乡村之前，或多或少都已接受了十几或二十几年的精英化教育，文化与知识的接受与学习造就了他们不一样的体验方式，就像感受城市的每一处空气时，每个人有自己的一套范式，独立而自由的社会空间使得个人对乡村的看法更加有所不同。若将他们置身于城市与乡村的边缘空间，他们的体会必定是与从未离开乡土的人有着明显的不同之处，然而对于接受过较高水平的知识分子，也不见得就能够把"乡村"这件事说得清道得明。无论是处于乡土中的乡民，还是长期浸染在城市气息中的知识精英者，想要跨越城市—乡村间的鸿沟，必须得具备从对方身上看不到的特质。这里的意思是，乡民的纯真与对乡土的依赖与热爱是长时间不归乡的城市人难以感知到的；相反，那些在城市居住学习、工作、奋斗过一段时间的城市人在诉说以乡村为主题的故事时不自觉地会以不同的视角来完成。这样的区分与辨别，从某个程度上说，就可将之与是否接受"高层次"教育相联系。

然而，本文中的"高层次"教育不是从教育内容、教育目的的角度加以阐释的，我们并不采用或暗含着当代对于"高层次"教育注重其自身的功能的角度，譬如当提倡鼓励学习者分外追求"高层次"教育时，并不是把重点放在本科层次与研究生层次上，而是从教育者出发，强调学习者的自主性，形成自己独有的认知结构。这里所做一些阐释似乎有些偏离本部分的聚焦点，但目的是想要对上文中的"高层次"的意义给出有针对性的认识。对"高层次"教育的解释就是通过质朴简单的方式，通俗点讲，"高层次"教育就形成较高的认知，而这里的认知放归乡村—城市的边缘化形态中就是普通老百姓所讲的接受了更多的教育，有了更广阔的见识，看待一件事情时会产生与别人不同的见地。倘若将之放置乡村教育的情境场中，展现出的是更为朴实的愿望：让孩子接受"高层次"教育仅仅是为了让孩子不会再遭遇自己所经历过的"尴尬"，最起码是要学会识字，分得清基本的公共场所的简单标识。[1]因此，城市人因为懂得使用社会公共工具而被乡民视为具有"高层次"的存在。我们经常会将"高"与"低"看作是一对反义词，那么，将"高层次"带入，则就出现"低层次"，根据上述的推断，"低层次"教育就被理解为接受的知识教育较少甚至没有，当置身于城市之中会产生"丢脸"行为。而从宏观层面来看整个城乡差异，在文化阶层水平、经济发展水平方面，"低层次"教育更容易在乡村中出现。最为明显的标志就是跟随社会的发展路径接受不同阶段不同层次的知识化教育，这在无形之中产生城市比乡村"优势"之处。文化知识水平要高一些，慢慢处于一个人们观念层面的"高层次"位置，与之相对应的乡村世界就自然而然的趋于"低层次"位置。所以此时，另一个不容忽视的问题便浮现出来：我们不得不去思考将"高低层"划分出来的背后有什么样的基本准则。简单来看，划分教育高低层的问题实际体现出的是社会阶层之间的划分问题。从古至今，我们就对社会"阶层""阶级"抱有本能式的认可，社会上的"人"与社会上的"物"总会凭借一些依据、数据等衡量标准被分成各个不同的层次，而层次映射到脑海中，会呈现"楼梯"般的图式，从中也就自然看出有高有低了，在本文

---

[1] 这里引自翁乃群主编的《村落视野下的农村教育》中，吴凤玲在对川西南泸沽湖镇一村小及其村落的田野调查，村民家长们送孩子上学接受高水平的知识仅仅是因为："就是不希望他们像自己一样连写名字都费劲，连简单的算术都不会；一旦出门在外，连班车上的字都不认得，连男女厕所都不会分辨……"（村民与吴凤玲的聊天）

中浅显地将其分为"高""低"两类。

　　查阅相关社会学领域对社会层次一说的划分研究，我们大致能够勾勒出其中的划分标准，比如根据地区性的经济水平、某个群体居民的消费水平，或者是根据职业的属性、社会身份与地位受到的关注度等。由此，从不同的角度来看这样的社会分层，乡村世界似乎一直处于劣势那一行列，无论是物质层面的充足还是精神层面的富足，它都无法与运转复杂的城市社会相比，所以乡村置于城市之下的位置被普通大众所接受几乎没有什么争议。其实乡村世界中的每一处风景也许也是城市所不能与之相较的，但出于这个时代与社会的需要，不得不从上述角度将乡村世界的劣势地位的原因展现出来，从层级排列方面乡村毫无疑问被挤压到社会的底端位置。在乡村世界中谈城市里的"人生理想""价值观"仿佛比在城市中去谈论更显得简单、质朴。乡村之所以会出于低端，最直接和最根本的一个原因就是经济上的劣势，所谓"经济基础决定上层建筑"，物质层面还没有得到最基本的保障，去谈"高尚"的精神是否显得牵强。通过"高低层"的分析，本文中的乡村世界的阶层划分就大概可以与"底层"二字画上等号了。但是，"底层"并不等于"庶民"。按照意大利政治哲学家安东尼奥·葛兰西的定义，"庶民"是处于历史边缘、失去话语权的社会群体，[1]当群体处于庶民状态时，他们的言说无法得到任何回应。他指出资本主义对庶民的支配需要在文化上得到认可，资本主义的支配力不可否认，同样不可忽视的是，能够从文化上产生底层向上流动的可能性。底层研究学者通过对历史的挖掘发现，以农民为代表的底层民众在参与民族解放的运动中"并不一定得按照政治精英们立下的规范；他们依据自己的方式加入……即使他们参与更大规模的政治活动时，他们也不会放弃他们自己的议程"[2]。带入乡村世界与城市世界这两个高低层面的话，不管是乡村向城市流动，还是城市向乡村流动，其过程也正好体现了文

---

　　[1]　安东尼奥·葛兰西.《狱中札记》[J]. 史学月刊，2017（01）:138.

　　[2]　[印]查特杰."知识与政治的承诺"，载陈光兴主编《发现政治社会——现代性、国家暴力与后殖民民主》，台北：巨流图书公司，2000，第20—21页。

化能够实现和控制其背后流动的走向和机制。基于我国社会日益复杂化，底层的划分具有多元的标准，这种多元性体现出阶层只不过是想象的共同体，是每个社会成员对自我社会地位和阶层归属的主观认定的社会性产物，[1]正如众多乡民已有了对自己的底层归属意识，基本"认同"并"接受"了社会不平等的客观现实。教育为人类提供锻炼思想的路径，而资本主义或者是我们所说的统治者也正好利用了这一机会，不断对社会进行分层，可想而知劳苦工农没有财力物力、没有文化就只能处于这种社会形态规制下的最底端。所以，对那些处在乡村世界中的民众来说，有了教育机会就能获得文化，获得流动的可能性。这也就解释了，在一些农村地区学校撤并后，当地人为何如此失望的原因。因为他们觉得自己的声音应该被听到，即使身处底层，也是与国家在一起的。教育机会的获得与流失，决定了研究的视角要从"底层"的视角出发，如果选择其他视角，对于进入乡村叙事的真实经验现场的研究者则不会切身感知这一阶层所含有的特性。因此我们可以基本确定诸多以乡村教育为主题展开的叙事研究大多是以一种底层的视角进行的。

（三）乡村场域中的身份再塑造

社会意义上的"底层"抑或是"高层"，在看不见的制度规范影响之下，其实都是根据特定的具体情境所产生的针对于社会阶层而形成的社会空间。个体存在于乡村社会之中，便会产生对乡土及风物等代表乡村存在的感知与理解，而这份感知与理解，要想用肉眼直观地看出来，对于任何一个同情能力再强的人来说都非常的困难。但文字记录下来的人与物之间的故事联系似乎给研究提供了一条捕捉感知的机会。乡村社会作为一个不一样的空间存在，是能够引发社会个体于无意识中产生出由于参与到空间之中的情感体验，这其中的逻辑联系以及个体与乡村社会之间的无形联结成为教育研究者无法忽视的一个方面。

社会阶层的圈层意义与每个不同的社会阶层的属性赋予社会中的个体产

---

[1]　胡荣，张义祯.阶层归属与地位认定问题研究[J].东南学术，2005（06）:85—92.

生不同的空间感知，而每个人自出生起便能与之产生无论如何都挥之不去的联系。一旦底层社会的个体进入属于他们所拥有的底层空间中去，他们能够准确地给予自己对自己身份的设定。虽说"根"的意识层面不会发生变化，但随着后天的认知发展，受外界的牵连也就越来越深。当外界人员进入乡村社会中时，在把自己放置在底层层面的同时，也需要将有关研究行动停留在乡村社会阶层空间，也就是本文所强调的乡村"底层"社会阶级，在这里也需要掌握属于"底层"空间所特有的思维逻辑方式，比如个体对待教育的期望、对教育的认知、对教育的态度等。已有研究中对乡村教育实施个例研究的范本也很多，行动者也试图将自己放置在底层位置之上，我们也很容易发现，想要调查一个或一类乡村教育时，在了解此地相关民族志的问题之后，会把观察点或调查点放在一些能够容易实现教育发生的地方。而这类叙事研究则会将教育行动聚焦在当地具有代表性的一所或两所学校展开，像滇西北的永宁乡拖支村村小的例子，[1]是根据社会阶级分层而从特有的底层逻辑出发进行研究的典型。学校对于一个乡村有着莫大的意义，这里所说的学校并不是我们简单认为的那样一个具象的"地方"，而是指以它为代表的能够实现社会阶层流动并包含乡村中的每个个体对知识存在的认知，只要它出现了，我们起码能推断出底层阶级并不是永远处于固化了的底层，而是包含着个体某些想要冲破现状的向往。这些可能性的改变也许是源自乡村教师想要实现知识不再底层化的理想，又或许是以一个个村落家庭中对于教育、文化、知识的期望，在平静的生活思想之下透着思想上的追逐与上升，也为乡村社会塑造出不同于客观可见事物的价值空间。

　　学校是人类社会最重要的文化场所，这些经由有意识设计并使用物理材料建造而成的建筑体及附带形成的空间布局，本身内嵌着教育性价值，一代又一代的儿童在学校的建筑空间中形成他们的体验并建构最初的社会关系雏形。对教育行动者们来说，有效的观察点可选取学校或者与学校类似的场

---

[1]　引自《村落视野下的农村教育》中李小敏在滇西北永宁乡拖支村的田野调查。

所，这样的地方在乡村中有时会显得与众不同，注定会与村落的日常生活产生比对效应。学校是一个能够实现个人精神与思想涌动的地方，在有限的条件之下唯一能够称得上和城市有些关联的地方，原因就在于乡村文化发生于此，是知识获得的开端也是新颖事物在脑海形成冲击的场所。作为儿童教化与道德养成的重要场所，学校一直是教育研究的主要分析单位，而作为学校载体的空间并未引起足够的重视。与其说学校在乡村叙事过程中占有很大的分量，倒不如说，想要实现教育叙事的真实化需要有这样的真实场所的出现，这里的场所必定是在某一区域与其他空间有所不同的，这恰恰也能够体现学校作为一个特殊文化场所体现出的不能被替代的作用，尤其是与每个教育参与者之间的联结更是微妙无比。在一个乡村社会中，日常生活渐渐与这样的场所疏离开，这也在无形中加剧了个体对于特定场所的对比认知，形成观念上的"非日常"场地。学校空间是社会空间结构中的重要一环，它与社会的符号空间、制度空间、消费空间、生产空间紧密相联。[1]在民风淳朴、分布简单的乡村社会中，无论是学生上学还是教师去学校教书，不同的个体在心中难免会有种不同的情绪，不知不觉对这样的地方产生许多不一样的感念，悄无声息地将自己与之作比较，这个过程其实就是属于底层社会中的人独有的对文化知识的敏感认知，慢慢地将他们从散漫的乡土社会带引进入更加别样丰富，并且是由人为秩序操控的场所。[2]这种现象的出现，势必对原始的乡村社会产生影响。但究其根本，对于处在"底层"位置的乡村来说，因为有了"学校"这样的地方出现，就可能发生不同阶层之间的转变与重新划分。若要具体到划分的衡量标准，就得回归到文化知识得以产生的场所。对场所的分析实则也是帮助教育研究者在乡村情境中更好地感知因为场所的不同而带来的不同体验。场所本身，可被称之为是一个地方或者一个区域，场所可以小到一间屋子、一幢楼、一处街角、一家工厂的生产第一线，大到一

---

[1] 王庆明，陆遥. 底层视角：单向度历史叙事的拆解——印度"底层研究"的一种进路[J]. 社会科学战线，2008（06）:224—227.

[2] 苏尚锋. 学校空间性及其基本内涵[J]. 教育学报，2007（05）:8—12.

座小镇、一座城市，直至有着明确边界线的民族国家的疆土。就好比乡村里的学校，作为一个空间意义上的场所，它肩负着重视和强调学校中的各种物质设施设备是如何被运用于教育行动的责任，同样也关系着儿童在空间内的知识经验的感知，也必然与我们平日所说的某场所有不同。在这里可以让儿童成为儿童，让个体成为自己，摆脱成人的摆布，拥有自己的空间。[1]

　　行文至此，笔者略有疑问，村落中像学校这样特殊的场所所表现出来的对于提升个体认知的意义究竟是否贴切。因为倘若叙事中出现的教育主体在形容学校时，总会明显蹦出"路途遥远""距离"等词汇，那这里的学校空间仅仅是物理意义上的具象空间。若深究乡村儿童与学校空间之间的联接，上升到精神层面的抽象意义，它并不能用来作为解释底层社会中实现教育与文化的流动与发生的有力证词。但是，作为唯一一个暂时可以被看作文化流动发生的"地方"，学校或是有关教育的场所这样特殊的存在何以能够在平淡安宁的生活中发挥其自身的作用价值？从社会学角度出发，学校空间是物质空间与精神空间的统一体。在这里不妨试想：叙事研究者是否一进入以学校为代表的"场所"之内，就能够实现对其产生教育意义上的共情与感知呢？若从环境心理学角度出发，学校空间又体现在人与环境的互动中形成的特定场域，该场域中各种感知环境对人的行为和心理具有重要的影响。[2]但从共情角度来说最必不可少的是需要个体之间关系的形成，教育行动者的感知力也一定是拥有对某个空间场域的情感联结。本文选择"场域"一词，是希望实现教育的行动或叙事研究不是仅仅存在于某个特定的场所，而是更多的关注到教育主体与教育研究者之间的联系能够得以发生的空间。较空间来说，不需要再去解释物理意义与意象意义上的不同，同时场域与场所之所以要区分开来，也正是因为场域的概念性更加强烈，它会更多地去指代"一些关系集合，一个场域由依附于某种权力或资本形式的各种位置间的一系列客

---

[1] 严从根.儿童教育空间生产的三重审视[J].南京社会科学，2018（03）:151—156.

　　[2] 辛晓玲，付强.学校教育空间研究的现状与趋势[J].当代教育科学，2019（04）:41—46.

观历史关系的构成"[1]。每一个体不是以抽象的个体方式存在，他是一个真实世界和具体场域中的行动者。每一个具体的场域都为行动者提供或创设行动的决策基础或者行动的动力，他所处的位置以及其中暗含的权力关系会成为行动者作出改变的一种动力。从这个角度出发，也就能够更好地理解为何以学校为代表的场域之所以作为教育研究者在进行叙事过程中的首要选择的原因了。

乡村中的每一个个体的独立性，构造了他们与同一个空间内的人的特殊性，而这些积少成多的力量逐渐也成为像乡村世界一样的底层社会的不可取代性。学校场域的存在证实，不同乡村个体之间在底层结构特有的品质特性的影响下，能够建立起对于文化教育的特殊渴望。父母送孩子上学、孩子在学校与同学与老师构成关系，那么老师的文化思想认知结构以及含带不同文化底蕴的学生也会在无形之中影响到彼此，甚至是不同主体之间重塑日常生活经验。在这样的场域中，个体之间便逐渐形成了一张张联系网络以及一个构型。每个人一旦进入这样的场域之中，在不同的位置上也就造就不同联结的彼此形成；而个体与个体之间在此时所存在的客观关系就显得十分重要了。那么在乡村社会这样的场域之中，每个人获取资源的路径和机会也是不均等的，他们处在场域中的关系位置也就会形成上下之分。这里不得不提的是，即使是朝夕相处的村民，在某一瞬间也许就会因为资源或者位置的不同而产生源于想要获得更多教育便利的负面心理。此时的场域则可被理解为一种关系网，不同的关系发生变化的过程也就形成了场域的动态发展过程。当底层儿童处于乡村场域中时，其成长环境对其产生体验上的感知影响。而学校能够成为这样的关系场域，主要为人们所能感知的便是有文化的存在，确切地说，是因为学校拥有一定的对"文化资本"的获取途径和资源，才能够使得处于其中的行动者凭借这种权利占据场域中的某种位置，进而能够支配、利用其中的资源，教育研究者便能够借助这一场域达成他们所想要收集

[1] [法]皮埃尔·布迪厄 [美]华康德（著），李猛，李康（译）．实践与反思——反思社会学导引[M]．北京：中央编译出版社，1998，第133—134页。

到的叙事资料。

（四）文化能否与"资本"划上等号

真正将"文化资本"概念带入大众视野的是法国社会学家布尔迪厄。他在探讨教育再生产、文化消费、社会等级等问题时推出"文化资本"，并使之不断完善。但学界对于"文化资本"的解释和理解并不能达到完全的一致。"布尔迪厄创造性地使用资本概念，对'资本'似乎有一种独特的情节……"他们认为布尔迪厄才是这一机制背后最大的资本家。[1]暂且不说"文化资本"存在的某些弊端，其观点对我们研究底层教育的影响在于，"即使是在教室里，所谓正当合理的文化和艺术作品是倾向于由那些早已有机会接触这些孩子定义的……多少意味着人们对上层所占有高雅文化的掌握程度。"[2]也就是说，当个体进入学校场域后，每个教育参与主体获取到通往更高层阶级的机会，学习文化接受教育是来源家庭朴素的重视与支持以及父母赋予的深厚期望，[3]于他们自己也会在心里有着一份对接受教育的期望，学了文化就能见识更广阔天地的渴望。我们经常会在许多叙事个例中看到与"出人头地"和"走出去"相类同的语词，它们要么是出自每个家户本身就无法改变自身阶级的个体对其下一代的期望，要么来自教育主体心中想要突破、走出乡村的愿望。因此，乡村场域造就了底层子弟能够"成功"的隐藏动力。但当研究者真正进入调查时，却发现并不是每个得到教育机会的人都是能够"走出去"的幸运儿。西南一带的乡村里，男孩女孩每年辍学回家干苦力的例子比比皆是，阶层对他们的束缚好像是一个无法逃脱的牢笼，再不愿意，也无法挣脱自身的阶级圈层。[4]类似这样的情况还有很多，大多

[1] 贺晓星. 叙事资本:对教育社会史、生活史研究的一种深度理解[J]. 高等教育研究，2013（04）:46—53.

[2] Longhurst, B. Reviewed Works: Distinction: A Social Critique of the Judgement of Taste by Pierre Bourdieu[J]. *The British Journal of Sociology*, 1986, 37（3）:453—454.

[3] 余秀兰，韩燕. 寒门如何出"贵子"——基于文化资本视角的阶层突破[J]. 高等教育研究，2018（02）:8—16.

[4] 翁乃群（主编）. 村落视野下的农村教育：以西南四村为例[M].北京：社会科学文献出版社，2009.

阐述处于底层社会中的学生子弟再怎么努力再怎么挣扎，在父母对"命运"二字的信奉之下，无形中实现一代又一代的循环"阶级再生产"。这是因为乡村社会固有的底层特性，乡村社会中的个体被限制在这样的空间场域之内，无法形成与他人在感知层面的连接，最为直观的表现就是乡村外的世界与他们毫无关系。乡村个体用一辈子的付出灌溉着村里的一土一木，村里的乡土也铸造村落的文化尊崇，这是他们对村庄得以安定的祈祷，其中的文字、宗教、习俗等也象征着这一个场域内人们在思想观念上的一致性，一套特有的宇宙观、生命观、价值观在潜移默化中由上一代传给下一代。[1]要想让这一社会中的社会个体跳出其固有僵化的圈层同样也不是一件简单的事。受底层阶级经济模式的影响，很多家户将不让孩子上学的原因归于劳动力的需要；又或者受重男轻女的传统思想影响，不让女儿上学是因为女儿需要在"合适"的年龄早点嫁人，种种原因剥夺属于这个阶层中的个体本该享受到的权利。老一辈会出于"过来人"的经验，教导年轻一代人在什么年龄段应当完成什么任务，却忽视了人在面对未知事物或新奇之事时会本能地产生倾向性。表现到教育当中，就是这些乡村的学龄儿童想上学，想接受知识。然而，在这背后，有着"无形的手"将个体与社会阶层紧紧绑到一起，试图不让二者独立开来，个体存在于此的感知力逐渐被乡村的"底层"特性打消，实现底层社会结构保持稳定的同时，也将整个底层圈禁在无尽的洞穴之中，无法挣脱实现重见天日的那一天。乡村社会的底层再生产现象既束缚着整个乡村实现文化流动的可能性，又实则为底层阶级的努力脱离和突破提供了未知的多种可能性。

　　社会底层模式对"人"的束缚作用体现在受教育主体在特定场域中针对不同情境能够感知阶级划分给他们带来的隐藏影响。人处在"底层"中，一旦接触一些更加精深的知识便会想要实现自身的文化流动，即通过一个场

---

[1]　引自《村落视野下的农村教育》一书中李小敏在滇西北永宁乡拖支村的田野调查中对摩梭社会的观察和描述，"……进入摩梭母屋，就像是进入一座文化符号森林，生活小节与民族特质中最微妙的隐喻结合的天衣无缝……一整套特有的宇宙观、生命观和价值观在潜移默化中由上一代传给下一代。"

域之间的各种联系网使其能够流动至另一个场域中，体现到乡村家庭中的"人"，就是要去上学。但由于圈层划分对人的本身形成了影响，那么受教育主体在这样的教育过程中，很可能依然是处于一个比较低的位置，尽管他们内心已有了足够多的文化流动因子。底层的"人"进入相对的"高层"空间中去时，他们的阶层属性会一直跟随，就如一些进城随迁子女进入城市学校之后，经受教师的安排，被分到了一楼的教师（最底层），[1]而借助空间意义上的隐喻色彩，这里的"一楼教室"构成了这所学校的最底层，正如他们的父辈一代构成了城市社会的底层。他们与城市儿童之间的鸿沟不仅跨过经济面，更是重重地落在了乡村儿童的心中，他们的差距是以经济的水平为基础而形成的资本差距，具体变现到人的意识层面，就是文化资本的控制。乡村儿童对比城市儿童获得的教育机会少，获取文化资源的手段也较为缺乏，而追踪文化资本的溯源表现为它是人类劳动成果的一种积累。从原始的农耕活动中，人学会了使用物质工具。随着精神工具的出现，心理机能由低级转化成高级，人的发展也出现了不同分化。能更好地使用语言和符号的人逐渐学会对机器工业的支配，而没有这样能力的人只可留于乡村继续日复一日的生活。那些拥有越来越高机能的人成为留在城市的主体，同样，也会享有相应的文化资本。与经济资本和社会资本相比，文化资本扮演的角色虽然不甚明晰，但依然是整个现代社会中不可忽视的资本要素。也许从乡村子弟的知识库存上看，底层文化资本拥有一套相对独立的"框释"，[2]并且从文化资本也是一种劳动积累的角度来看，文化来源于人类的实践，是人类智慧和劳动积累的结晶，它的传承正是通过教育和学习把知识固化于头脑中的劳动，是一种积累或未被消费的劳动。因此，我们也能够明白为什么底层中的人总会反复形成自身的"阶级再生产"。乡村儿童在教育中受到文化资本的影响不仅表现在前文所提到的教育机会与教育资源的缺失从而"难免"会形成比城

---

[1] 源自熊易寒的田野调查，他发现某校农民工子女分到了学校的一楼，但此前一楼是不做为教室的，阶级与教育拥有同一个英文单词（class）。参见：熊易寒. 底层、学校与阶级再生产[J]. 开放时代，2010（01）:94—110.

[2] 熊易寒. 底层、学校与阶级再生产[J]. 开放时代，2010（01）:94—110.

市儿童阶层低的观念，同时，文化资本自身也包含着区隔性，即进入城市中的乡村人可以通过自己的努力与坚持，达到阶层的流动，所谓达到"寒门也能出贵子"的期望，也在无形之中促使文化资本发挥自身的张力。

事实上，当进城随迁子女进入城市接受教育时，尽管受到"文化资本"的限制，使得他们无法拥有与城市儿童一样优越的教育条件。但是，我们也容易看到这样的景象：来自底层家庭的儿童在日常化的学习中，总会以某些行为表现出他们的"反抗"。若从场域空间角度来看，这样的现象是因为空间发生了改变，学生的感知与体验也随即产生不同，他们受到了不同空间之间的有力冲击迫使自身发出无形之中的抗拒，但这一定是不够全面的。在叙事文本中，我们很难不去思考为何总是外来务工人员子弟"爱惹是非"，而不像城市儿童那样"好学向上"呢？即使是在研究者扎根的村落，儿童群体也总是在各种理由的搪塞之下不得不放弃学业和辍学，或者被描述成为"失范"的一类群体。尽管乡村社会中的父母个体认为只要将子女送去上学，就有能帮助他们实现阶层向上流动的希望，所谓"跳出农门"，但简单的识字与读书并不能代表子女真的已经实现阶层的变化，而是再一次的延续乡村社会个体的角色，这样的底层阶级的代际再生产在乡村社会中也能够成为一个个体努力实现社会流动过程的无形象征。许多研究者调查发现，不管进入城市场域中去接受教育，还是去到国家教育规制之下的村落学校，有许多来自底层社会的子弟，都会与威利斯笔下的工人"子弟"一样形成"反学校文化"。[1]当中产阶级的儿童与底层阶级的儿童同时出现时，相对于前者的勤学好问与精益求精，后者则慢慢拥有看起来符合他们"底层身份"的行为，像抽烟喝酒、打架斗殴等。根据前面提到的"文化资本"本身概念的阐释理解，在不同的阶级，不同的孩子在文化品位、规则和态度就已经出现了分化。我们似乎可以以一种局外人的、脱离的、抽象的视角去解释这一现象的发生。研究者们基于"文化资本"理论框架之下大量的数据解释，得出学校

---

[1] 熊易寒.底层、学校与阶级再生产[J].开放时代，2010（01）:94—110.

在某种程度上成了资本和阶层再生产的场所。对于那些本身具有较为优越资本的学生来说，由于受到上一辈的文化恩惠会更受教师的青睐，而一些底层资本本就弱势的学生则并不处于教师"正眼瞧"的范围之内。到这里，我们可以看到"文化资本"对于乡村子弟接受教育的影响只是非常表面的，只是用许多定量的实证性研究堆砌而成的结论。要想找出底层个体实现不了代际流动的原因，必定不能仅仅靠"文化资本"一说来加以解释，不然只会使得我们对于现存教育的理解成了"固化"的社会阶层思维定势，也必然会毁坏现有的教育秩序，破坏教育想象，使得教育（尤其是乡村教育）呈现颓败昏迷的景象。而真实的社会是需要人文性加以染饰的，特别是对于教育的解释来说，单单将之看作资本的附庸，则失去了教育本来的意义。在这样的假设前提下，出现的撼人结果便是，无论先前已有的研究还是未来将有的研究，都会在这一刻显得苍白无力，没有意义。

因此，文化资本在场域中的实现有许多值得商榷的地方，在现实当中就能被放大得一清二楚。乡村社会中几乎每个人的身上都印烙着底层二字，按理说[1]，处于这一位置上的他们由于父辈缺少文化铺垫，他们应该去"服从"没有知识文化的命运。但放眼乡村，那些想要通过学习而出人头地的学生比比皆是。另外，基于整体教育制度的规制，农家子弟本应"遵从"主流文化的秩序，但这些"服从""遵从"等字眼似乎与真正的农家子弟的底层形象无法联系。那么，他们对学校的抵制或是对文化知识的抗拒，本质上是放弃了向上流动的机会，放弃了逃脱的可能，一遍又一遍地将自身的"底层"性具体化、行动化。这时，从阶级的角度出发很容易理解威利斯提出的"反学校文化"背后的机理，即对于个体而言，当其处于自身应有的阶层时，他想要改变自己的阶层或想要实现阶层上的流动都是毫无意义的。任何个体表现出来的"改变命运"的行动都是在无形中找到一个客观存在的与自身相匹配的文化层次来明确自身、真实自身所属的性质。而对于为什么有的人就能够

---

[1]　这里的"理"是指文化资本理论给以农民或外出务工人员子弟为代表的底层儿童的影响。

实现自身身份和阶层的转变这一问题，威利斯巧妙地作出回答——由于这种社会转变是属于个体性的例外，再生产理论能够将其悬置。我们可以看到这时的个体意义失去了价值，社会规范与制度将"人"作为主要构成部分，无情地发挥着它的无形约束力。而社会中的人，也应当发挥出人所有的主观能动性，求得"看不见"的"转变"。转变为与底层相对的知识精英还是更"高"？要注意的是我们一直所说的底层，并不代表处于这一阶层的个体就一定是能够发出"抵抗"的。我们不可忽视了精英的"抗拒"，精英并不是上述所说的各种资本积累的产物，或者由于代际流动所产生的"先天"资本，只是一味地不停重复着命运的安排；相反，他们也会有思想、体验与情感，也是一个个丰富的个体。我们希望将来的研究能够从更广阔的视域出发，来剖析此中一系列复杂问题，对教育的理解形成更明确的风向指标，也能够将乡村教育中的"底层"情怀拉到大众的视野之中。这种期望的结果不是让人反复无止地排斥"底层"或者是"同情"底层，而是以一种共情的方式真正感受底层的复杂的产生过程与机制。对于乡村这一底层群体，他们有着可以为自己所支配的意识形态，并基于自己的亲身经验再生出属于自己的文化，从中也恰好体现出复杂的社会结构。

（五）叙事研究者的"文化资本"内卷化现象

能够回归乡村讲述乡土故事是叙事研究者的根本立场，通过描述乡村的一土一木揭示每个村落潜含的文化底蕴。但随着"寒门贵子"问题的流出，人们很容易将获得成就与文化资本联系起来。笔者通读近10年相关研究后发现，大部分的研究是以布尔迪厄的"文化资本"相关理论而展开的，细细观察其理论的谈论范式的侧重或解读的视角在近10年间发生了微妙的转变。此部分试图分析布尔迪厄的"文化资本"逻辑以及相关理论（下文简称"文化资本"）在国内学者探讨过程中所经历（正在经历）的三个阶段：[1]

第一，"文化资本"的直接作用。自"寒门贵子"话题发出热议后，

---

[1] 此处的三个阶段并不一定是完全按照事件顺序展开，其分类方式是基于研究者对"文化资本"的解读与侧重。

不少学者基于乡土情怀，自然地参与进"寒门为何难出贵子"的讨论之中。"寒门"与"贵子"似乎看起来有着"寒"与"贵"的相对，但深究原因，终是由于文化资本缺乏的缘故。起初，布尔迪厄主张资本的表现形式有三种：政治资本、文化资本和经济资本，并为自身的教育研究而重点突出"文化资本"相关概念，通过"文化资本"与"场域"问题相关联。同时，文化资本的作用是否受到"人力资本"的影响也遭受质疑，即个体的教育获得到底源自文化资本还是人力资本的差异。不少学者试图以静态的实证研究来"证实"文化资本的影响力，即父母教育程度作为文化资本的重要变量是影响家庭文化资本生产与再生产的重要因素。[1]若能偏离经济层面而转向文化层面谈论资本，突出说明文化资本不只是一个把握文化的"被形塑结构作用"的静态的、具有社会决定论色彩的实体性概念，它同时也是一个能充分理解行动者"形塑结构的作用"并反映各种变化的动态运动体。[2]所以，教育具有文化再生产功能，一方面实现社会再生产，一方面要维护精英阶层的利益。要想突破阶层的围墙而实现向上流动，首先需要突破文化的围墙。就像在欧洲社会，要想成为"贵族"，更重要的是体现在精神气质上的改变。[3]可见，文化资本在这里被认为是优越的"精神气质"。乡村社会作为一个底层社会，其阶层认同最具有解释力的是客观阶层地位，而文化资本恰是能够对个体自身的阶层认同产生重要的影响。[4]无论是高层还是底层，自身所处的场域必定会给其带来相应的社会地位。[5]

第二，突破阶层的束缚。伴随"寒门出贵子"衍生至"寒门如何出贵

[1] 仇立平，肖日葵. 文化资本与社会地位获得——基于上海市的实证研究[J]. 中国社会科学，2011（06）:122—135.

[2] 朱伟珏. 超越社会决定论——布迪厄"文化资本"概念再考[J]. 南京社会科学，2006（3）:87—96.

[3] 陈旭峰. 实施城乡一体化的分流教育——布迪厄的文化再生产理论对当前农村教育的启示[J]. 教育学术月刊，2010（07）:4—7.

[4] 肖日葵，仇立平. "文化资本"与阶层认同[J]. 国家行政学院学报，2016（06）:59—64.

[5] 秦惠民，李娜. 农村背景大学生文化资本的弱势地位——大学场域中文化作为资本影响力的视角[J]. 北京大学教育评论，2014（4）:72—88.

子"的话题，学界提出真正能够实现寒门出贵子，其实是一个关于阶层突破的问题。贫寒家庭要积极弥补自身家庭文化资本的不足，也要同时激发贫寒家庭自身的文化资本。[1]其中包含许多乡村子弟想要逃离农村的愿望，摆脱自身底层阶层的束缚，流向较之更高的阶层。一些研究指出，与城市相比，整个乡村仿佛是文化的荒漠，"而这样的匮乏心理使得人们远离荒漠，去寻找文化的绿洲和海洋，当城市成为'信仰'，乡村的价值也就会自然地弱化……"[2]从中可发现，使用了"突破"与"激发"等词汇，是研究者自主地将自己带进被动一方。因为文化资本的压制，处于乡村的子弟才想要奋起证明自身能动性能够帮助他们改变阶层的束缚。而将人看作是结构中的被动者，忽视了人的主观能动性，难免带有悲观主义的腔调。[3]每个人的出身无法改变，但只要存有一丝向上涌动的意识，就不被家庭因素与个体处于社会中的刻板定位所限制。尽管文化资本与家庭影响之间存有百般联系，低教育背景家庭借助文化活动实现了文化流动，而高教育背景家庭通过家庭文化氛围实现了文化再生产，[4]但在农村阶层向上流动过程中发挥作用的是特定的传统文化资本，它促使个体能动作用方面发挥功效。[5]

第三，文化资本再审视。学者们关注到了处在精英社会中的农家子弟改变命运的能动性，但却将个体能动性的有效发挥性问题抛却其外。究竟是"寒门"充分利用了"寒门"的特质，还是"贵子"的形成是因其自身的阶级差异意识的弥补，仍是一个不明晰的问题。文化资本理论运用背后的机制问题是将文化资本与社会阶层有机联系的有效解释力，此时的学术关注点集

[1] 余秀兰，韩燕. 寒门如何出"贵子"——基于文化资本视角的阶层突破[J]. 高等教育研究，2018（02）:8—16.

[2] 张玉林. 当今中国的城市信仰与乡村治理[J]. 社会科学，2013（10）:71—75.

[3] 董永贵. 突破阶层束缚——10位80后农家子弟取得高学业成就的质性研究[J]. 中国青年研究，2015（3）:72—76.

[4] 孙远太. 家庭背景、文化资本与教育获得——上海城镇居民调查[J]. 青年研究，2010（02）:35—43.

[5] 韩钰. 家庭传统文化资本对农村青年阶层跨越的影响研究——以鲁西南H村和M村为例[J]. 青年探索，2016（2）:46—54.

中在捕捉并洞察底层子弟突破阶级代际时所展现出来的机制原理。通过对自认为自己带有底层色彩的大学生进行调查，有学者发现底层具有独特形态的文化资本，包括先赋性动力、道德化思维、以及学校化的心理品质。[1]而早期的文化资本投资与农村籍学生在精英环境中的社会成就关系背后隐藏的文化机制表现为，早期的文化资本投资在精英环境中可以转化为学生针对社会活动的态度的倾向，转化为自身参与这些活动的可能性的认识以及在精英环境中被认可的文化技能。[2]

可见，不论是最初对文化资本的简单认识，还是后来深究文化资本的作用机制，都是处于本能的认为"文化资本"与"寒门贵子"之间的再生产性。然而，文化资本从资本意义上来说，并不是针对某一特殊的阶层或社会群体，它的解释性具有很强的普适性。而寒门贵子是指那些出身贫寒仍凭各方面努力获取较高成就的子弟，寒门可谓不是罕见之境，只要家境稍微弱一些，再蒙上带有乡村意义的面纱，都可被视作寒门。试想，在如此之大的群体中获取高成就一定不是件容易的事。或许在一些发展较滞后的乡村中，家里考上一个大学生就已是足够"家喻户晓"了。那么总体上讲，"寒门贵子"的话题之所以能引起人们的讨论，是因为这样的现象本身就是少的，少到足以让人们去思考其发生背后的原因。因此，用一个具有普适性的概念或角度去解释一个特殊的现象，在理论深度上会显得有些牵强。就如韩怀珠等人探讨的那样，底层子弟在基础教育场中的特定幻象与惯习都是权力斗争的结果，并不是先验地来自于底层文化实践本身的特殊性或内在的价值。[3]

[1] 程猛，康永久. 物或损之而益——关于底层文化资本的另一种言说[J]. 清华大学教育研究，2016（04）:83—91.

[2] 谢爱磊，洪岩璧，匡欢，白杰瑞. "寒门贵子"：文化资本匮乏与精英场域适应——基于"985"高校农村籍大学生的追踪研究[J]. 北京大学教育评论，2018（04）:45-64.

[3] 韩怀珠，韩志伟. 从"底层文化资本"到"底层的文化资本"——基于布尔迪厄场域理论的分析[J]. 中国青年研究，2021（03）:90—95.

余论

当我们将视线重新拉回到乡村教育之后，会发现每个乡村的人文、地理有着自己的运行逻辑，就像开篇所说，它能够引导人去往一个较为纯净的地方，一草一木也许都有着看似波澜不惊实则充满岁月的故事。乡村的存在或说乡村的形成是当今为数不多的最能够接近自然的地方，在人需要与自然达成平衡协议的前提下，乡村中的物、乡村中的人也要与自然规律相适应。在乡村场域中，人们获得的体验必定是与城市有所不同的，譬如乡村世界对每个人特有的精神品质的塑造。但以大众视野去看待农家子弟获取高成就时，会本能觉得这是一种由下往上的流动，在此时也就出现了文化获取的多少问题。但借助经济学领域中的"资本"二字直接赋予文化的阶级性，成为现代许多叙事研究学者在相关问题上的首要选择。试着跳出文化资本赋予这一问题的研究范式，我们不难发现，底层叙事已经"前设性地"将乡村中的个体放置在一个底层的位置。那么，这个时候的底层，不仅是一个简单意义上的阶层划分，它还意味着这一阶层的群体绝对没有继续下落的机会，只能向上流动。自然中有一则与之相类似的现象，叫做"水往低处流"，山泉之水是自发地向下流的，若有了向上流动的现象一定是处于某种地理位置上的原因。依照这样的逻辑，底层的向上流动现象是一种不轻松的、不容易的行为。文化资本的资本性就在于它通过文化上的不断流动与获取达到了一种脱离原生文化本身的位置，比如带来的阶层再生产。而我们看不见的感知，是文化资本在不自觉中加重了城市与乡村之间的不平等表象。说它是表象是因为从自身角度来看，乡村中的文化呈现着与城市精英文化截然不同的姿态，它以风物、山川、河流为表征；而城市精英文化则是潜显意义中的文化资本的产物。因此，面对农家子弟取得高成就的相关问题，笔者提倡跳出文化资本的"圈套"。尽管本文中的许多讨论也受其影响，但发生在乡村社会中的现象应当需要一个基于乡村本身特有的理论范式加以阐释，用更加人文意味的理论范式加以进一步的解读和理解。

第六章　外来务工家庭城市教育参与中的"沉默"

　　儿童在日常学校生活中呈现出的身体表达，是对外部世界体验过程的经验性反应。这种自我体验过程，对儿童而言，有时是一种怡然自得的状态，比如"我喜欢一个人呆着"。但是对研究者来讲，儿童的体验表达像是一个"黑箱"，看似无意识的"发呆""咬手指头""自言自语"等，都具备深刻的阐释意义。儿童身体性的反映，不仅是他们内心世界的外露，而且是学校环境与家庭文化磨合和协商的结果。笔者在对山西太原市BZ小学、JN小学（两所学校的学生绝大多数为外来务工子弟）所做的追踪田野调查发现，儿童的生活体验与相应的身体性表达，跟他们背后的家庭养育方式和家校共同体的关系模式紧密相关。教师作为学校的建制机构代言人，其专业知识和职业经验赋予他们话语言说的权威性。在与学校老师的交流中，作为家长的外来务工人员很多时候倾向于扮演倾听者与跟随者的角色，总体呈现出一种沉默状态。而沉默之中隐含的复杂情绪，以及种种不同取向背后的意义阐释力，无疑更吸引研究者的兴趣。因为不管是家长以沉默的方式表达赞同，还是以沉默的方式表明对抗，对于研究者来讲，都能感受到沉默的力量。

　　"沉默"构成本章的主题。主题不仅仅指文本中常见的惯用表达、原始语篇等要素，更是文本或者生活经验意义生成的结果。因此，对于主题的理解和把握实质上就成为"一个自由察觉意义的开放性活动"[1]。现实生活中的

----

[1]　[加]马克斯·范梅南（著），宋广文 等（译）.生活体验研究——人文科学视野中的教育学[M]. 北京：教育科学出版社，2003，第102—103页。

人总认为沉默自带隐性倾向，因此，那些非沉默现象得到了更多的关注，规避沉默成为人们对待沉默的方式。吊诡的是，越是这般，沉默现象越是不会因此而消失，反而在日常生活中变得越发引人注目。其实，沉默本身并没有什么错误，只是会在不同的场景中变换自己的形态，给人们带来不同方面的的冲击。那么，在正确看待沉默这件事上，我们能够做的第一步便是看到沉默现象在日常中的发生。对于外来务工家庭在教育参与过程中沉默现象的研究，也采取探索挖掘文本背后的意义方式。不管是主动选择沉默，还是受制于具体情境，家长们的沉默策略事实上都不是反对或者抵制以教师为代表的学校建制文化。他们的沉默仅仅是回应城市学校教育实践的主体性表征，是将教育的理解结构性地内化到自我的意义世界之中，将个体日常生活中的再生产与社会再生产关联起来，内嵌于家庭、学校、社会的多重社会结构中。家长们在面对和回应已然性的教育秩序时，往往受制于教育秩序潜含的规则影响（比如教师对学生的要求），家长们对这种既成性的回应方式，恰恰就成了他们主体性的生活惯习。

在《现代汉语词典》中，"沉默"被解释为"不爱说笑，不说话"。释义虽简，但是中国文化却对"沉默"赋予了极其丰富的意涵。尽管沉默长期被忽视，但事实上沉默与语言辩证统一。梅洛-庞蒂认为沉默是言语产生的前奏，"如果我们在言语的声音下不能重新发现最初的沉默，如果我们不描述打破该沉默的动作，我们对人的看法依然是表面的"[1]。与沉默的深邃世界相比，言语则如同浮在海面上的冰山一角。沉默在人类日常社会生活中几乎无处不在，人与外在世界的张力越大，酝酿的矛盾、冲突越深刻，这种矛盾或是外化于纷争对抗，或是内化于情感分裂。沉默虽属于个体行为，关联个体的性格气质，但是这一话语实践诞生于特定的社会土壤和关系结构，背后隐匿着一个不断发展和衍变的意义世界，"与可说的世界相比，沉默的世界更

---

[1] [法]莫里斯·梅洛-庞蒂（著），姜志辉（译）. 知觉现象学[M]. 北京：商务印书馆，2001，第240页。

为辽阔、深邃"[1]。胡塞尔"从沉默开始"其现象学；维特根斯坦坚持"对于不能谈的事物"保持沉默；赫伯特·斯皮格伯格"面对现象体验到真正的困惑与挫折"，领悟到现象学的"看"真正意味的是什么；福柯在"历史的每一次诉说"中凝视"不在场的发生"[2]。沉默内含着异质性的意愿、情感、目的，从而内嵌不同的意义。沉默往往发生在语言交流未达，或者语言交流和个人知识表达无效的情境之下。在这类情境下，交流中的一方并非追求"无声胜有声"的效果，而是困于情境之中，苦于找不到出口，引发身体和言语的双重失效，从而做出的一种社会行动。

声音的缺席并不能够构成沉默发生的必要条件，沉默的开始依附于语言的结束，但这并不能代表沉默是因语言的结束而发生，沉默不只是用来知觉与"一言不发"相似的情形。如果我们对现象学中的"意向性"接受认可态度的话，那么知觉某物经验的过程就是有意向地指向它在场中的某物。相反譬如想象、记忆等经验是有意向地指向不在场的某物的方式，因此我们试图间接性地知觉沉默经验时，就已默许沉默的在场，并且这样的在场是充实的。日常的语言性交谈中，必定伴随非语言的交流。沉默并不是日常所见的语言性的安静，也不是个人式的独处。沉默是在具体社会情境中的身体表达和话语缄默，是个人对社会结构心理内化的自我表征，即"单纯的'对语言的断念'以上的事情，即，沉默并不是人根据自己的心情转换到身体上的一个单纯的状态，它是在此以上的事情……沉默是造就人的根本构造的一种东西"[3]。"现象学不以以往的观念和概念来把握我们所生活的这个世界……它让我们做的只有一件事：直视"。[4]只有真正的直面自己的内心，个体才能

---

[1]　刘林平，毕先进，刘昱君. 农民工为什么沉默?——对2010年珠三角和长三角问卷缺失值的分析[J]. 社会科学，2017（04）：64—76.

[2]　张一兵. 历史中的沉默与权力真理——让福柯自己说福柯[J]. 江西社会科学，2013，33（11）：5—13.

[3]　[瑞士]马克斯·皮卡德（著），李毅强（译）.沉默的世界[M].上海：上海书店出版社，2013，第1页.

[4]　邓安庆.现象学伦理学对于我们为什么如此重要? [J].现代哲学，2016（6）：55—61.

抓住其真正的想法。日常中的沉默发生让我们直视生活的本真，课堂情境中的沉默发生让我们直视学生的本真，在直视学生本真的同时，也是在自我直视。作为日常的经验呈现，沉默本身具有深刻的本体论意义，沉默总与日常生活中自身之"在"息息相关。但是，对于日常生活中主体经验的描述，仅从抽象的概念中难以把握经验背后的意义结构。从个体存在层面来看，沉默展示了日常生活中身体以及延至生命价值的质的规定，成为日常生活结构中确认人存在本源的本体构成。如果我们进一步承认胡塞尔所说的交互主体性这一现象学判断成立的话，那么，日常生活中常见的沉默现象，必定会因形态各异的实感而富含生动的意义。其原因在于，既然沉默是内嵌于个体的本源性存在，来自于个体的知觉经验，个体在日常生活中感知并融入世界的过程，必定发生主体间性的认同或者碰撞。

在日常生活中，我们可以想象一个满是沉默的情境，因为我们可以有意向性地指向不在场的语言，但我们很难想象一个满是语言的情境。这证明了沉默是必须在场，我们无法真实地、有意向性地指向不在场的沉默，沉默存在的时候，便没有了其他事物得以存在的地方。当沉默发生时，它能根据自己本身所拥有的力量而作为一个完整的整体而存在。如同上述提及的那样，语言的结束也许意味着我们意识到了沉默的存在，非语言化是沉默得以存在的一种形态，而沉默表现出的形态也绝非仅有语言缺席这一种。但奇妙得是，尽管需要借助语言、神态、动作，不管在什么地方，什么情境中，我们都可以采用不使用肉眼的方式看到沉默。当它发生时，它占据了我们的意识，甚至一切精神都为之而存在。沉默在由自身构建起来的充实世界中并不会发生削减或增强，如果非要说它变化了，则只能说是沉默在不同的情境之下选择了最适合自己的表现形式。类似于"沉默是金"、"不在沉默中爆发，就在沉默中死亡"这样的言论实则也在印证，沉默的充实使得其如土壤一般滋养更多的事物。沉默与语言两者之间并非存在某种对立的关系，沉默的充实造就了语言在其世界得到滋养和成长，沉默同语言一样有着不可测的力量，相似之处恰恰在于二者都能对个体心理的表征方式产生影响，这时，可以将沉默看作是语言来源之处，相伴相随，与此同时，也各自存留在各自的空间当中。从现象学的理论视域看，生活中的沉默绝不是空穴来风，在简单的日常中，它也一定在个体中存有重要地位，而这也就是纯粹地在意识本身中确定地显示出来的对象。显示的方式也一定是变化着的，因此，要对沉默这一概念做出直接地意识上的分析。我们需要正视沉默的恐惧，将沉默视为一种自然状态。[1]当我们选择了沉默的生活，我们就要做好准备接受沉默本身带来的影响并辩证地看待它。

沉默虽然作为一种生活中较为常见的现象，但起初在教育教学领域中并没有受到很大的重视，人们往往认为人与人之间的语言性交流才具有价值和意义，但随着课堂中逐渐学生"不爱说话""不回答问题""家长参与不积极"等问题现象出现之后，人们才关注到课堂内外的沉默现象。本研究中，样本家庭与样本个体是研究者分别在太原市BZ小学连续两年田野调查和JN小学半学年田野调查的基础上依照目标抽样的方式获得的。在BZ小学的样本中，按照学生在校的学业成就高、中、低不同表现，研究样本中对应选取了居住在BZ社区（太原市区的一个城中村）8个家庭，研究者对家长与儿童（5名女生3名男生）进行了多次访谈（每次不少于90分钟）。同时，研究采用小组访谈方式对儿童的生活体验进行了访谈，并对BZ学校的6名教师（全部为女性）进行了多人次访谈。文中部分出现的文本编码方式为：子女学业成就高低（H/L）+性别（M/F）+序号（1.2…）。在JN小学样本中，对笔者实地调研班级34名学生作为整体观察对象，并重点对个例学生进行深度访谈。编码方式与BZ小学的样本相同，但未区分学业成就高低。同时，考虑到研究伦理中匿名与保护受访者原则，对文中出现的学校名称、学生姓名、教师姓氏均进行了化名处理。

一、家长参与的"沉默"浮现

在以学校为本的家长参与中，总能感受到家长群体的沉默，但是对家长

[1] [瑞士]马克斯·皮卡德（著），李毅强（译）.沉默的世界[M].上海：上海书店出版社，2013，第1页。

进行个人访谈时，发觉其沉默背后往往有厚重的情感和难言的苦痛。五年级男生薛西在家中三个孩子中排行老大，父母在BZ社区经营一个菜摊，薛西平常也帮父母忙。因为薛西是家中长子，小时候最受父母宠爱。薛爸爸最关心孩子成绩，但也深受与教师"沟通"的困扰。学校老师要求学生讲卫生，薛西因为手脏受到批评。薛爸爸认为老师的批评有些过分，"孩子淘气这不是正常的吗？你家孩子不流鼻涕、手不脏呀？在家我们帮擦，在学校你帮擦？""你看我卖菜手不是也很脏吗？"（L-M-1）随后，薛爸爸的言语转入缄默。学校的教育情境与家庭私人文化的差异，是导致家长沉默的重要因素之一，形成学校文化与家庭教养方式之间偶发冲突的重要原因。家长的沉默浮现于看似平常琐碎或无足轻重的事件中。沉默一方面蕴含着家长渴望某种话语的冲动，另一方面又拙于言辞。薛爸爸也表达过与老师交流的意愿，"你知道不同老师说话方式不同，有的老师你就能谈来，有的老师……我就不说是谁了。""孩子成绩不好，老师家长都有责任，你说怎么都能推给家长呢？""每次开完会，我就喝两口（酒），骂就骂了吧。""老师说作业不写，回去揍他一顿。"当薛西想要爸爸辅导作业时，"孩子把作业翻开，这不会，我一看，两眼一闪黑，咱也不会。"（L-M-1）在访谈过程中，家长"一瞬间的怔怔""模糊的笑意""我就不说是谁了"的隐晦，"喝两口（酒）""两眼一闪黑""迷惘神色"等都是"沉默"的外显形式。

家长的沉默不仅仅是个体行为发生，但似乎也很难撇除制度化的因素。在学校权威和家长受教育程度有限的双重局限下，家长的沉默具有了合理性。当他们的沉默被迫打破时，其话语会成为主流话语的附庸。

2016年11月30日家长开放日家长们观看孩子们表演和参观学校。家长们坐在后排，开始比较严肃，看了孩子们的表演，期间偶然会流露出笑意。节目表演完，领导来视察，一位老师和班主任说："领导要来，再表演一次吧。"领导来之后，家长们都站起来，微微的紧张，领导示意大家坐下，家长们仍然站着。一下课，家长和老师往外走，一位父亲走得很快，坐到了校园里一张木椅上。几位母亲和班主任交谈，班主任诚恳地说："有什么问题提出来，看看有没有缺点。"几位家长神情拘谨，其中一位家长比较健谈："刚开始可能有点不熟练，不过挺好，孩子们表演没什么条条框框的。"班主任仍然不满足，问另一位家长："您看有什么问题？"那位妈妈局促地笑了，摇了摇头。

在小小的多媒体教室，家长们挤在一起，他们的表情很相似，无动于衷。当看到我和另一位同学站在门口观察，露出防备的神情。虽然董校长一再强调让大家提出意见，并发下反馈表，但家长们均以沉默相待。家长们虽然彼此陌生，但是却奇妙地结成一个联盟，似乎如此便可以共同承担来自学校的无形压力，如此便是安全的。

日常生活中的真实细节虽然琐碎，但也可用来建构丰富的意义王国。按照赫勒的理解，日常生活是"同时使社会再生产成为可能的个体再生产要素的集合"[1]。这一理解注重日常生活中两种再生产方式的关联，将个体维系生命和延续生存内化到多重的社会结构中。日常生活中的纷繁环节，呈现出多样的个体间交往，或通过语言，或通过空间和时间，或通过权力结构，或受制于日常观念和习俗，将个体锚定在真实、鲜活的社会文化情境中。个体在日常世界中交往所面临的一个不可回避的前提是，进入一个已然或者既成的世界。虽然个体的生活世界可以是自己的创构，但我们面对的日常生活世界是一个主体间性的世界，同一时空下存在着重要的他者；发生着异质性的经验，从而生成着丰富的解释。"个人不仅出生在一个客观的社会结构中，也出生在一个客观的社会世界中"[2]。据郝正的妈妈回忆，"孩子以前不偏科，二年级调来新的语文老师后，对孩子要求不是很高。孩子成绩也就下降了。这个班上的家长也从不交流，家长们都不重视孩子学习。因为老师布置作业不多，我们也去找老师交流，但没啥效果。"郝正上四年级时，班上语文老师再次更换。"以前闫老师在，重视他们的阅读理解，现在的林老师重视写

[1] [匈]阿格妮丝·赫勒（著），衣俊卿（译）.日常生活[M].重庆：重庆出版社，1990，第3页。

[2] [美]彼得·L.伯格，[美]托马斯·卢克曼（著），吴肃然（译）.现实的社会建构：知识社会学论纲[M].北京：北京大学出版社，2019，第163页。

字，孩子字迹工整了不少，但其他方面还是不行。"郝妈妈摇头，"之前的老师调座位，把捣蛋的放前排，林老师上学期嫌郝正说话，放在后排。"之后郝妈妈没有再抱怨林老师什么。只说"一个老师一个风格"。（H-F-2）从情感层面来看，家长的沉默表达出他们对教师和学校的无奈、沮丧甚至绝望。很多时候，来自社会底层的家长对教育并不是一无所知，与学校教师相比，他们对孩子的需求有更加深刻的觉知，对孩子未来人生发展有更加殷切的期待。但是当这种认识与期待与教师反馈形成冲突时，手足无措的家长易陷入迷茫和失语。

既然日常生活具有已然性或既成性，个体往往受制于某些被确定、被接受的秩序前提中，个体对这种既成性的接受或者抵制，会塑造其行为方式，从而养成个体的生活惯习。在日常交往中，个体不仅接受他人的角色、态度和社会位置，感知他人的意向，同时也在这一过程中接受他人的世界。个体通过反身性的社会内化，在主观上接受外在的社会世界和他人身份。薛爸爸最初并不是这般妥协，他也用自己的方式反抗过。二年级时薛西曾有一次逆向转学经历，从太原转回老家学校。"我家孩子以前还是好学生呐，成绩下降这也怪我。一年级他学习挺好，字也漂亮，不像这（边说边瞅了一眼放在桌子上的生字本），后来来学校，就这（家长会），来了被老师劈头盖脸一顿骂，我也是受不了，就带着孩子转学回老家。"但是转学回到老家后，问题并没有解决，迫于无奈，薛爸爸又打算将孩子转回太原。薛西在太原几所不同学校碾转，得到的回答是："你家孩子脏、淘气、成绩不好，不要！"薛爸爸无奈愤慨地说："孩子又不是一下就长大，你家孩子从小就干干净净的？""学校不就是培养人吗？这现在……"后来，薛爸爸找到了BZ小学的董校长，好不容易才把薛西调回来，"慢慢就跟不上了。"薛爸爸说薛西已经留级两年了，"像他那么大的，都去初中了。"（L-M-1）当然，将"脏、淘气、成绩不好"解释为被学校拒收的理由，于法于理都说不过去。至于学校给出的反应是否如薛爸爸的说辞一致，也无法进行查证。更为合理的解释是，这是薛爸爸对自己遭遇的一种情感表达，而不完全等同事实本身。

语言构成社会交往，确切地讲，是社会交谈的重要工具。按照维特根斯坦的说法，"语言的述说乃是一种活动，或是一种生活形式的一个部分"[1]，对语言的把握，不能离开具体的生活情境。通过语言性交谈，个体间将个人生活通过自我意识的方式转换成对社会世界的理解，并且在理解的基础上，创造共同的生命经验的意义。而语言性交谈的达成，总是依托特定的具体社会基础和社会过程，即某个体在一具体社会情境中对自己重要性的认同。如果这种基础受到威胁，交谈的通畅性就会受到影响，转而形成可能出现的沉默现象。沉默现象的产生，在实质上，是个人世界与外在社会结构之间的区隔。这种区隔，或发生自个体情感上的自发性反应，或是作为回应社会世界的一种行动，都构成了作为主体意识和主观经验的个体意向性的心理表征。谈到是否会主动与老师沟通的问题，薛爸爸说"没人敢跟老师主动沟通，一沟通劈头盖脸骂你，谁受得了"，"那就做个好人吧"，"咱家孩子在人家手底下"，"要不和老师说了，就一句话'把你家孩子带走吧'"。（L-M-1）这种情形中的沉默更接近意志层面的无声抗争，即觉察到自己的不利处境，无法适应外在秩序，将孩子低学业成就和自己的"失语"归因于教师，但又无法与教师权威抗衡，只好"沉默"。由于家长自身文化程度、社会地位等带来的自卑感，他们很难将自己的诉求表达出来，并与教师进行平等对话，由此会产生沟通抗拒。在缺乏安全感时，家长倾向于朝向与自己同阶层的人或相识的人寻求支持。正如韦林所讲："我妈妈不想接受家访，她不会讲普通话，在老家的话她可能就接受了。而且我家搬了，我妈不喜欢别人去。"（H-F-3）

二、学生学校生活中的沉默世界

沉默的本体论意义造就了它在寄居于个体精神世界中的时候，不带有任何意识层面的意图。凭借其自身全面的渗透性，沉默在学校情境中也能得

---

[1]　[奥]路德维希·维特根斯坦（著），李步楼（译）. 哲学研究[M]. 北京：商务印书馆，1996，第17页。

以生存。儿童所处的日常学校生活与普遍意义上的日常生活相比，因其简单纯真的特性也吸引沉默在这里发生。儿童在日常学校中的无意识表达，都因沉默而变得越发具有实感，而其存在性也在沉默中得以加强。可以说，儿童所在的学校情境能够为沉默营造出一个安全性更强的空间，当沉默居于其中时，也能不断释放出更多的用人类"肉眼"看不到的东西，学校生活中灵动的儿童也给予沉默更多的表达。

需要特别说明，儿童这一特殊的群体可以赋予沉默更加生动具体的形态。同样，沉默在学校这一特殊情境中也能够被更加清晰地意识到。这样表明，对于沉默的双重性倾向上的选择有了一个较为明显的束缚。与日常生活中的沉默有所不同的是，在以提倡"开口说话"为圭臬的学校经验场中，儿童的精神释放得不到一个相对自由的空间，沉默在学校情境中所呈现出来的形态更加偏于负面化，或者说，在儿童表达出来的沉默中，那些"低沉的""不明而来的""消极式的"形态更容易被观察者捕捉到。然而，我们也不能说在学校情境中并没有出现正向意义上的沉默表达。在儿童逐渐成长的过程中，他们的意识也在不断地生根发芽。在看待同一件事情上，在儿童群体内部很容易产生不同的见解与想法。沉默在这样一个具体的、看得见的学校之中，其外显的表现形态愈加丰富，但其特殊之处在于处于学校情境之中的沉默对于教师而言是一个极为矛盾的存在。很明显的例子是，教师们既希望自己所在的课堂之中时刻保持"安静"，但又担忧学生在课堂上过于"沉默"，想要试图打破"沉默"。类似于柏拉图描绘的教育情景那样，教师将学生从无知的洞穴中拉出并且站在富有真理的光芒之下，用手势或语言说出最基本的那个词："看!"也许，教师在很多时候也困惑于究竟如何看待课堂上的沉默，除了以"不说话"为主要形态的沉默之外，学生许许多多的行为都是在告诉教师，他们在沉默。那么沉默在学校情境中究竟是否含有一定的存在意义呢?答案是肯定的。学生的沉默不仅透露出学生的心理状态、与他人的交际情况，并且在每一个沉默学生背后所带有的不可言说的"秘密"，都是教育研究者应当给予特别关注。

从人生命中的求学阶段来看，小学正是一个最为活跃的时期，在此阶段的小学生不仅思维活跃，而且更容易产生对事物的感知。这一时期的儿童心智尚未完全成熟，个体性发展也十分多样，对是非真理的判别有限。教育对于这一时期的人格形成具有十分重要的作用。因此，对待小学生的教育教学不能只将重心落在学业成绩上，还要关心这一阶段学生的身心能够健康、全面的发展。学生在课堂中的沉默包含了多种复杂的可能，随着对课堂沉默这一研究的深入，许多从事教育领域的人员也不再将沉默视为课堂中的"仇敌"。我们说，当语言产生之时，沉默便被意识到了。那么，在非语言的状态下，沉默又该如何被意识到呢？通过笔者大量的田野调查发现，学生在一瞬间内的小动作、神态及其连带着的个体观念、想法都与沉默有着不可分割的联系，并通过自身表达出的外显形态，印证着沉默的发生。在课堂情境中，学生的沉默可以看作是体验他人关系的特定手段。本节接下来的文字，来自多样的、反复的课堂观察，对学生沉默表现的具体样态进行范畴划分。其中，积极性沉默是指学生在课堂情境中通过沉默达成了自我实现，在这一过程中，学生在课堂中的学习能力也得到了很大的提升；而消极性沉默是指学生借助沉默实现"不"的表达，不仅自己在课堂中的学习效率降低，而且对学习的厌恶情绪也在不断深化。

（一）积极沉默

无论是日常中的沉默，还是课堂中的沉默，沉默的存在不再仅仅是不符合教学标准的"敌人"，许多时候的"无声"胜似"有声"，在教师传授知识的过程中，学生沉默式的回应实则是对课堂内容的深入性思考，而沉默也成了课堂中的一种听课"手段"。

1.课堂参与

在英语课堂的师生互动过程中，学生的沉默是一种隐形参与课堂的方式。学生们会注意倾听同伴在同一件事上有什么见解，并且根据教师的互动回应将自己代入课堂之中，以加强自己看待问题及解决问题的能力，从而丰富自己的想法并且做出进一步思考。在现今的英语学习中，词汇课是开启一整个单元至关重要的导入课，以"birthday"单元为例，文中出现了大量有关"生日"的词汇需要学生去掌握。四年级一班的Z老师在备课期间认为，通过课堂互动来促使学生对词汇的理解与记忆会更加高效。当Z老师用英文引入主题后，班里有不少学生都举起了手，争相给出与"birthday"有关的词汇。有的说apple、orange、candy；有的说birthday card、pen、pencil、toy等，十分活跃。笔者注意到班里成绩较好的张蕊（F-3）一整节课都在默默地听着，手里也在不停地记着什么，丝毫没有想要发言的迹象，这与她给笔者留下的活泼、好动的印象十分不同。而在课间与之访谈的过程中，笔者了解到，张蕊只是在换一种方式参与课堂："这个问题很简单，我能想到好多，像party啊、card啊、orange等有好多，我沉默是因为我在等别人说出跟我不一样的答案，像贺霞同学（F-4）说的toy我就没有想到。"（张蕊一边说着一边给笔者翻出她在课堂上记下同学所说的不同答案）而课堂中的张蕊在"观看"其他同学与教师的互动时，较为明显的是她紧蹙着的眉头，虽然只字未言但也紧紧跟随课堂的节奏，包括她的坐姿也会随着其他同学与老师的互动而发生方向上的改变。所以说，沉默不单只是简单地指向课堂上不爱说话的贬义色彩，它还可以作为个体参与互动的方式。表面上看，课堂上发生了许多同伴在互动，张蕊自己并没有实际的身体性参与，但这并不妨碍她意识层面隐形的课堂参与。

2.沉淀反思

在核心素养理念的影响之下，英语课堂中的提问环节成为英语课堂教学必不可少的一部分。提问不仅能够培养学生的语言能力，也能够增强学生的思维品质，[1]学生学习语言、文化具体现象的能力会得到很大的提升。当问题被抛出之时，认真参与课堂学习的学生则不由自主地进入分析与思考，而沉默在此时便为学生的分析与思考提供了恰好的空间。Z老师为了扩展学生的思维能力，在课堂中会设置许多问题。借助提问，刺激学生通读文章，并且分

---

[1]　李晶. 从英语课堂教师提问入手培养学生思维品质[J]. 中国教育学刊，2019（S1）:110—112.

析前后文之间的逻辑关系。宋星（M-15）是班里较少热爱思考的学生，成绩还算不错的他盯着黑板似乎看出了神，当身边较好的同伴们针对老师的提问都挨个说了个遍时，宋星也毫无反应，好像将自己隔离出课堂激烈讨论的氛围之外。在与他课后的访谈之后，笔者了解到，学生有时会陷入不断地自我怀疑中，他需要更多的时间与空间找出自己的问题所在，"我倒是也会说，而且我听到有同学把我的回答说出来了，我就一直在想一个更好的答案，可是我不确定自己说的对不对。我记得是三年级下学期学到过这个单词，也不知道放在四年级的问题说行不行。而且有的同学说的很好，我在想自己怎么就没有想出来。"宋星无意识的思维习惯已将自己带进沉默中，在思考的同时也无暇顾及到自己要使用语言的方式参与进课堂，沉默无意识的发生也使他因没有其他外界环境的限制而能够在自我空间内得到更好的提升。

3.顿悟升华

课堂中，英语教师喜欢在讲解一个较难的问题时，采用各种启发式的引导策略。一个较为完整的英语课文的学习情境通常会被大体划分为Lead-in、Presentation、Practice、Summary几个部分，而当教师完成一节课的呈现环节后，便自然进入了重难点教学环节，这一部分既需要教师讲得精彩也需要学生全神贯注。在Z老师想要让学生们学会使用句型"How can we get there?"时，同时将陈述句型"We can get there by taxi/bus/bike…"写出来，呈现陈述句转至疑问句的过程。此时课堂中的张原（F-8）张着嘴巴想说却又未说、刘瑞（F-9）一边咬着手指一边紧盯着黑板、王赫（M-10）手里的笔停在了指间……在时间凝固的片刻之间是学生显现出的沉默状态，他们不自觉地进入自我顿悟的心境中。直到Z老师重复三遍的询问："Could you understand why we say How can we get there?"这时的学生才纷纷点了点头，示意教师他们已经听明白了。王赫依然沉浸在沉默之中，突然似乎想到了什么便立刻低头动起了笔，"我发现这个知识点其实很简单，老师上课一说我就明白了，好像这一单元后面部分我也都能自己学会。"王赫的突然顿悟是在自己产生出沉默行为之后而被意识到。也就是说，课堂中的顿悟现象是发生于沉默空间之中的，由此产生的理解与升华便借助于沉默的"加持"愈加强烈。此刻的沉默，恰恰达到了思维留白的功效。

4.自我防御

学生在课堂上表现出的某种行为，有时也是下意识地对自己进行防御，正如明了某件事情选择不必多说，或不必要说，这是一种隐藏思维的方式。通过学生的语言能够察觉到他们正在隐蔽自己的思想。有时沉默对于学生来说是一种保守内心的方式，他们并不想破坏内心沉默中的平衡。此时的沉默如同秘密一般，一旦打破沉默便是将内心深处的秘密揭之于众，这样会让学生感到自己的隐私受到了侵犯。Z老师在英语科目中的课程思政内容部分设计了"爱家乡，爱祖国"活动，加深学生对家乡的爱以及对英语学习的兴趣，特地用英文上一节以"hometown"为主题的英语课。在播放完视频后，许多学生都热血沸腾，迫不及待地想要使用英语与老师分享自己的感受。笔者注意到了低着头的许萱（F-16），换作平日她定会奋力表现、表达自己，而在这节课上她一直低着头。"I want to be a teacher."（这是许萱在观后感中写的第一句话）被触动到的许萱并未脱离课堂，只是为自己构建一个情感掩护的世界。许萱是一个典型的随迁子女，父母带着她来到太原市，除了学校里的同伴之外，几乎没有别的朋友了。在与笔者的访谈中，许萱也流露出了对老家的怀念，"我想到以前在老家的时候，我有很多小伙伴，还有爷爷奶奶陪着我，爸爸妈妈为了赚钱带着我来到了太原。爷爷奶奶告诉我一定要好好读书。"（许萱的眼眶泛红）"这是我以前的事，我不想告诉别人，如果我在课上说出来的话，那大家都知道了我的秘密，我只能自己写在本子上了。"（当许萱与笔者交谈时，下意识地摸了摸课桌里的最深处，当注意到笔者的视线时，又很迅速地将手拿到了桌上）。对于许萱来说，无论是朝夕相处的伙伴还是严慈并济的老师，都成为秘密的"侵入者"。同许萱一样，许多学生已渐渐形成了自我保护的意识，自己的隐私是这个年龄阶段藏在心里最深处的秘密，不容任何人窥探，而当自己处于不得不互动的英语课堂中时，沉默为其构建了一个极为安全的空间。

（二）消极沉默

1.身体抗拒

日常生活中，我们的身体行动帮助我们做出许多表达，其中便包含沉默。身体作为个体能够得以存在的必不可缺的部分，并不会和人们所说的头脑中的"意识"形成对立；相反，身体恰好是我们意识层面能够赖以寄居的必要基础，从中流淌过的每一滴血液都将经过意识的川流，出现在身体内宽广和狭窄的对话中，当身体内部的感觉达到了一定的程度就会立即有所反应。[1]小学英语课堂要求学生与教师的互动不仅仅只是存于说话与不说话之间，也需要学生在身体上的表达与回应，比如英语课堂中的"Let's chat"环节就十分需要师生之间身体语言的相互配合。若出现学生身体上的"拒绝"，这实则是在表达自己对课堂的抗拒。我们常说眼睛是心灵的窗户，这是因为一个人的眼神能够透露出他的内心甚至是潜藏于最深处的意识本能，从一个人的眼神当中我们也许能够观察到许多信息。小学英语课堂中，虽然大多时候师生节奏都非常"合拍"，学生跟随着教师，尽力地获取教师想要传授的内容。但也会出现"所言非所想"的情况，学生嘴里念叨着并不是其在课堂上所能理解到的知识。四年级一班的刘瑞（M-9）一向都是班里的佼佼者，她的英语能力也非常强，课堂上她也能够紧跟拼读单词"c-o-u-s-i-n"。不同的是，别的同学都是在跟着老师拼读，刘瑞却不知在思考什么问题。当身旁同学拼完"c-o-u"时，她才开始拼"c"。Z老师感到很奇怪，瞟向刘瑞，刘瑞似乎感受到了视线的"灼烧"，便立即看向另一方，Z老师无法通过眼神进行沟通，于是想要求刘瑞站起来重新拼读，刘瑞又将视线转移到了书本上。刘瑞整节课都在躲避老师的眼神，也在用这样的方式间接地透露出自己的沉默状态，虽然也似乎在跟着老师上课，但教师与学生之间的互动阻碍绝不仅仅只限于言语上的非沟通，视线的逃避成为绝大多数学生选择用

---

[1]　[德]赫尔曼·施密茨（著），庞学铨，冯芳（译）. 身体与情感[M]. 浙江：浙江大学出版社，2012.

来间断老师与自己互动机会的"良策"。

人类的身体帮助个体传递各种各样的信息，身体外显成为我们意识的表达。例如当我们极度厌恶某样事物时，也许我们不会通过言语、表情、神态显露出来，但我们却总有种无意识下的身体抗拒，譬如向后退一步以表示拒绝，向别人靠拢以表示信任等。在活泼丰富的英语课堂中，"下意识"的抗拒时常发生。坐在班级第二排位置的周诗（F-12）在平日是一个听话乖巧的女孩，但她今天却忘记了预习。Z老师尤为注重学生的课前预习作业，她曾告诉笔者自己的教学理念是"Preparedness ensures success and unpreparedness spells failure."于是在课堂上出现了这样的一幕：每当Z老师经过周诗同学身旁，周诗都不自觉地将自己的身子倾斜过来，用自己的胳膊环抱着课本，挡住自己没有预习的证据。周诗课后告诉笔者，"我真是害怕极了，真怕Z老师看到我白花花的课本。"身体上做出的"倾斜"实际上于沉默之中能够帮助个体更好地意识到自己的缺失。

判断学生在课堂上是否认真听讲，除了观察学生上课积极性与主动性之外，还有一种较为直接的方式，即根据学生的身体姿势与状态来进行直观判断。若是一节课足够吸引学生的参与，那么大多数学生则会不自觉地向前倾、坐直、坐端正以求得老师的注意，从而参与课堂中的互动。郭齐（M-25）在班里经常闷闷不乐，他的成绩较为一般，每次的作业也能按时交，考试也能及格，很难将他与传统认知中的好学生形象对应起来。Z老师在讲授"My friends"一课时，内容的趣味性与简易性吸引着班级里不少同学都保持端正的坐姿并且认真听讲。当班级里热烈地谈论"My friend is……She/He likes……"等相关问题时，郭齐随着课堂的热度慢慢松懈，逐渐弯下了身，慢慢双手交叉，在这个过程中，灵敏的郭齐总是能够精准地预判出Z老师与同学们互动的瞬间，为自己的趴下过程做好铺垫：先是看准Z老师的位置，然后校准自己与前排同学的位置，再将腿伸向前方，慢慢趴在桌子上，同时确保自己的身体低于前排同学。若他一直维持趴着的姿势，老师也就很难再注意到他。也许在课堂中，趴下是一种松懈、懒散的表现，这样的身体动作确实影响学生在课堂中的良好状态，但也能成为表征课堂沉默的形式之一。

笔者还经常发现学生们在课堂中转动手中的笔这一动作。有时这一动作似乎伴随着思维的转动，但在互动中转笔则是学生逃避或是纠结于是否回应教师的表现。张杰（M-14）在老师提问时总会不自觉地转笔，"等Z老师问完这个问题我就不转笔了。"（张杰课后告诉笔者）这个过程中的转笔动作似如人紧张状态时的"屏住呼吸"，而停止转笔则似如"松了一口气"。当问及为什么转笔时，张杰给出的答案也非常的简单，"因为我不想回答这个问题，我感觉我转笔的时候时间就能过得快些。"当人紧张时，想要试图与诱发自己紧张的因子作抗拒，也许言语仍有表达，但思维层面却自主地"退缩"，退缩到自己的沉默空间中。而在这一场景中，这位学生便是借助转笔这一动作完成了自己退缩至沉默空间的过程。学生做出的类似于转笔这样的身体行为还有很多，比如，摆弄桌上的橡皮、磨蹭书角，等等。每一堂课中，教师释放出的互动有很多，学生因处于各种原因也会在每一个互动环节采取身体上的行为来传递自己接受互动的意愿，或者单方面拒绝互动的信号。

所有以上身体表达，无论是视线逃避还是转笔、趴等行为，都是个体在身体内进行的一场沉默与不沉默的抉择。我们的身体赋予我们能够生存于世并去体验外在经验的能力，每个人不仅只是借助肉体存在，我们的存在本身就是依附于身体寄居的空间的。个体的差异性造就每个个体身体的不同，而身体对外在经验的体验又成为身体获知的基础和条件。身体的认知能够有意识地判别沉默的认知，我们谈到沉默是一种对意图的放弃，这样对意图放弃的认知能够被身体而感知，因此也成就了学生课堂沉默的种种形态。我们的身体有着宽广而狭窄的对话，也就是说当个体身体内部的感受达到了一定的程度，会试图爆发出某些行为来，而上述几种行为，便是个体身体上的爆发，是对沉默的表达，更是透过外显的沉默去听到其背后的根本声音。

2.意志强力

意志是理解人类行为的核心概念，种种表象性的行为表达都关联着看不见的意志。人类的种种行为是实践意志的行为，也就是说意志并非仅是通过对表象的直观而指向客体或价值对象，而是通过对实践过程的直观察觉指向一种非现成的实践目标。课堂中的沉默，有时能够反映出学生在其自身的意志中表达其对某件事、某个人或者某样东西的强力不满，是学生将自己的意志付诸直观的意向表达。这些意志在课堂上则表现为学生个体对自我意识的在意，这样的在意是有失偏颇的，也容易走向极端化。

学生在课堂中表现出的沉默，有时能够反映他们并不在意身边同学对他们的评判，也不在乎和老师建立起一种能够循环反复的良好师生互动默契。从Z老师的描述得知，班里的严嘉嘉（F-23）是一个非常"有想法"的学生，课堂中的任何一个批评或是赞扬都无法掀起她内心里的波澜。一日课间，因与前桌同学产生了矛盾，未能及时在上课铃响前回到座位，因此受到Z老师的斥责。严嘉嘉也毫不在意，丝毫不显慌张。她对老师的斥责以及同学的异样已经感到麻木，在学校中的大多时候都表现出我行我素的模样，包括在课堂中当被给予诚恳的期望而被邀请参与互动时，也会表现得出奇平静。Z老师想要给严嘉嘉一个改过的机会，请她来翻译句子，严嘉嘉站起来后直直地杵着，不但只字未说而且并不清楚Z老师的问题是什么。"英语不就是背背单词嘛，干嘛总是喊我们站起来回答问题"，严嘉嘉一下课便十分"气愤"地向同伴抱怨着。"Z老师一直不喊我才好呢，我巴不得她天天看不见我，而且即使我会我也不想说，我也不care。"（严嘉嘉骄傲地与同学分享自己对英语课不予理睬的看法）严嘉嘉对于课堂中Z老师的互动不予回应，并非出于自己不会回答老师提出的问题或是对老师的厌恶，而是仅仅出于她的内心已经建构出"上课就应该好好上课，而不是非要让学生回答问题"以及产生"因为上课参与互动而受到表扬或认可感到的不在乎"的观念结构，这种想法扼制并截断了自己想要参与互动的意图。

当学生全然受自主意识支配时，课堂中的他们便会因想要拒绝被支配而沉默。在他们的意识里，老师并非权威，他们只是被迫接受权威，这既是无声的反抗，又是对自我个性宣扬的方式。课间的办公室里，经常出现的学生要么是班里负责收放作业的同学，要么是经常犯错误的同学。刘小锐（M-

21）犯的错误与旁人还有些许不同，不写作业、顶撞老师、破坏公物等。每当刘小锐的爸爸或是妈妈来到学校时，刘小锐又表现出一副认真听话的样子。个体意志力的强力，往往会由于刺激因素而变得愈加强烈：Z老师越是请刘小锐的家长，刘小锐的反抗意志越是坚实。然而，就学习成绩来讲，刘小锐并非班里的差学生，他的各种行为表现更像是对教师的"报复"心理。Z老师布置的英语习题，刘小锐也能够结合自己课上听讲来完成；而在课堂中，刘小锐看着自己作业本中写着的"A选项sister"，毅然说出了一个最不可能、也最无厘头的"B选项brother"。在老师的一番讲解后，再次询问刘小锐，他依然说出那个不可能的答案B。"我的英语成绩本来就不好，Z老师不就是喜欢针对我嘛，今天我估计那样说Z老师总算满意了吧。"笔者了解到，刘小锐自三年级学英语以来就一直提不起兴趣，认为学好自己擅长的数学就比较厉害，"我觉得没什么必要在英语课上互动，英语嘛，也不是特别的重要……我知道是A，但我就是想选B，Z老师平时教我们的和她说的那些就一定对吗？她当班主任很多时候都不会解决，我上次在视频课里就觉得那个老师讲得比Z老师专业多了"。刘小锐的家长为了孩子的学习而特地给他报了网课，但他并非真正喜欢网课里的英语老师或者他们的授课，而仅仅是因对通过平板电脑学习而感到新奇。刘小锐因为自己的"想法"而想要对Z老师的权威和课堂教学秩序提出挑战和质疑，沉默在此则是助长自己不一样的个性方式。

3.情绪抵制

因情绪的复杂性，每个人在不同情境中产生的情绪体验也不同。情绪能够表现为积极情绪的协调作用以及消极情绪的破坏、瓦解作用。诸如愉快、兴奋、激动等积极情绪能够帮助个体提高认知水平，而诸如紧张、恐惧、痛苦等消极情绪则会对个体认知产生消极影响。产生情绪体验的同时也会伴有某种生理唤醒，比如在学生落泪的生理反应背后潜藏的是其悲伤的情绪体验，而在真实的课堂情境中，学生在呈现的面部表情、神态等与情绪相关的变化都能帮助笔者实现更近一步的观察。

在教育的世界里，与学生相处是一门学问。许多时候学生之所以沉默，是因为沉默是他们宣泄"坏心情"的方式。班级里一直被安排坐在教室角落里的岳东东（M-28）上课时总会埋下头或是盯着窗外。作为班里"四大天王"（指的是班级里经常不写作业的四位同学）之一，东东对老师和同学来说都是一个"糟糕"的存在，甚至东东的母亲也有这样的想法。Z老师想要给岳东东一个敢于表达自己的机会，在上课的热身环节特地向他抛出一个较简单的问题。Z老师希望岳东东来回答这个问题，哪怕是他能抬起头看看黑板。而岳东东从站起来的那一刻便一直低着头，纹丝不动地紧盯着书本，默不作声。此时班里的同学开始叽叽喳喳地议论起来。当一个学生成了班里用来谈论的话题时，其与他人的交往隔阂也变得越加厚重。这也成了岳东东对Z老师以及Z老师所教的英语课的不满。课后的访谈中他告诉笔者："老师，今天早上妈妈又骂我了，在学校，老师和同学们讨厌我，在家里，妈妈讨厌我，她嫌弃我没有把英语学好……我现在最讨厌的就是英语课，要是永远没有英语课就好了……Z老师每次喊我回答问题，我都感觉她是故意的，同学们也是故意的，他们知道我不会，就是想笑话我，每次站起来我都忍不住难过……"东东的脆弱与无助造就了他对身边发生的一切都极其敏感，作为一个来自单亲家庭的孩子，在与母亲吵架后会产生许多自我怀疑的情绪，同时也掺杂着悲伤。他在课堂角落里的沉默是他自己构建的个人世界，老师的互动反倒成了一种"入侵"的信号。他能够从中找到的唯一情绪突破口，则是希望尽快地结束这样的互动。所以，他表现出单方面的抗拒来表明他的立场，他的情绪宣泄则作为他用来告知老师和同学的信号。

除了抗拒之外，笔者也能感知到恐惧的情绪。恐惧作为人类最原始的情绪之一，是人们在面临并企图摆脱某种危险情境而又无能为力时产生的情绪体验。学生在课堂中的恐惧往往来自"害怕"老师生气、不开心。由于小学十分注重课堂活力，Z老师几乎在每一节课上都尽最大努力尝试将所有学生调动起来。但笔者注意到，坐在教室第一排的几位成绩算不得差的同学始终保持安静，甚至会表现得有些紧张，比如双手保持不动，不敢随意回应老师的互动，在回答老师的一些提问时，班里许多学生都举起了手，但几乎没有看见前排的学生举起的手。"我真的是太害怕了，我怕自己站起来说的时候会说错"。（张雪F-33）面对需要不断站起来锻炼英语口语的情况，许多刚刚接触英语学习的学生的内心恐惧正是来自于他们对互动的认知："我上课的时候认真跟着老师呢，但是我一直都不敢举手，我怕说错了同学们都笑我，特别是张杰和宋星。但是最关键的是我们都害怕Z老师，Z老师发起火来可凶了，那还不如不回答呢，不然Z老师生气了又要挨骂呢，反正只要不举手肯定不会被喊起来，也不会犯错！"（李明M-32）学生在心目中会认为，与其回答不上来惹老师生气，还不如干脆使用不回答的方式来规避一切错误。在这其中学生还担忧来自同学们的嘲笑，因为对自身能力的不自信，使得学生失去为自己打破沉默的愿望。这样状态之下的沉默，十分消极悲观，任何有可能的互动发生对他们来说都是在使自己的恐惧加深。

此外，在课堂教学情境中，学生的性格原因也成为他们参与课程的重要影响因素。对于性格较为内向的学生来说，当他们站起来或是课上与老师交谈时会感到"不好意思"，太容易"害羞""脸红"，学生由自身性格所带来的抵触同样也作为课堂沉默的表现样态之一。班里最文静的女生何琴琴（F-31）是一个特别容易害羞的人，她的性格已在无形之中影响到了她的课堂参与。很多时候还没等老师做出邀请，何琴琴便开始脸红。在许多师生配合十分完美的课堂中，何琴琴也只是默默地看着或静静地笑着。"我其实心里也会，但是看着班级里那么多同学与Z老师互动，我就觉得不会再有我什么事儿了，可没想到，Z老师竟然走到我身旁，我可真的很不好意思站起来。"何琴琴认为，当班里互动十分热烈时，自己的存在便显得没那么重要，多说一句和少说一句并不会给整堂课带来什么影响。"其实那些问题我都会，但是，只要一想到站起来当着这么多人的面说话，我就害怕，我也不好意思让教室里只有我一个人的声音，就像上次我努力让自己发出声音，可我又实在做不到。"何琴琴也意识到了自己的内向，再加上课堂中所有人的目光都聚焦在自己的身上，她哪怕试想这样的场景都会陷入痛苦的挣扎。而这时也只能逃离至自己的沉默空间，但她却不知，越是这般将"内向的人"看作是自己的人物设定，就越容易激发由于内向的性格所产生的连带问题。

三、沉默的尝试性定义

（一）沉默及其两种倾向

沉默与语言具有本质性的关联。假设当两者在说话时，常有第三者存在，这里的第三者便是沉默。日常生活中的沟通、交流虽需借助两个主体的对话结构得以完成，但随着对话过程的展开，我们渐渐发现与自己保持语言联结的正是另一个自己，这个自己不是别的东西，正是沉默。我们说，当语言开始之时，沉默才得以被意识到，由沉默中来的语言并非如沉默那般纯粹，语言的产生本就带有其逻辑性的精神意识。洪堡认为语言的体系决定着对世界的理解，语言的多样决定了思维的不同，[1]沉默无意识地为我们的日常语言灌输丰富的思维力。打个比方，有人说："小学生不要学什么'沉默是金'的道理，他们就该多张口讲话。"这时，有人跳出来说，"那凭什么你就有了这个'学生不要学沉默是金'的歪理呢？"可见，语言中富含了强大的逻辑力量与深邃性。语言世界包裹着思维的世界，沉默世界创造语言世界的同时，也创造了思维的世界。个体存活于思维世界之中时，才拥有了明辨是非的判断能力，同时这也为个体带来精神上深邃的不可预测性，同样也使得产生语言与思维的沉默变得更加神秘。相比语言而言，沉默更像一片最为原始的、荒废的森林，语言与沉默互相因彼此的存在而存在，沉默"在"的印迹能够通过语言而显现；对于真理而言，沉默是缥缈的地基，思维因沉默变得深邃，沉默却因思维变得无法探测。语言中的思维力量，沉默中的语言力量，一次又一次地以同样的方式从沉默中诞生，但神奇之处就在于，每一次的诞生都带有鲜活的力量，这股力量是个体脑中形成的精神。精神的鲜活

---

[1] 黄玉顺. 语言的牢笼——西方哲学根本传统的一种阐明[J]. 四川大学学报：（哲学社会科学版），2002（1）：57—63.

气息吸引语言为之修琢。无奈的是，精神散发出的仅是语言无可代替的根源性力量，就如自然沉默的根源性一般，秉持着自身存在的独立性原则并不失充实。

因此，我们可以将沉默定义为个体精神得以存在的自然基础。语言的世界建立于沉默的世界之上，语言只有借助于无边的沉默之地才能将以文字、思想等为外形的精神得以散发出其自身的光辉。不可测的精神需要语言去求助同样不可测的沉默，沉默本身的纯粹性，恰恰完美地帮助精神得以存在。每个个体的精神中存在着某种不可言说的事物，而言说对于沉默只不过是证明其存在的方式之一，所以精神与沉默必定有着细密的关联。

事物的客观表象，常存于个体的思想逻辑之中。因此，这样的客观表象可以向个体展示事物的底部的形态。沉默空间中的客观表象，一旦与个体的精神、思想失去联结，那沉默的威胁性就会盘踞并笼罩在个体的内部意识之中，它将那些违背客观逻辑的、失去真理光泽的东西带到客观表象中，这便化身为具有消极倾向的沉默；而其他能够遵循个体思想逻辑并征服威胁性的沉默则呈现出积极倾向。若将沉默现象投射到日常生活，在不同的情境与环境之中，沉默的外显表象大体会呈现两种倾向：一种是是积极的沉默；另一种是消极的沉默。积极沉默之所以能够发生，是为了使个体能够自愿地进入沉默空间，接受为其带来的充实思考空间。这种沉默活动或过程并不是指语言或身心的停止，而是精神与思想的不断升华。积极的沉默形态倚重于动作上的"静止"，内心世界的一切得以不断流动，因为沉默相比语言而言，拥有更广阔的空间，新兴之物或万千可能性都有可能在此得以产生。消极的沉默则是在以受制于某些无法改变的机制为前提条件下，个体受到他人、外在环境的压迫而并非自愿进入沉默空间。因此，往往消极沉默更需要个体通过"激烈的"或是相对于一个安静的环境而言较为"醒目的"方式得以表达，比如动作的暗示、情感情绪的宣泄、自我认知的判定等等，这些行为背后蕴藏的目的似乎是迫切地想要让旁人"听到"或"看到"他或她的沉默之"举"。

（二）沉默的本体意义

沉默作为一种精神现象，实则是个体脑中形成的观念抽象或精神意向。当研究者想要通过某种方式直接去感知沉默的发生时，往往会借助沉默所依附的生活外显表现。沉默在不同的场景、不同的空间中，通过自身的"无用"之性将事物的存在性变得显著，这样的目的无非也是帮助个体感知沉默。如前所述，笔者通过对日常生活中的沉默的体验，发现沉默外显的形态基本呈现积极与消极两种倾向，所谓积极的沉默外显表现，更像是个体主动接受沉默，在自己独立而充实的沉默空间之间得以静置、反思与沉淀；而消极的沉默外显表现，则更多的体现为个体被动接受沉默，沉默者在沉默中阻断自己与外在世界的联结。而无论是积极的沉默形态还是消极的沉默形态，双方都达成了以一种独有的方式去表现自己的共识，它们在日常生活中的形态总是这样的词汇呈现："不说""不听""不看""不想""不做"等，尽管是个体在"听"，但只要当沉默发生时，也会通过"不看""不想""不做"等具体的表现而被感知。这些表现形式的共性之处在于它们都能表达出沉默者的"抗拒"心理倾向，不接受、不愿意进入到一个非沉默的空间当中，更想要通过这样的方式去隐藏自己的某一个方面，这时，沉默这一极具抽象的现象所呈现的外显表现对于个体而言是避之不开的，也在无形之中造成了个体对沉默的恐惧。此处对恐惧沉默的观点主要从两个角度进行论证：第一方面，由于沉默的纯粹与本真，任何事物的存在性在沉默中都得以加强，但也反映出会被加强了的存在性也容易归于沉默。这是因为沉默现象基于任何一个现象之前，那么对于"存在性被增强"的现象而言也是同样存在的，沉默现象是生活中一个又一个现象的"始"，因此从另一角度而言，沉默又是这一个又一个的现象之"终"，譬如生活中个体的"在"，那么我们所说的"在"能得以从沉默中产生的，而我们的"在"也很容易于沉默中消失。那么，生存于社会之中的个体则会拼足了力气去"追求"沉默使自己得以"在"。而且，越是追求"在"也是从侧面反映他越是在害怕失去"在"，也就是害怕、恐惧沉默。第二方面，我们之所以恐惧沉默，是因为害怕自己成为同质社会中的"异质"。根据马克思、恩格斯所言，人的本质是一切社会关系的总和；而社会是共同生活的个体通过各种多样的社会关系联合起来的。社会关系是人们在共同的物质和精神活动过程中所结成的相互关系的总和。我们不难发现，人之所以能够在社会存活，一个必不可少的的基础是拥有多种多样的社会关系。当沉默"占据"我们的意图时，我们的外在显著的表现特征之一，就是自己处于一个独立而充实的沉默空间，这时沉默者日常表现中的"抗拒"特性会使其切断种种社会联系。由此可见，个体在追寻沉默的同时也在恐惧沉默，但恐惧沉默的什么呢？恐惧沉默占据了自己的意识空间，当沉默者在沉默时，其空间是透明纯粹的，因此别人的或别的事物所带来的"在"会占据个体自身的整个沉默空间，而在沉默者的内心或是说意识当中的，或是在这个过程中沉默者的思想、意识、观念中被淡化。在这个过程中，无论是积极的沉默表象也好，还是消极的沉默表象也好，对于沉默发生的本身，个体并未为此做出"挣扎"。因此，沉默可被理解为一种对意图的放弃。

（三）沉默的属性

根据沉默的定义，我们必须重新回归沉默本身去思考为何偏偏是沉默可以成为精神得以存在的自然基础，以及沉默自身是否具有使精神得以存在的功效或目的？

沉默之所以能够成为自然基础，是因为在许多其他现象发生之前，沉默现象就已经出现了。诸如日常生活中常见的确证其自身魅力的吃醋现象等，[1]无论其现象的本源是爱或是恨，它们是基于一个沉默的空间而产生的，沉默现象先于任何一个现象之前，或是说沉默早已寄居在其他的现象当中。沉默，除了它本身以外，没有任何一个东西可以将之替代，也没有任何一种现象可以将之替换。沉默现象是自发形成的并且不受其他现象所影响，甚至可以为其他事物带来根基的客观事物。它将其他的根源性覆盖住，变为根源

[1] 卢盈华.醋意现象学——一项情感哲学与汉语哲学的个案研究[J].现代哲学，2020（4）：110—117.

的根源，将沉默现象作为最原始的现象便再也合适不过了。通过沉默现象，不管是以什么样的方式呈现，我们都能看到最初的、最纯粹的、最透明的东西，蕴藏于沉默之下的是个体赤裸地反映出的最本真"样貌"。此即沉默的本原性。

正是因为沉默的本原性，透露出沉默在目的意义上或是社会功效意义上的"无用性"。它的原始性赋予它本身不以其他目的为目的得特质，即我们无法阐述沉默之所以发生是为了什么，也无法阐述清楚我们试图用肉眼观测沉默发生、发现沉默的形态越发不清晰时要去说明什么。因为它的存在只是作为人类个体精神存在时的自然基础，就如同我们现实意义中的"自然"，它本身没有什么用处，也没有什么坏处，只是因为个体利用自身的主观能动性去对"大自然"这一实体做出判断后的利用。沉默也是如此，我们无法仅仅凭借沉默而去做出什么事情，它是这个世界上最没有利用价值的事。在效用的世界里，原野空旷的空间被占用，天与地之间的纯粹空间为飞机飞行提供效能上的服务，山川河流也无一例外，而它们之所以失去"本真"正是因为它们在效用世界里被意识到了。沉默只是处于效用金字塔的最底端，比起其他一切"有价值"的现象，沉默却因其"无用性"放射出了不一样的光芒，这种无意义的、无价值的、无利的东西突然出现在满是利益的世界中，这样的无益性使人们惊愕，也切断了有目的的、有追求的潮流。[1]沉默并非生存于效用世界中的一部分，这样的纯粹与本真反而使其他事物的存在性在沉默中得到加强，正因为沉默本身是缥缈透明的，因此其他事物能够在沉默中得到更强烈的实感。根据这样的逻辑来看，一旦将某物与沉默加之联结，沉默本身进入到一个带有"价值性"意义的状态之中，那么在它本身之上所呈现及表达的东西将会到达一种直击人心的地步。此即沉默的"无用"性。

当沉默释放其自身的"无用性"使得其他事物得到实感的同时，与其他的那些带有价值性事物相比，沉默的无用性显得无比强大。它为其他事物放

---

[1] [瑞士]马克斯·皮卡德（著），李毅强（译）.沉默的世界[M].上海：上海书店出版社，2013，第1页。

射出其自身的援助力与治愈力，好比由沉默而存的语言中的精神是真理得以存在的见证，而个体的精神世界变得更加充实，充实带来个体在内心建构中的满足，无需再另外寻找别的精神意义，这样便释放出个体充实的独立性，其自身精神仅凭于此便可生存，彰显沉默在其中的积极性。沉默虽能主动地将自己编织进个体的精神世界当中，但从另一方面来看，正是因为沉默为真理、为精神提供最扎实的地基，沉默的深邃性与语言的深邃性旗鼓相当。但是，在产生足够鲜活与睿智的个体思维与精神的整个过程中，尽管语言从沉默中一次又一次地诞生，但思维力与精神仅是在这样的过程中产生，也就是说，沉默在为精神提供得以生存的自然基础时，并不完全确保精神的存活具有持久性力量。因此，于往复的精神建构之中，沉默的积极性被吞噬，当个体为其他因素所控时，沉默的形态会迸发出不明由来的、冥界的、魔性的东西，[1]往往它的表达也随之变得更加低沉，也造就沉默在其中的消极倾向的表达。此即沉默的双重性。

（四）沉默的形成过程

学生在课堂情境中表现出来的沉默形态并非一开始就已存在，而是经历了一个从无到有的逐渐形成过程。在一过程中，沉默的样态也随沉默的不同阶段发生着相应的变化，从而产生出课堂情境中的独有特质。通过大量实地经验的提炼，笔者整理出沉默样态形成的三个阶段：初现阶段、生根阶段以及成形阶段，并且根据学生在不同阶段的表现分析得出沉默样态的特质。

第一阶段：沉默初显

笔者在JN小学的田野调查几乎是日复一日的密集式工作模式，所以有了较为翔实的经验来感知到学生们的沉默变化。JN小学的所有班级都采用不分班的方式进行年级升段，因此会不时有学生转出或是转入。笔者重点观察的这个班级，之前的数学Z老师担任班主任三年，而刚接触的英语Z老师对

---

[1] [瑞士]马克斯·皮卡德（著），李毅强（译）.沉默的世界[M].上海：上海书店出版社，2013，第1页。

他们而言既陌生又新奇。因此，在开学后的几天里，大家在课上都能保持坐立端正的状态，在课堂上也都与老师建立起良好的互动。过了一段时间后，沉默的种子渐渐地出现在学生的心中，原因有二：一是由于英语学科的特殊性要求学生能够在课堂上锻炼自己的听说读写能力，而部分学生渐渐觉得很吃力，尤其对于班里许多男孩而言更是如此，表达能力与记忆能力明显低于女生，他们逐渐通过沉默来减少自己表达的机会；二是由于长时间的接触，学生与老师之间已经建立起一种默认的互知彼此的默契，老师对学生的情况了如指掌，而学生也已逐渐摸透了老师的习性，因此在这样的互相初识的阶段，学生渐渐放下了自己的防备并试图通过沉默来解决一些困难，于是在课堂中慢慢浮现出沉默的多种样态。

在这个阶段中，除却科目差异之外，几乎所有的课堂互动过程中都会发生沉默现象。笔者发现无论是学业优异的学生，还是学习相对落后的学生，都无法一直保持积极投入的状态。并且随着时间的推进，沉默的表现会越发明显。而这其中也伴有同伴之间的效仿跟随，即学生经常所说的"看到她这样做，我也跟着一起了"。久而久之，越来越多的学生会在课堂情境中保持语言、思维、身体等多方面的沉默，而教师对于这样的现象也感到不足为奇，渐渐地也会忽视一部分学生的沉默或是定势般地认为班级里的部分同学就是不爱动脑筋，或者不爱发言。此时的沉默现象并不只是单一地发生在一种课堂情境中，在其他情境中，比如讲授较为枯燥的语言知识点的课堂中，或者讲授活泼有趣的课文中，沉默现象都以不同的姿态浮现。

当学生逐步处于沉默的边缘时，便会密切关注教师对自己做出的沉默尝试的反应。若是教师对自己的沉默表现进行制止，否定学生的沉默行为，并做出实质性的批评，如"你今天怎么表现得这么不积极"，或者给予精神上的安慰和鼓励，"没有回答出来没关系，课后一定要好好学习"。那么，学生就会判断和选择沉默的时机并表现出沉默的形式。当学生自己做出某个具有沉默性质的行为时，老师对其不予理睬的态度会更加巩固学生沉默的动机。所谓沉默的试探性，是学生在此时还未给自己建立起一个较为独立且安全的个人沉默空间，仅仅是在尝试某一意向性行为发生的可能性。在一遍又一遍不断摸索和尝试之后，学生便能够在不同的课堂中表现出不同的沉默反应，并根据自己的本真需求适时选择主动沉默，这样就为沉默的真正发生打好铺垫。

第二阶段：沉默生根

沉默在课堂情境中普遍浮现之后，便会随着学生的反复试探行为而变得愈加牢固。如果遇上外界的多种刺激因素，学生的试探欲望便会逐渐激烈。譬如，在开学之初，学生仅仅凭借自己对新的英语老师的好奇而努力参与课堂互动，而一旦这股新鲜劲儿褪去，则时不时在课堂上表现出自己的沉默。如前文中个案所呈现的，发生在学校内外的许多诱因都会加深学生个体的沉默。学生出于自身的对学校规范的服从和对教师知识的跟随，他们会根据自己的理解做出相应的解释与判断。若他们遭遇的情境与自己的预设情况或是理想化状态不相一致时，学生便会做出某些沉默行为来表达自己的反抗。期间，学生与教师的沟通过程实则也是学生对教师的不断试探，这样的"讨价还价"现象不免在无形之中削弱了教师在学生群体中的权威。因此，教师为了稳固自己在班级内的权威，不得不通过更加具有限制性的、严厉的、强制性的方式来压缩学生的思维开拓之路以及学生用来缓冲情绪的时间。这一过程中，甚至会出现某种悖论关系，即随着师生关系的联系性加强而助推学生的抵抗心理越发强烈。此时发生的沉默行为，大多都是在学生自身认可的情形之下允许或者自己倾向作出的一种行为，这时，便是沉默得以生根发芽的时机。

当沉默于学生个体意识之中开始浮现时，往往是受到各类不同的情境刺激。沉默外显为学生个体的一言一行，其背后也牵连着多种受制因素以及不可控因素，任何一种情境都可能导致沉默的发生。因为每个学生在其中对不同的情境会作出不同的反应，其中包含着家庭情境、学生学习情境、课题教学情境，还包含学生在不同情形之下的个人心境，如同前文所说的"意志强力"，"我若是今天不想说，那么我今天就一定不会说，没有什么别的原因"。这里的"我"在此时也许正处于某一种情境之中，但过了"此时"学生随时都会进入另一种情境之中，沉默也就跟随着发生相应的变化。这些情境也会受到学生个人的学习习惯、生活习惯、对待学习的态度、人际方式等不同方面的影响来影响到学生的课堂参与。

第三阶段：沉默成形

这里的沉默成形既可以理解为沉默已被当成一种习惯，也可理解为沉默已为学生所依赖。这时的沉默不仅仅是发生在学生个体中的沉默，同样也是发生于教师个体中的沉默。教师的沉默样态通常表现为对学生的"不管不问"、随便学生怎么样，甚至有时教师的意识之下也完全存在着"这个学生一直都是这样，老是不会回答互动"的观念。一旦教师添上"老是"二字，便足够表明教师已将学生的沉默当成一件时常发生的事。若是经常发生的事，便会自然地认为没有什么必要进行干预或者纠正。因为对于教师而言，班里总会出现几位"帮助"她"打破沉默"的学生，这种认知带来的结果也一定是进一步加深了学生的沉默。从学生一方来说，通过沉默他们获取了期望的目的。比如，一位学生因为自己不会读英文单词，而且不想让教师发现自己，于是便将自己的头深深埋入课桌。而对于教师而言，一旦发现学生的不情愿，教师也不会一再邀请学生参与课堂互动。学生因为自己的策略屡试不爽，便在自己"不听""不看""不说""不做"的情形之下固化沉默，将沉默看作一剂"良方"。

在经历不断的试探之后，学生逐渐拥有自发地选择表达沉默的能力。此时，学生已将沉默策略使用得得心应手，能够根据自身的判断，如教师在不同情境之下所做出的反应而表现出丰富多样的沉默样态。这里的样态不仅指学生在课堂互动中发出的沉默的多样化类型，也包括学生做出沉默行为背后的多样意志。因为当学生在课堂中被动参与课堂互动时，学生虽仍在使用语言给予反馈，但因自我意志的"占据"，学生的意志力会通过学生的神态、表情等来表达，譬如满脸愁容反映出学生内心对师生互动这一教学环节的抗拒，而满脸欢喜则反映出学生愿意主动参与课堂互动。同样，通过学生身体展现出的不同姿态和动作，我们也能够察觉出学生在不同的情境之下根据自己的需要而发出的行为的隐因。

每当学生在课堂情境中遭受任何与其期望相悖之事时，学生习惯性地通过沉默方式达到自己的目的并循此往复。这时，学生已经足够熟悉每一种情境的产生条件，无论是与教师的磨合还是与同伴的配合，他们都能够轻而易举地运用沉默。久而久之，学生的依赖心愈加深刻，这也就解释了为何一些打破沉默的尝试，只能起到微乎其微的效果。且不说，这里的打破也只不过是打破了其中的一个小阶段的沉默，而不是对沉默行为的终结。如果以一学期为时间单元，这样的依赖性一般会发生在后半学期。其间，学生不再在乎教师对自己的沉默行为作出的斥责和批评，教师也不再费力关注学生经常性发出的沉默行为。此时的教师与学生之间似乎已经达成了一个共识，于是经常性沉默的学生变得越来越依赖沉默式的学习和思维模式，而教师在课堂教学互动中也逐渐不再在意或干脆忽视学生的沉默。

四、打破沉默的"对话"搭建

（一）理解学生

沉默并不必然意味着不会、不说、不想。相反，当学生在课堂上表现出积极沉默时，学生也许是在思考老师提出的问题或是在倾听同伴对于同一问题的不同的见解和答案。通过与学生课后的交流讨论，笔者发现当学生个体被"沉默"所侵占时，能够反映出学生对"自我"的要求。沉默，是个体在为自己构筑一个安全的空间，形成保护自我并不愿被人打扰的一种方式。在笔者所观察到的班级中，许多学生课内课外的表现都非常突出，不仅学习成绩优异，而且能拥有自己的兴趣爱好。但同时，他们中的许多人都不爱在课上过多表现。笔者在与学生的谈话中发现，就课堂发生沉默这一现象而言，学生虽然作出了各式各样的沉默，但他们的思维、意识是基于构建自我空间的目的而隐性地参与课堂。这种意识之下，他们对自我与他人之间的边界感十分地敏感，将自己置于一个更加有助于自我安顿的空间之中。在有些情境中，无论学生是否在形式上或者说身体上参与了课堂互动，他们可能在自己的内在意识中思考更加复杂繁琐的问题。这也体现出某一类学生内心的真实诉求，他们当中有的学业成绩名列前茅，有的学业成绩不甚理想，但对于自我提升的欲望，却不分好坏。因此，他们更加需要一个实现自我提升的机会以及老师、家长对他们的理解。对于少数特别敏感的学生，教师和家长还需要特别保护他们的秘密，防止学生因为受到他人对自己秘密的"入侵"而发起的沉默反抗。若说积极性沉默能够总体体现学生期望得到家长和教师的理解和鼓励，是因为他们做出沉默行为的动因是为了自己更好地进步；那么，消极性沉默则体现学生在校园情境中对爱与关注的渴望。

班里一名叫龚玉（F-2）的女生是十分典型的自卑学生，这并非笔者个人的判定，而是来自龚玉对自己的认定。在笔者实地调研的时间里，龚玉的头发、书包、书桌一直都是乱糟糟的。当笔者经常与其他同学交流时，她大多时候都会静静地看着。突然有一天，龚玉在放学前悄悄地问我："老师，我不想说，但是我可以给你写小纸条吗？"可爱的小脸上流露出畏缩、试探的表情，说完话的龚玉又赶紧低下了头。笔者欣然答应，并在第二天一早便收到了这张组合了汉字和拼音的小纸条，上面歪歪曲曲地写着："老师，其实我很自杯（bēi），我上课不敢说话，Z老师一定很tǎo yàn我，奶奶很不喜欢我，老师、同学们也一定不喜欢我吧。"龚玉害怕笔者不能读懂她的纸条，特地加上还没有完全学会的拼音，试图努力让我这个读者读懂她内心世界。小小的纸条与校园的美好构像形成巨大的对比。笔者十分诧异，本是天真年岁的小女孩，竟然用上了"自卑""讨厌"这样的词汇，更是惊讶为何这么早便在心底埋下了自卑的种子。当笔者剖析沉默背后的原因时，也在想象着她的未来。笔者也一直担心，类似龚玉一样的学生是否情愿滞留在内心深处的沉默世界而不肯出来。

（二）理解"内部语言"

外来务工家庭在城市就学过程中表征出的沉默现象，构成这一群体的结构性符码，是这一社会群体的集体无意识，是他们理解和回应外在世界的特有方式。沉默不仅反映了他们在情感表达和理性诉求方面的局限性，而且也衍生出家长参与教育过程爱怨交织的复杂结构。对家长而言，他们在集体沉默中重新寻找和确认归属感；对学生而言，他们以沉默的姿态将内心世界展现。在沉默的家长与学生群体内部，他们以彼此的肢体语言为媒介去将同类与他类作出区分。"身体所习得的东西并非人们所有的东西，比如人们掌握的知识，而是人们之所是"[1]。与其说沉默无意义，倒不如说沉默是某一群体的内部语言，将群体之外的人进行区隔。沉默构成个人世界与外在社会结构之间的区隔，阻碍人际交往中对意义的理解，同时也对未来可能"对话"的意愿形成耗散。对家长而言，沉默是家长参与学生成长过程的断点，往往也是误解学校文化的诱因。对学校教师来讲，若要对家长沉默形成全景式的认识，以通感的方式理解家长的情境，则需要倾听家长的声音，重视他们的话语力量，避免家校对话过程中的教师单边化，或者将家长边缘化。

外来务工人员家长的沉默与疏离并非不可改善，前提是在认知层面厘清沉默的意涵。当家长面对教师和学校表现出"沉默"时，也就意味着他们在孩子学校教育中的缺席，如果以家长为代表的大众阶层文化与以教师为代表的学校建制文化无法真正衔接融通，构筑命运共同体便只能是美好的愿景。面对不同阶层文化的差异与鸿沟，孩子临崖而窥，不可避免地会经历困惑、迷茫和冲突。这些情感虽难以言明，但是它们"作为人对客观事物的态度体验及相应的行为反应，必然涉及到刺激情景、主观体验、表情、神经过程及生理唤醒等内容"[2]。出于阶层文化的差异，家长与学校教师表现出不同的习性模式。布尔迪厄提到"习性的模式即原始的分类形式，其特有的有效性来自这个事实，即这些模式在意识和话语之外发挥作用，因而不受有意识的审查和控制：它们在实践中支配这些实践，将人

[1] [法]皮埃尔·布迪厄（著），蒋梓骅（译）.实践感[M].南京：译林出版社，2012，第103页。
[2] 石勇，刘宇红.情感隐喻的心理层面与文明触发[J].重庆社会科学，2015（06）：123—127.

们错误地称之为有价值的东西隐藏在最不由自主的动作或表面上最微不足道的身体技巧中，比如手势或走路、坐或撸鼻涕的方式、吃饭或说话的嘴型"[1]。在BZ小学田野调查过程中，经常会发现某位同学被集体孤立、某位同学总是被欺负、某位同学总是关注一个话题、某位同学总是趴着、某位同学总是缩着肩膀等等，这些看似日常的身体性的表达因其微不足道，容易被忽视。当研究者长时间浸泡在整体的习性模式中，才能理解看似无意的肢体动作到底意味着什么。这种惊醒的感觉即洞察，是研究者在捕捉不同时刻的沉默片段后，猛然间形成的线索。学生身体性的反映，是学校环境与家庭文化磨合的身体表征。小坤"缩着肩膀，兢兢战战地立着"；薛西"表情复杂""怏怏地趴在桌子上"；小泽"鄙视和漠然""无动于衷"，面对同学嘲笑"只是笑了一下"等身体性的反映，背后都携带着家庭关系和学校制度化改造的印记。这一磨合的过程，成为学生成长过程中或明或暗的经验知识，成为他们理解外部世界的参照。在与BZ孩子们相处的每一分每一秒中，我总会在一瞬间感受到他们的过去和未来，预想孩子们的习性会将他们带到某处。这种模糊的感受尚形不成深刻的洞察，但是于他们而言，作为自己命运的主宰者，终究会在生命中的某一时间，洞悉到自己在真实世界中的位置。

前文指出，作为日常的经验呈现，沉默本身具有深刻的本体论意义，即沉默总与日常生活中自身之"在"息息相关。外来务工人员在异地谋生的处境中，形成了复杂的、以"外地人"身份自居的情感结构，既有被排斥的边缘感、片面发展的苦恼、陌生和疏离，也有对子女较高的教育期望，以及教育改变命运的信念。尽管外来务工人员作为家长参与并未达到理想的效果，但是他们积累的养育文化和教育智慧不仅契合其生活环境和条件，而且在一定程度上适应中国本土社会和家庭结构变迁，弥补了学校教育的照看不足之处。家长参与子女教育往往是基于其独特的、个人化的生活经验，"土办

---

[1] [法]皮埃尔·布尔迪厄（著），刘晖（译）. 区分：判断力的社会批判[M]. 北京：商务印书馆，2015，第738页。

法"是家长主动、有意识参与学校教育的体现，也恰恰是底层阶级家庭的无奈之选。家长的"土办法"有着深厚的情感意蕴和自然属性。土办法基于个体生活经验，它是个体反思当下经验的结晶。郝正妈妈承认自己在家庭教养方式上的不足，"我有时候有不会的（知识）就让郭诗婧妈妈帮忙做，她妈妈挺好的，知道的多，会教育孩子。我不像人家现在年轻的妈妈，有教育孩子的方法。她们教育出来的孩子就是不一样。咱就是土办法。你说老一辈的教育和咱也不一样。"（H-F-2）

沉默并不意味着家长对孩子教育的放任或无视，家长往往有着更殷切的教育期望。在韦林母亲看来，教育是"为了更好的未来"，这句话暗含着家长参与的限度与未来的想象。由于家长受教育程度和社会经验的局限，他们对孩子的未来无法预知也无法掌控，这种局限性使家长充满愧疚。在"教育改变命运"的时代意识下，家长对教育充满期待，并将这种期待传递给孩子。在父母较高的教育期望或者隐形施压下，孩子们尝试刻苦学习，通过教育来弥补自身家庭劣势。韦妈妈说到韦林在家的学习情况时，"这孩子就自觉，一回家写作业，我们也不管。我和他爸没文化，管不了。"[1]言语间愧疚大于骄傲。韦妈妈常告诉韦林："学习是为了你自己，不是为了我们。"（H-F-3）"为了更好的未来"也是家长生存境遇艰难时一种释压的表述方式。从迁移动机看，家长的迁移几乎是出于生计，很少有家长单纯出于追求孩子受教育质量而转学的。对外来务工人员而言，迁移既意味着地理位置变化，也意味着心理空间的结构重建。当他们由乡村迁移到经济较为发达的城市，其生存空间和社会交往反而变得更加狭小。研究者参与的几次家长会上，发现家长们更多地与同乡交流，很少主动拓展交流空间。在儿童看来，是因为他们的父母普通话不好，怕生，与同乡人容易交流。其实，对家长而言，他们在一个更小的同乡网络内寻求安全支持。与家长境遇不同的是孩子受惠良多，诸如"教育好，见识多，交通方便，升学率高，同学很有趣"。

---

[1]　2021年7月中旬，我从一位一直与BZ小学的孩子们保持联系的学生那里得到好消息，韦林在中考中取得好成绩，已经被山西大学附属中学录取。

虽然目前无法判断韦林未来发展，但是可以确定的是，韦林的人生发展正在跳出父母的命运轨迹，与不识字的父母比起来，韦林已经有了很好的教育开端。

（三）培育"共通感"

家校合作通常被视作家庭与学校两个独立主体之间的协作，但是针对本研究中的情况，家校合作更加期待一种共享共通感的家校共同体的建立。所谓共通感，是人们体验世界的共同方式，是对美善的共有感受能力。富有共通感的家校共同体的建立，既要积极肯定家长的智力参与，重新审思家长的情感投入，也要鼓励教师主动反思。这一理念下的家校合作模式，是将家庭、学校共化为一个育人共同体，在这一共同体内部，家长、教师、学生以及学校管理者和社区委员会成为集体意义上的行动者，通过交互性理解的方式共同致力于理想教育目标的达成。

在实践层面，针对外来务工人员子女教育中的家校关系重塑，应建基于交互性的理解与共通感的联通之上。本文呈现的沉默现象，并不是外来务工家庭用来作为对抗学校文化的"武器"，而是他们在教育过程中的自我主体性心理表征及其外显的身体动作。家长们的教育参与体现经济、文化与社会资本方面的差异，弱势阶层家长教育参与以家庭私人领域为主，很少有机会参与学校领域的教育活动。家长在参与学校教育过程存有局促，如薛西爸爸面对孩子作业发出的"两眼一闷黑，咱也不会""就这样吧，太复杂"的感叹和无力沮丧。与此同时，家长们也在不断反思后改变自己惯有的行为模式，以使自己更有效地与孩子沟通，参与到孩子的成长过程中。必须指出的是，BZ小学的学生，比起城区一些传统名校，虽受制于家庭条件等外部原因，不太会有各种兴趣班、补习班，但是在这里，孩子们更有童年的乐趣。也因为学校规模小，学生少，同级学生以及跨级学生之间感情联系更紧密，社团活动参与积极性高。课间的时候学生们会一起在操场玩，没有太多拘束，学生的童年天性保持得很好。

与此同时，部分教师与外来务工家庭已经建立起深厚的联系，他们根据家长的生活经验丰富其教育知识，共同致力于孩子的优质教育。从教15年的谢老师在谈到BZ小学学生群体来源时说，"给我什么样的孩子我都是一视同仁，我没有觉得我们学校比别的学校差或者别的学校比我们学校好，只不过说是家长的引导意识需要再提高。我以前带的那些学生，初中有上了ZD中学（当地名校）的，五十一中的，三十八中的，高中考到太原五中、十中（重点高中）的，其实我觉得只要老师不要在心理上把学校分成三六九等，其实所有的孩子都一样优秀。"

林老师的教学日记《用真诚的关爱走进她的心》讲述了她与班上一位同学的相遇：

新学期，学校安排我担任五年级的班主任。开学刚到校，我发现了一位女生非常特殊：歪扭的小辫，羞涩的目光，使小脸显得苍白，时而发呆，时而咬手指头，就是不和同学们一起活动。在一次课间，学生们三五成群地在教室外嬉戏、玩耍，只有她一个人静静地坐在教室里，表情麻木，手里的笔在纸上画画写写。然后又把纸撕成碎片摆在桌上，边摆边自言自语，唠叨着什么谁也不知道。

我与她交流过，但她只说："我喜欢一个人呆着。"听到这样的话，我的心一沉，很多问题引起我的思考，我打算去了解她，帮助她。通过与家长、学生的沟通，我了解到她孤僻性格的形成原因：一是家庭和生活环境封闭，父母与她缺乏交流和沟通；二是在学校，老师和同学经常忽略她。找到了原因所在，我及时和家长沟通，在家长与同学的配合下，我展开了对她的"营救"……

学校本身构成了一个利益相关的共同体。这里讲的共同体，表面上看是教育授受关系的教学共同体，究其本质，更是建立在教育情感纽带联系之上的生命共同体。富有共通感的家校共同体的建立，需要教师加强对学生及其家庭境况的深入理解，关注社会经济地位较差的学生，还需要将学生视为一个个独特的人和教育主体，尽量回避他们背后的社会阶层烙印，包容不同学生个体带入学校和课堂的个人知识的多样性。对学校的文化建设来讲，同样需要长期关怀教师的职业心理和职业情感，通过重建学校内部的职业发展框架帮助教师提升教学质量的同时，促进教师职业发展，使教师充分感受到职业幸福感。学校的整体文化应寄予学生较高的学业期望，并且通过重新组织和设计课程要素等方式给予学生足够的学业支持，将学校建设成为关爱型和合作型的学习组织。相应地，学生的学业成就也可以在共同体重建过程中受益，也有助于推进学生对社区生活的依恋。

结语

"沉默"是进城务工人员家长在家校互动中的自我表征，同时也是家长面对学校文化时手足无措的一种身体回应。通过太原市一所城中村小学两年的田野调查，本研究发现"沉默"本身具有深刻的本体论意义，与日常生活中自身之"在"息息相关。沉默展示了日常生活中身体以及延至生命价值的质的规定，成为日常生活结构中存在本源的本体构成。以日常生活常见形式呈现的沉默现象富含生动的意义。"沉默"不仅反映了作为家长的外来务工人员在情感表达和理性诉求方面的局限，而且也衍生出家长参与教育过程爱怨交织的关系结构。沉默与疏离状况的改善，需要在认知层面厘清"沉默"的意涵，在实践层面建立富有共通感的家校共同体，从而重塑家校关系。毫无疑问，人是通过与他者的社会互动来构建自我意识，塑造个人身份，甚至形成身体表达的。显然，家长们自身的沉默以及沉默之下的参与，是受到学校文化或者教师的意识流程为牵导的，不管是生成于内的自发性意识体验，还是作为回应教师或者学校文化而设定的预先构想的行为，都构成韦伯意义上的社会行动，即藉由他人的意向性体验、以他人的行为为导向的行动。根据韦伯的定义，社会行动必须是与他人的行为富有意义地有所关联，即与他人的生命流程和意识体验有所关联。关联于他人的意向性体验，按照舒茨的理解，是"拥有生命、流程与意识的他人有关的意识体验，而不是只与作为外在世界之物理对象的他人身体有关的活动"[1]，这种意向性体验，构成实质影响他人的社会行动的动机。不管是沉默本身，还是沉默之下的回应，都是针对作为他人的教师或者"他们"的学校文化所做的"实质行动"，这种行动首先是基于家长们自身的意识体验作出的朝向他人（教师）态度的情感活动，其次还是以他人（教师）的行动为导向并预设他人未来的社会行动。对于家长们来说，这一社会行动的归旨虽不见得已形成清晰的理论图景，但早已寄托了他们朴素又美好的教育向往。

在整个田野调查过程中，作为"置身事外"的研究者，我们不断看清自己的虚伪。我们真的愿意相信，辗转到城市里谋生的外来家庭当下的生活是他们的自愿选择吗？对于那些在观察和访谈中的家长们，我们关心的是他们的体验。但是，对于那些处于孩童期的孩子，当我们看到他们在城市中就学的境遇，我们必须努力想象他们的未来，一些还未生成他们记忆的东西。在与儿童交流的过程中，不止一个孩子说暑假最想做的事就是回老家，这也说明有很大一部分儿童在城市生活得并不如意，融入得并不好。或者说，城市城中村社区的生活并未如农村老家般自由。从进城务工家庭当中抽身出来，不管在学术伦理上，还是研究情感上，都不是一件轻松的事情。在完成研究报告的书写之际，心中甚至有些背叛的负罪感。毕竟，从外部观察一个家庭和从内部观察它存在着天壤之别，即使我们使出浑身解数尝试以内观的体验方式走进这些普通家庭，还是距离具体入微的生活细节非常遥远，很多学术概念范畴在生活的具体真实细节中变得弥散、消融。作为一种取向研究，我们对研究合作者（进城务工家庭）除了表达感激，还要致以歉意，因为，就目前来看，我们除了给他们带去打扰，其他的什么都给不了。但是，我们永远对积极的改变抱有希望。

---

[1]　[奥]阿尔弗雷德·舒茨（著），游淙祺（译）. 社会世界的意义构成[M]. 北京：商务印书馆，2012，第202页。

第七章　空间体验、身份塑造与教育想象

——一项针对城中村学校儿童的研究

空间早已成为日常生活批判的主要内容之一，构成人理解自身生活世界的对象。[1]空间与社会关系之间存在着复杂关系，居于某一社会空间之中的个体或者群体，很难脱离他（们）的周围世界而独立存在，相反，总会遵照这一空间的社会关系规定。反过来，这种空间规定性也刺激空间中的人重新理解空间和场所的意义结构，重新发现身体的社会学和现象学意义。如果将空间置于公共领域的讨论，空间则被上升为空间正义的高度，批判（尤其是）资本主义城市空间生产带来的空间资源和空间产品分配不公正问题。[2]空间正义是社会正义原则在空间场域中的展现，旨在呼求空间资源分配、空间权益享有等方面的平等关系，重申人在空

---

[1]　比如，列斐伏尔将日常生活中的空间问题赋予丰富的哲学意涵，将其看成社会生产与再生产的实践空间、权力秩序编码序列中的表象空间，以及以符号形式呈现对权力结构抵制的象征空间这三者的综合。列斐伏尔尤其强调自身体体验而来的多形态、多维度、异质性的空间再生产。参见，[法]亨利·列斐伏尔（著），叶齐茂，倪晓晖（译）.日常生活批判[M]. 北京：社会科学文献出版社，2018; Henri Lefebvre（trans.Donald Nicholson—Smith）. *The production of space*. London: Blackwell Publishing, 1991.

[2]　如大卫·哈维（又译戴维·哈维）、爱德华·W·苏贾（与亨利·列斐伏尔是师承关系）的一系列城市批判研究。见：[美]戴维·哈维（著），胡大平（译）.正义、自然和差异地理学[M]. 上海：上海人民出版社，2010; David Harvey. *Social justice and the city* (Rev. ed.). Athens & London: The University of Georgia Press, 2009; Edward W. Soja. *Seeking Spatial Justice*. Minneapolis & London: University of Minnesota Press, 2010; Edward W. Soja. *Thirdspace: Journeys to Los Angeles and Other Real—And—Imagined Places*. Cambridge, Massachusetts & Oxford, UK: Blackwell Publishers Inc., Blackwell Publishers Ltd., 1996.

间中的存在。

对于空间结构与城市教育融合的讨论而言，地域空间结构直接影响教育公平的实际效果。不管是作为静态的物理实体，还是由社会流动引发的动态阶层地位结构，空间结构总会形成一种特殊的社会力量，对教育治理的公平向度提出考验。在国家政策层面，中国的教育图景随着城镇化进程发生了急剧变迁——城乡教育均衡发展、城乡教育一体化、城乡教育统筹治理，这三个术语先后出场，并最终成为国家教育政策的合法化表达，体现了国家在不同时期教育治理行为中的行政理性，反映出国家对教育，尤其是城乡教育状况的动态判断。但是，这三个术语并没有完全成功实现从政策话语到精确学术概念的自然跃升，仍存在边界不明或者表意模糊的问题，义务教育优质均衡发展宏观目标的达成在实践过程中也遭遇诸多实践困境。另外在微观层面，上述宏观政策对于社会行动主体的体验阐释工作尚显不足，以主体身份参与到学校日常生活中的学生与老师的内在精神世界并未得到足够解释。至于三者表征的城乡教育现实本身，也很难在一个发展连续性中找到明显的时间节点。教育一方面受到社会流动的影响，反过来，社会流动也会重新塑造教育的结构图景。中国城镇化进入到如此迅猛的今天，城市人口结构伴随不间断的社会流动而形成多元化的格局。在当前和未来很长一段时期，城市学校必须扩容增位，以接纳越来越多的外来迁入群体（新市民），保障城市迁入人口随迁子女平等享有基本公共教育服务，因此，融合教育（inclusive education）会成为中国未来很长时期内的教育政策选项。

尽管融合教育的理念一直存在，但也只是到了20世纪末21世纪初，这一理念才成为政策文本中的热词。而该词的具体表意，又因国别、文化、社会发展水平、民族种族构成、学校实际情况的差异而产生不同的变体。从国际层面来看，各国将融合教育置于更为宽泛的教育公平议题之中，其中最重要的形式，是将残障儿童纳入公共学校系统当中，促进障碍儿童的正常融入。随着各国教育问责制度的推行，各国逐渐将残障儿童在校学业获得作为学校绩效考量的重要标准。[1]后来，这一术语的边界逐渐扩大，与社会融合中涉及的教育因素重合，特别是移民、外来人口的教育问题，成为社会政策的一部分，同时也成为教育事业发展最为突出的问题。

"融合"与"排斥""阻隔"相对，表达的是一种身体性接纳和社会资格承认。融合教育在宏观层面涉及教育供给如何满足融入人口的教育需求，微观层面涉及学校如何将多元融合落到实处，如何组织和实施教育教学活动。毕竟，话语修辞意义上的融合与现实中的多元化诉求及可能冲突并不是一回事情。作为融合教育中的主体，儿童及他们的教育体验，成为学校教育研究中的重要课题。安扬早已指出隐性课程与儿童附带的群体社会阶层身份之间的互构关系。[2]隐性课程对学生的自我社会认知产生暗示，同时，儿童所属的社会阶层文化也会反过来不断塑造隐性课程。这也符合冲突论的立场，即认为隐性课程服务于社会阶层再生产，扮演着事实上的社会控制功能。[3]学校作为开放社会系统的重要组成部分，内嵌于特定社区空间和社会秩序的复杂结构中。而居于学校之中的儿童不可避免地与居所地产生复杂的情感联系——安身于学校物理空间限域（围墙、教室、操场等）和教育文化空间结构（师生情感、同伴关系、社区归属）之中的儿童，凭借自我对空间的理解而尝试创造一种或平和或紧张的情感体验。此外，学校作为儿童身份建构的重要空间，与所在社区一起（既作为实体空间又作为话语空间）建构了儿童的身份认同，影响着儿童的学校参与。儿童与学校及社区的关系极为复杂，有时表现为感情上的归属和积极的认同，有时表现为厌恶和害怕，有时甚至表现为对抗冲突（反文化）。尤其是，当理论意义上的边缘化、排斥等术语

[1] McLaughlin, M. J., & Jordan, A. Push and pull: Forces that are shaping inclusion in the United States and Canada [G]// Mitchell, D. （Ed.）. *Contextualizing inclusive education: Evaluating old and new international perspectives*. London: Routledge，2005: 89-113.

[2] Anyon, Jean. Social Class and the Hidden Curriculum of Work[J]. *Journal of Education*, 1980（162）: 67-92; Anyon, Jean. Social Class and School Knowledge[J]. *Curriculum Inquiry*, 1981（11）: 3-42.

[3] Bowles, Samuel, and Herbert Gintis. *Schooling in Capitalist America: Education and the Contradictions of Economic Life*[M]. New York: Basic Books, 1976.

真实渗透到学校的社会空间结构中时，它们如何影响学生对于诸如贫穷、财富、社会差异等概念的感知，如何塑造儿童的学校教育体验，这些问题并不为人详知[1]。作为儿童教化与道德养成的重要场所，学校一直是教育研究的主要分析单位，而作为学校载体的空间，或者日常所讲的"地方"并未引起足够的重视。

一、"地方"空间与儿童体验

伽达默尔从精神科学[2]的人文传统出发，对"体验"[3]一词的历史和概念作了经典诠释。依照伽氏，"体验"是在两重意义上展开的：一是其直接性，"这种直接性先于所有解释、处理或传达而存在，并且只是为解释提供线索、为创作提供素材"；二是"由直接性中获得的收获"[4]。这里的收获，不同于实证主义的"经历"之后的完成性所得，而是一种继续存在，即当某物被经历过，而且这一经历存在获得使经历自身具有继续存在意义的特性，这时，这一经历之物便成为体验。体验不是以原始经验到的内容呈现，而是存在于对经验的领会和理解的整个过程中。换言之，此处由"经历"获得的"体验"是一种区别于经验世界的精神现象，或者可以说，是一种人文主义的生命实践形式，传达的是一种意向关系。人通过"体验"这一精神认知方式形成对于自我和外部世界的诸种解释，继而生成主体化的行动。因此，

---

[1]　外文文献中甚至使用"教育地理学"一词来突出空间地理结构对于教育公平的影响。比如，Butler, T. and Hamnett, C（Eds）. Special Issue on 'The Geography of Education'[J].*Urban Studies*, 2007, 44（7）；Collins, D. and Coleman, T. Social geographies of education: looking within and beyond school boundaries[J]. *Geography Compass*, 2008, 2（1）：281-299.

[2]　Geisteswissenschaften这一复数形式的德语词汇，直译为精神科学，与另一词汇Kulturwissenschaften（直译为文化科学）一道，是德国人文传统的两种重要指称。

[3]　此处为"体验"的名词形式，对应的动词为erleben（经历）。按照伽达默尔的概念史梳理，"体验"（Erlebnis）只是到了19世纪70年代才成为普遍的用词，是对动词形式"经历"（erleben）的再构造。参见，[德]汉斯—格奥尔格·伽达默尔（著），洪汉鼎（译）. 诠释学I：真理与方法[M]. 北京：商务印书馆，2016.

[4]　[德]汉斯-格奥尔格·伽达默尔（著），洪汉鼎（译）. 诠释学I：真理与方法[M]. 北京：商务印书馆，2016，第93页。

"体验"成为人在"意义范围"（如由体验表现出的生命形式、人本身的情感与意念、感觉与情绪等等）内的自我认知方式和解释方式。"如果某物被称之为体验，或者作为一种体验被评价，那么该物通过它的意义而被聚集成一个统一的意义整体"[1]。

日常意义上，"空间"这一词汇总是与经验的或者实证的知识相关联，考察具象意义上的空间是什么。但谈到体验意义上的空间，则是基于具体物理空间（或者苏贾所讲的物化的第一空间）之上的现象学抽象（概念性的第二空间），考察空间中存在着什么（实践与想象性相结合的第三空间）。这里的存在，不再是发现和确认此前已经存在的、物理性的外部空间，更多地表达的是人与其存在物理空间和社会空间之间的意义结构，这一意义结构覆盖先前存在的物理空间，成为依照社会结构和社会群体关系而生产出来的空间。因此，这里所说的空间指的并不是我们平常可见可触的宽窄高低大小不一的场所，而是指跳出我们的眼睛、手、脚等可感觉、可丈量的经验工具之后，空间中的存在者所体验到的东西。这样的空间，超越了可感可见可触的场所限制，成为人对空间情境的主体情感体验。宽阔、逼仄、高大、雄伟、蜷缩等都是人通过自己处在空间中的情绪所形成的体验。因此，在这一层意义上，我们所谈论的空间，即是本己透过物理空间形成的现象学意义上的生命知觉。此外，从居于空间之中的个体主观性来讲，空间不仅仅是个人生活于其中的抽象场所，还构成个人精神成长的环境，是个体心灵栖息和情感归属之所，关系着个体自我身份的认同。从这一角度来看，我们日常所讲的"上升空间""发展空间""成长空间"等表达，的确也暗含了个人主体性体验的侧重。因此，现象学意义上的空间，重在考察个体对空间的精神体验，以及由体验延伸出的情感依恋与抗拒。由此可见，一旦某一物理空间牵涉了人在其中的行动，这一空间就不再绝对客观。对于本文涉及的儿童体验来讲，首先考虑到儿童身体性

---

[1] [德]汉斯-格奥尔格·伽达默尔（著），洪汉鼎（译）. 诠释学I：真理与方法[M]. 北京：商务印书馆，2016，第100页。

嵌入的具象物理空间和抽象意向世界。前者由边界清晰的实体"地方"组成，社区、学校、道路通过不同侧面定义空间边界，构成儿童现实生活的背景；后者由渐续生成的意向性"地方"组成，儿童从日常经历中获得实体"地方"的情感、情绪、意念，构成他们精神世界的内容。所有这些"地方"都是儿童生活世界体验的经历来源。但是，以往对于处在阶层流动与教育获得框架背景中儿童命运的考察，也多聚焦宏观整体层面，突出社会经济地位与教育获得之间的相关关系，更多关注教育"黑箱"的外部运作机制。[1]相反，以内观的方式探究儿童在教育过程中对于贫困、社会区隔、排斥、不公的体验，显然并未成为研究的焦点。[2]加之"地方"的日常性，人们容易忽视它的无限意义。

　　"地方"是人类生活世界的基本组成部分，形成每个人感受周围世界的基质。一个"地方"，往往也是一个完整的意义世界。居于某一"地方"的人，总会附带丰富的地方意识，这些意识或偏狭，或开放，或遵从，或抵抗。"地方"构成人类的价值感知中心，[3]人类以反身的方式阐释"地方"的意义。人与"地方"之间的关系越直接，关于"地方"的经验越丰富，对于"地方"的理解也就越清晰。"而如果我们只是从外部——通过游客的眼睛或者阅读指南中的介绍——知道某个地方，那么这个地方会缺乏真实意义"[4]。"地方"本身是客观的，而一旦居于其中的人与"地方"相联系，人对"地方"的体验是在主体间体验中形成的。"地方"不单单只对"我"敞

---

　　[1]　不管是社会经济地位对教育获得的影响（如，《科尔曼报告》），还是反过来，学校教育获得对未来社会阶层结构的塑造（如，《资本主义美国的学校》），均采用此种宏观路径。参见，Coleman, James S., et al. *Equality of Educational Opportunity[R]. Washington*, DC: U.S. Department of Education, 1966；Bowles, Samuel, and Herbert Gintis. *Schooling in Capitalist America: Education and the Contradictions of Economic Life*[M]. New York: Basic Books, 1976.

　　[2]　Sutton, L., Smith, N., Dearden, C. and Middleton, S. *A child's eye－view of social difference*[R]. Report to the Joseph Rowntree Foundation, York, 2007:vii.

　　[3]　[美]段义孚（著），王志标（译）. 空间与地方：经验的视角[M]. 北京：中国人民大学出版社，2017，第3页。

　　[4]　[美]段义孚（著），王志标（译）. 空间与地方：经验的视角[M]. 北京：中国人民大学出版社，2017，第14页。

开，它同时以共现的方式，向其他主体同时敞开。也就是说，"我"所感知到的东西也以类似的方式被其他人感知到，对于"地方"感知的客观性便随之形成了。

对城市中的教育融合而言，参与到学校教育中的每一个相关者都与具象意义上的物理空间和潜默意义上的精神空间发生着关联，生成每个人的内在情感。物理空间对于教育公平的意义无需赘言，稍稍联想一下当代社会的"学区房"和"划片"争议便可得知大略。物理意义上的地理空间结构往往也反映出社会空间结构中可能存在的复杂关系，比如，边缘化、驱逐、排斥，又或者是特权、剥夺，这些关系都是在具体的"地方"中发生的。但是，对于地理空间的学理分析，以及附带的文化建构意义，才是我们所关心的。嵌入到城市空间社区中的学校，在空间实体形态和话语形态方面同时塑造着居于其中的行动者的体验；反过来，这些行动者也会依据空间情形表征出独特的身份认同。

外来务工人员在城市落脚的社区或者"地方"，不单单是居于其中切身感受的"地方"，同时也是主体意义建构的"地方"。事实上，地方不仅影响儿童的身份认同，同时还关系到儿童教育参与和社区参与的积极性。具体来讲，对于身处城市特定社区（环境）的儿童来讲，社区（环境）的好坏，影响到他们对于"此地"的看法，也影响到对于"此地"学校的看法。儿童的身份建构和意义生成往往淹没在成人的意识之中。相较于累积了丰富生活经验的成人，儿童对于"地方"的感受和体验正在慢慢形成，可能完全不同于成人的理解模式，但不能因此便否认儿童丰富的精神世界。"儿童不是物质化的，也不受物质世界——包括内在的'客观自然'的直接支配。他们总追寻着意义世界，追寻着自我突破，参与到一个新世界的创造"[1]。即使考虑到儿童的未成熟状态，作为反身性的个体，他们也会形成面向"自我"的看法，也会在经验中生成针对"地方"的情感，并导向外部世界的想象。正如

---

[1] 康永久.作为知识与意向状态的童年[J].教育研究，2019（5）：18—30.

米德所讲，"自我是包含在经验中的自我"[1]，对于居于某个"地方"的个体来讲，他在地方性经验中建构自我。个体在"地方"获得的社会性经验成为建构自我身份的意义库。对儿童来讲，他们用多样且复杂的方式来感知和体验"地方"及空间，同时将他们的感知体验与更为宽泛的、社会建构意义上的文化发生联系，推动他们形成对于诸如性别、年龄、城乡、商品文化、社会阶层、当地文化、社会政策等意义符号和话语的进一步理解。按照福柯的身体政治学观点，身体总是与权力相联的。社会各种组织形式与实践内容（如学校与监狱及其内部活动），都围绕身体的争夺展开，身体成为被动卷入权力控制与冲突的器具。[2]身体延伸之处，便显现出空间的权力所及之处，同时也附带了身体承载的个体自我不断更新的身份认同。除了可被感知的现实性存在之外，"地方"往往也具有想象和象征意义，与居于其间每个个体复杂的主观感情紧密相连。每个"地方"都具备独特的氛围和文化结构，表征着特定群体、阶层、组织或者共同体特点的总体社会境况，提供给儿童感知外部世界的条件。"地方"本身的独特性，也会形成儿童对"地方"理解的独特性，因为儿童对于学校和社区的情感是从"地方"的体验中浮现出来的。

二、"地方"的魅化与守卫

早在2001年，国务院办公厅颁发《关于基础教育改革与发展的决定》，提出流动儿童接受义务教育的"两为主"原则，即以流入地区政府管理为主、以公立中小学为主。随后，2003年，国务院办公厅发布《关于进一步做好进城务工就业农民子女义务教育工作的意见》，要求流入地政府相关部门制定行政规章，切实做好进城务工就业农民子女接受义务教育，将进城务工

---

[1] [美]乔治·H.米德（著），赵月瑟（译）. 心灵、自我与社会[M]. 上海：上海译文出版社，2018，第155页。

[2] 福柯从空间作为人类群体共同生活和活动组织的形式出发，认定空间具有政治性，潜默地扮演着社会治理术中的权力者角色。Crampton, Jeremy W. and Elden, Stuart（Eds）. *Space, Knowledge, and Power: Foucault and geography*[M]. New York:Routledge, 2016.

就业农民子女义务教育工作纳入当地普及九年义务教育重要工作内容。《国家中长期教育改革和发展规划纲要（2010—2020）》更是提出"坚持以输入地政府管理为主，以全日制公办中小学为主，确保进城务工人员随迁子女平等接受义务教育"。保障进城务工人员随迁子女平等接受义务教育成为我国当前和今后一段时期教育事业的主要任务。习近平于2016年在北京市八一学校考察时强调，"教育公平是社会公平的重要基础，要不断促进教育发展成果更多更公平惠及全体人民，以教育公平促进社会公平正义……"[1]。教育公平是促进社会公平正义的重要实践，教育日常的隐微之处，往往体现教育公平正义的实现域度。

（一）"地方"的魅化及儿童身份的确认

城市中的城中村学校成为落实教育改革的主体参与者，它们往往成为进城务工家庭接受教育的第一场所。散布于城市中的城中村学校，本身由于地缘和师资原因会被外界委婉地视为薄弱学校，甚至被看作专为特定群体（如，外来人口）提供公共教育的专门学校。如果将这类学校与教育结果相联系，就读于这类学校的学生往往会被认定为"没有前途"。但是对于外来务工人员及他们子代来说，能够暂时在城中村学校就学，已经算是不错的制度安排的结果了。一旦城中村被纳入城市改造范围，即便不考虑学校的存续问题，外来务工家庭须重新选择较为稳定的居住地，而子代的就学问题往往也需要另做打算。随着城市改造的进行，原来的城中村社区逐渐发生"中产

---

[1] 《习近平在北京市八一学校考察时强调全面贯彻落实党的教育方针 努力把我国基础教育越办越好》，《人民日报》2016年9月10日第1版。

化"和"贵族化"。[1]这一现象在其他国家的城市改造过程中也同样发生，在中国则主要由城中村改造、棚户区改造完成。一些当地的常住人口，往往也是"新富阶层"，在拆迁赔偿过程中获得巨额财富，加之对子女学校同伴影响的顾虑，倾向于将他们的子女转入城区其他公立小学或者学区限制较少的民办小学。随着本地常住人口学龄儿童的流失和外来务工人员子女的增多，城中村学校的生源结构不断发生变化，严重影响到教学秩序的稳定性。在一些学校，单独编班与混合编班也成为现实争论的问题。另有一些学校已经达到了外来人口完全化，构成新的文化集合，同时也引发各级政府、学界以及公众对于群体阻隔的担忧。

从人口和地理分布角度来看，小到一座城市，大到社会整体，总会存在文化获得、生活模式等方面的差异，甚至出现极化现象，导致不同社会阶层人群在教育、财富、文化等方面的获取差异。对于本研究中BZ小学的儿童来讲，其地理空间意义更为特殊。BZ社区[2]位处太原市商业、文教核心城区位置，毗邻南中环，紧靠城市南北通道坞城路，属于全市城中村改造项目中的稀有土地资源。社区距离两所大学校园也仅百米距离，周边两公里范围内，集中了八一小学校、九一小学校、山西大学附属小学校等传统名校。BZ小学位于社区北端，相较密集的居民区，空间略微开阔，距离城市主干道也不足百米。整个社区相

[1]　西方学界从财富和人口流动的角度讨论城市改造升级过程中出现的"中产化"或"贵族化"现象，并与"城市复兴"议题结合起来，这里简单列举几组代表性的文献。Lees, L. A re—appraisal of gentrification: towards a 'geography of gentrification' [J]. *Progress in Human Geography*, 2000, 24（3）:389-408; Butler, T. and Robson, G. Plotting the middle classes: gentrification and circuits of education in London[J]. Housing Studies, 2003, 18（1）:5-28;Slater, T., Curran, W. and Lees, L. Gentrification research: new directions and critical scholarship[J]. *Environment and Planning A*, 2004, 36（7）:1141-1150;Hamnett, C. Gentrification and the middle—class remaking of inner London 1961-2001[J]. *Urban Studies*, 2003, 40（12）:2401—2426;Lees, L. and Ley, D （Eds）. Special Issue on Gentrification and Public Policy[J]. *Urban Studies*, 2008, 45（12）. "中产化"或"贵族化"现象实质上都是列斐伏尔所说的"空间的生产"这一概念的表象形式，是城市急速扩张背景下的空间重新组织问题。

[2]　在进行追踪田野调查过程中（2016—2019），BZ社区虽已被列入整村改造名单，但拆迁尚未动工。目前（2020）该社区已经拆迁完毕，原址土地上正在拔起规模较大的高档住宅区。这也符合前文所讲城市"中产化""贵族化"的描述。原来位于BZ社区的BZ小学已经于2019年租借附近另外一所职业学校的场地继续办学。

对散乱的布局与周围城区较为规整的城市景观形成强烈的对比。

身在社区之中的儿童，通过个人性的实感体验表达对"地方"的情感。六年级的XX（男）同学因为留级，已经是学校里的老面孔了，学习成绩较差，喜欢捣乱。讲起对"这个地方"的看法时，他反复用到"破"字。"BZ没有以前好了……变得破破烂烂的。等将来搬家了，我可不在这儿住了。我们学校还行，反正就是念书呗。"四年级的WL（女）倒是比较满意自己的状况，"住在跟前挺好的呀，上学方便。听我妈妈说，BZ要拆迁，万一拆了的话，以后上学要走好远（的路）"。不管是对社区的"破"印象，还是对将来上学距离的担忧，都是儿童通过"地方"实体感知形成的情感表达。而儿童的情感表达又内嵌于他们所在的社区、家庭、整体社会阶层的意象中。有儿童谈到目前居住的地方与他们上学以及升学机会间的联系。"要是我在八一或者九一小学（两所均为当地的公立名校）的话，我可能跟不上人家吧"，HZ（女，三年级）说，"人家学校都是城里的孩子。"可见，地理空间上的差异会带给儿童教育机会想象上的负面表征。儿童对"地方"体验的表述中，间或使用一些贬损词汇，或者一些负面的比喻，如"垃圾场""破烂"，对"地方"进行魅化。不管是贬损或者比喻，都是儿童对于"地方"理解的一种内在象征化。这种象征化反过来也会影响儿童的教育志向[1]。

儿童对"地方"以及居于"地方"之中学校的负向意识同样会影响到他们对自我身份和未来想象的负向概念化。比如，XX（男）同学认为自己"没什么大前途"，尽管他对"前途"也只有些许模糊的观念。在对几名男同学

---

[1] 在教育社会学领域，社会阶层结构与学生的学习志向（或进取心）间关系，没有形成共识性的结论。在所有尝试性的解释中，我们大致可以看到两种主要的模式：一种是文化再生产模式（如布尔迪厄、威利斯），另一种是"机会鸿沟"（opportunity gap）模式（如普特南，Putnam, Robert D. *Our Kids: The American Dream in Crisis*. New York: Simon & Schuster, 2015），例如，威尔森（William Julius Wilson）早年对美国贫民窟底层研究中发现，底层子弟受制于阶层困境，一般志向较低。但是威尔森使用的"底层"（underclass）概念也遭到批评，认为这一概念带有"谴责"或者"怒其不争"的暗示。这一争论已经成为一个政治学议题，超出了本文的范围。另见，Wilson, William Julius. *The Truly Disadvantaged: The Inner City, the Underclass, and Public Policy*[M].Chicago: University of Chicago Press, 1987.

第七章　空间体验、身份塑造与教育想象

小组访谈中问及他们的兴趣爱好，很多学生表示"我没什么擅长的"。虽然儿童不会刻意考虑教育的深刻含义，但他们使用内部话语表征出教育的复杂性与潜默性。除了认知意义上的差异，教育还成形于个人的社会、文化、情感多维度的结构中，与"经验中的自我"牢牢绑定。在与五年级男生的一次焦点小组访谈中，很多学生认为学习成绩好在班级或者学校里并不值得炫耀，相反，他们觉得"像我们这样的"学习不突出才正常。[1]儿童在"地方"中的负向经历，并未带给他们对未来愿景的美好"体验"，反而对自我身份的认定形成一种类似"心理安慰"的负强化。城中村学校的儿童由于自身所处社会空间的客观限制而降低自己的抱负，或者模糊未来的意象，主动选择将自己排除到社会正常秩序之外，不免让人担忧。

　　人对周遭情境的定义，会塑造他的社会行动，并且直接关联行动的结果。这一命题被默顿概念化为"自证预言"，即，如果依据对社会情形的错误理解而展开行动，那么，这一错误理解可能会成为现实。默顿将这一社会运作方式命题的理论贡献归功于托马斯，并将之命名为"托马斯定理"——"如果认定某些情形为真，结果它们就会成为真的"[2]。在这一假设关系中，人首先要对客观的情形作出反应，继而还要生成这种反应的意义。个体行动导致"成真"的结果则是由行动者的主观意义阐释引发的。而要避免此种意义阐释直接产生"成真"的结果，则需要行动主体对起初的情形判定提出质疑，打破"自证预言"的循环。但是，对于淹没在日常情形中的具体个人而

---

　　[1]　如果从性别与社会文化角度解释，男孩子们坦言他们的"未来"，可能是"男子气概"使然。这与威利斯《学做工》书中的"家伙们"相似。

　　[2]　托马斯认为，社会行动和交互行为是行动者定义其所在情形的直接结果。他关于"情形的定义"（If men define situations as real, they are real in their consequences.）虽然最早出现他与兹纳涅茨基合作完成的波兰农民的经典研究中（Thomas, W. I., & Florian Znaniecki（1958）, *The Polish Peasant in Europe and America*（first published 1918—1920; two volumes）. New York: Dover Publications.），但是更为充分的讨论出现在后续一系列文本中：Thomas, W. I. 1923. *The Unadjusted Girl*. Boston: Ginn; Thomas, W. I. 1927. "Situational analysis: the behaviour pattern and the situation", reprinted in Janowitz, 1966, 154—67; Thomas, W. I. 1928. "The Methodology of Behavior Study", in *The Child in America*. New York: Knopf. 默顿承认，虽然托马斯定理缺乏像牛顿定理的那种广泛性和精确性，但是它同样具有相当的功能，可以指导性地用于许多社会过程。见，[美]罗伯特·K.默顿（著），唐少杰，齐心 等（译）. 社会理论和社会结构[M]. 南京：译林出版社，2015，第633—646页。

203

言，意义阐释是在个人体验过程中自发生成的。前文提到，体验是经历之后的存续性所得，是行动未来完成时的结果；要求个人在行动过程中亦对此意义提出批判质疑，并不现实。日常行动中，行动主体的决策多是依照直觉而来，而不是彻底依靠对情形的理解。行动者无法在行动之中获得行动的意义结构，更不用说"后知后觉"的确定性了。如果我们接近托马斯的定义，这里的"情形"不是由地方、场景、事件和人物组成的总和，也不是某种给定的具体物理场景或者社会场景，而是行动者自决的"现实的社会建构"[1]，这一建构过程受到相应情形复杂线索的影响。处在"此时此地"情形之中的行动主体，很难藉由直觉的自明性来想象未来。城中村学校的儿童虽然能够想象教育的另外一种可能性，但是他们"现实地"知道，那样一种可能性存在于一个完全不同于他们所处的学校或者"地方"，他们与另外一番可能性之间的距离如此遥远，以致对无法实现的可能性反倒产生出一种坦然态度。儿童视为"正常"的秩序，实则某种程度上隐含了他们对于社会剥夺或者社会阻隔的接受或者漠视。他们从当下的情形中获得"此时此地"的意义世界，然后藉由此已知的意义世界来诠释他们以为的将来。

（二）"地方"的守卫与身份的重新定义

自我身份的形成有赖个体的自我经验，同时还取决于他者的认可。现代社会大规模流动和文化多元性超越了历史上任何时期，二者"不但可以改变民众的伦理文化取向，也会改变其在审美和其他领域的价值判断"。[2]在现代社会，个体的自我认同必须透过与他人的对话方能建立，缺乏承认或错误承认都可能成为一种压迫的形式。[3]对于身处BZ社区的儿童来讲，他们并没有与外部世界隔断联系，也不是负向意义上"地方"意象的被动接受者。相

---

[1] 此处借用了彼得·L.伯格（Peter L. Berger）和托马斯·卢克曼（Thomas Luckmann）的术语，见，[美]彼得·L.伯格，[美]托马斯·卢克曼（著），吴肃然（译）.现实的社会建构：知识社会学论纲[M].北京：北京大学出版社，2019.

[2] 汪晖.承认什么，何种政治？[J].读书，2016（11）：55—66.

[3] [加]查尔斯·泰勒.承认的政治[G]//汪晖，陈燕谷.文化与公共性.上海：生活.读书.新知三联书店，2005，第290—291页。

反，尽管儿童仍处于未成熟状态，他们将自己的身份体认放置在更广阔的公共世界中，在与他者的相遇中更完整地理解自己以及他者的命运。这样的相遇，对于儿童来讲，难免出现价值判断上的冲突，但这正是儿童形成自我的过程，也是儿童进入公共生活的过程。"共同世界借以呈现自身的无数视点和方面的同时在场，而对于这些视点和方面，人们是不可能设计出一套共同的测量方法和评判的标准的。……被他人看见和听见的意义在于，每个人都是站在一个不同的位置上来看和听的。这就是公共生活的意义"。[1]身在"地方"之中的儿童，不可避免地卷入公共世界中。儿童从自己的经历中跳脱出来，用俯瞰的方式审视自己经历的各种大小事件，同时比对他者的命运感受，来形成他们对现实秩序的理解。

对于一些环境状况较差的城市社区和学校，城市中的"当地人"也会以"魅化"的方式进行评价。尤其对于城中村学校来说，一旦学校中的生源变成清一色的外来务工人员随迁子女，这类学校会被标签化为"特殊"学校，或者为"村里人"提供义务教育供给的专门学校。尽管是内隐的，笼罩在儿童身上的负面评价会对儿童的身份认同构成伤害。[2]这种标签化似乎建立在这样一个前设之上，即存在两种界限截然分明的城乡文化和城乡身份。但是，长期在乡土社会中生成的惯习就一定与城市文化符号相冲突吗？这一问题是存有疑问的。如果城乡文化是两种完全不同的异质性文化，对于生活在城市中的进城务工家庭来讲，他们的生活惯习势必出现断裂，或者表现为艰难的适应。事实上，尤其对于儿童来讲，他们虽暂无能力改变外部世界，包括外部的实体环境以及他者对自己以及自己所处的"地方"的看法，但是他们可以能动地保护自己的内在世界。说到BZ拆迁的问题，WL妈妈说："我们打算回老家去，这儿拆了，没房子住。租房子离学校远了，我怕不安全。可这孩子不愿意，还哭。"在与L老师、C老师的交谈中，她们都说WL"这孩子自

---

[1]　汪晖. 承认什么，何种政治？[J]. 读书，2016（11）：55—66.

[2]　Archer, L. and Francis, B. *Understanding Minority Ethnic Achievement: Race, Gender, Class and 'Success'* [M].London: Routledge, 2007; Youdell, D. Identity traps or how black students fail[J]. *British Journal of Sociology of Education*, 2003, 24（1）：3-20.

觉，适应能力强，去哪儿都能学好"。在后续的一次追踪访谈中，WL说自己会在太原继续读书（2017年3月24日）。两年之后，WL已在太原五十一中七年一班读书，"同学太热情活泼了，课堂一般都很热闹，同学也很有趣"。（2019年2月17日）

被社会政策和教育政策的主流舆论定义为融合"对象"的社会群体，会以主体性的方式抵制被动的身份标签化，反对将他们视为一种社会群体类属或者社会政策的变量。对于进城务工家庭的儿童来说，融合教育变成他们的主动融入过程，而不是"被改造"或者"被迫适应"过程。即使我们承认"学校适应"一词的正当性，也必须站在儿童主体性的立场来看待。有研究指出，社会排斥和社会剥夺感是阻碍流动人口社会融入的主要障碍，[1]同样也是流动儿童学校适应问题的主要诱因。儿童在学校生活中的主体适应，除了直观呈现为他们的学业表现，还呈现为学生对学校的情感认同与态度接纳，以及对学校生活的主动参与。不管是学校，还是当地社区，都是儿童来到城市之后接触最早、居留时间最长的"地方"，儿童在对"地方"的依恋和归属中形成自我身份。WL很明确"别人"对BZ小学"破""烂""差"的负面评价，她冷静地辩护，"我们学校当然不是最好的，但是也还好吧"。她称赞"我们这里"同学之间的友爱、师生之间的关怀这些"别人看不见"的长处。XX虽在学校表现不好，但是他对学校的辩护不遗余力，"我觉得外边的人没有权力评判我们，管我们（学校）在哪，与他们何干？"人定义地方，反过来，地方也定义人。当儿童感受到他者对BZ小学的负面评判，他们自然将这种评判关联到自身的主观情感上，认为他人同样在评判自己。儿童自己对"地方"的魅化会或多或少内化为自我身份的负面认知，但是当"别人""外面的人"对"地方"给出负面评判时，儿童则通过多样方式进行抵制，守卫"地方"声誉。守卫"地方"声誉的过程成为儿童重新框定和审视学校和所在社区意象的过程，同时也是他们对现有社会分类进行重新定义和形成

---

[1] 崔岩. 流动人口心理层面的社会融入和身份认同问题研究[J]. 社会学研究，2012（5）：141—160.

新的自我身份的过程。

儿童并未将学校仅仅视为学术空间，他们没有被严格限定在课堂与书本之中，在这里，学校还是儿童丰富生活经验、培养同辈友爱、凝结师生情谊的社会空间，也是维护儿童内心安全的隐秘空间。此时的"地方"，已经不再是一个固定的物理空间，更是儿童情感归属的所托之地。他们在此地学习、生活，进而建构自己的空间。儿童对"地方"的"魅化"和"守卫"并不代表他们对城市文化，特别是情境所至的城市空间的逆反或者护卫，恰恰相反，他们通过对"地方"的意义加工，形成自己独特的城市身份。当儿童尝试用语言展示自己与空间的联系时，他们已经进入到了一种由空间叙事构成的社会实践当中。在这一实践中，作为叙述者的儿童通过语言的方式生产了一个自己寓居其中的意象空间，他们将自己安置其中。儿童一方面成了事实性空间的叙述者，另一方面也在空间叙述中尝试找到自己的替身镜像，通过语言的方式，不断凝视身处空间之中的自我镜像，从而发现自己的身体处境与身份处境。在凝视自我的过程中，儿童并不是通过意象方式返回全然客观的空间中；相反，他们将自我镜像从客观的空间中脱离出来，升腾在一个由自我理解搭建的意义空间中，进而进入其内部理解儿童自身的原初处境。因此，儿童在尝试理解身处其中的空间时，他们通过语言叙述的方式，从具象的物理空间中抽身出来，凝视意象空间中的"另一个自己"，生产出空间处境的原初意义。

三、"地方"重构与儿童未来融入

作为城市社会结构的"地方"虽然具有明显的空间表征，但"地方"的重构一定不是简单发生在物理形态上的改变，更多涉及心理和情感结构的改变。教条地借以发展主义逻辑对"城中村""棚户区"进行拆迁改造，也只能视为短期的行政手段。教育空间的营造显然要更为复杂，它不是简单的"空间上移"，不是通过行政动员和硬性执行的途径就可以实现。即使是将城市空间的拆除改造上升为社区的更新或者升级，也需要考虑城市中有生命的个体的存在意义。儿童的学校生活不是由单一维度的教学关系构成，儿童自我身份的建构更多反映的是学校内外的社会关系和掺杂其中的复杂情感关系。这一复杂关系凝结了日常生活的厚重力量，往往是一种扎根性的、内生的、自发的力量。学校生活为儿童生活世界的建构和不断完型提供了特殊场域，儿童通过对现实世界的批判，能动地生成个人知识和内心世界，同时也经由批判的方式通向自我启蒙。批判，构成儿童在现实世界中获得教育性成长的有力武器。如果空间是权力结构的治理术，那么，儿童通过"魅化"和"守卫"的方式对空间治理术作出抵抗，质疑由空间差异造成的社会分类标准，表达一种不屈从于因空间结构而形成的权力秩序"如此这般安排"的生命力量。

城乡教育融合政策需要重视儿童的反身性批判能力和"地方"依恋的复杂情感，这也构成"教育想象力"的重要部分。教育无疑是促进社会融合的重要机制。融合教育实践建基于公平和社会正义的价值之上，追求每一个儿童的成长成才。公平不光涉及理念层面的个人利益诉求，同时也是学校环境转变的结果，特别是对课程和教学要素进行重建重组，使不同文化背景、不同社会阶层出身的儿童都能较为轻松地体验学校教育。正义需经由审慎的教育教学过程和开放的社会交往过程达成。其中，学校教育教学过程要传授给儿童完整的知识，鼓励儿童反思；开放的社会交往过程鼓励儿童的交谈与行动，包容他者，理解公共生活，进入阿伦特意义上的"世界"。[1]成长成才自然是融合教育的目标，不仅体现在儿童学业获得上的表现，也反映在他们对自身的认同和未来的想象上。与融合教育相关的其他议题，比如学校教育投入、学校组织、班级组织、家庭—学校—社区关系、教师教育与专业发展、课程、教学方法、教育评价等等，都深刻影响到融合教育的实效。

儿童在学业成就上能否取得较好的收获，也直接关联教师的心理回报和职业情感体验。对于任教于城市薄弱学校中的教师，他们偶尔能够从学生

---

[1] 项继发.把儿童"领入世界"：阿伦特式教育思考[J].教育学报，2019（5）:3—10.

的日常学业表现中获得心理上的满足（"辛苦没有白费"）和情感上的宽慰（"有时候觉得做老师挺幸福的"）。但是，当面对学生关键的升学考试结果时，老师们还是会表现出失落。原因很简单，薄弱学校的学生升学过程中的成功个例并不多见，这也在反面消耗教师的职业情感（"哎，教来教去，学生们也只能对口升个一般学校"）。教师在心理层面和情感层面的职业满足感与学生的文化、社会经济地位直接相关，这在以往的研究中也得到印证。[1]对于任教于类似BZ小学的一线教师而言，如果长期经受心理和情感层面的挫败，会直接影响他们的职业投入程度。所以，融合教育政策除了关注来源多元、社会经济地位较差的学生，还应给予教师更多的关怀。学校可以通过重建学校内部的职业发展框架，帮助教师提升教学质量的同时，促进教师职业发展，提升教师职业幸福感。对于教师来讲，也应尽量回避儿童身上的社会阶层烙印，接纳不同学生个体带入学校和课堂的个人知识，尤其是个人性的文化习得。

就学校层面来讲，一些规范意义上的措施有助于推进融合教育。这些措施包括，提升教与学的质量，满足学生的学习需求；创设包容的学校文化；建设关爱型和合作型的学习组织；寄予学生较高的学业期望，并且给予足够的学业支持；重新组织设计课程要素；积极与家庭开展合作，建立学校与社区间的联系，等等。需要注意的是，以上措施在具体实践层面如何操作，依然是困扰融合教育的难题，但也不是无先例可循。20世纪70年代，美国"有效学校研究"发现，一些社会经济地位较弱的学生群体获得好于预期的学业表现。虽然这些研究遭受了研究伦理、理论基础和方法范式方面的质疑，但是结论本身却得到教育政策制定者的重视，直接成为后来学校提升运动的思

---

[1] Dworkin. A. G. *Teacher burnout in the public schools: Structural causes and consequences for children*[M]. Albany: State University of New York Press, 1987; Metz, M. H. *How social class differences shape teachers' work*. [G]//McLaughlin, M. W., J. E. Talbert, & N. Bascia（Eds.）*The contexts of teaching in secondary schools: Teachers' realities*. New York: Teachers College Press, 1990: 40-107.

想纲领。[1]而形成学校有效性的关键因素，则是学校给予儿童较高的学业期望：不管是学校管理者，还是学校教师，都对学生学业成就抱有较高的期望，同时加强与学生的交流互动，完善学生学业支持措施。更有研究发现，这一积极效应对城市学校中的弱势群体学生影响更大。[2]这些实证经验可以为以上规范性措施提供实践探索的勇气，改观"地方"对于儿童的不利影响。对于教育政策及其实施而言，应尽量照顾薄弱学校的条件改善，缓和因"地方"因素导致的学校间不公平。可以肯定的是，学校硬件条件和教育资源的改善可以在一定程度上对学校的声誉产生积极的影响，有助于儿童摆脱外界对学校及他们自身的负面标签。尽管条件改善与教育成就之间不能实现直接转化，但通过营造鼓励、关怀的学校氛围，能够让儿童对学校和学校所在的社区产生更强烈依恋感。

结语

学校是社会开放系统的重要组成部分，是儿童教化与道德养成的主要场所。每一所学校都居于所属的物理实体空间或话语实体的"地方"之中，同时也内嵌于"地方"特定的社区空间和社会秩序的复杂结构中。儿童对"地方"的体验和理解掺杂复杂的感情——既有对"地方"的魅化，也有对"地方"的辩护。这些复杂的感情和心理结构塑造儿童的身份认同，关联儿童学校参与的能动性和对社区的依恋，深刻影响他们的教育想象。儿童与"地方"之间的复杂互动，也促使他们以潜默的批判方式通达教育性成长中的自

[1] Edmonds, R. R. Characteristics of effective schools. [G]//Neisser, U. （Ed.） *The school achievement of minority children*. Hillsdale, NJ: Lawrence Erlbaum, 1986: 93-104；Purkey, C. S. & Smith, M. S. Effective schools: A review[J]. *Elementary School Journal*, 1983, 83（4）：427-452;Rosenholtz, S. J. Effective schools: Interpreting the evidence[J]. *American Journal of Education*, 1985, 93（3）：352-388.

[2] Clark, D., Lotto, L. S., & McCarthy, M. Factors associated with success in urban elementary schools[J]. *Phi Delta Kappan*, 1980, 61（1）：467—470; Lezotte, L. W., & Bancroft, B. A. School improvement based on effective schools research: A promising approach for economically disadvantaged minority students[J]. *Journal of Negro Education*, 1985, 54（3）：301-312.

我启蒙。日常意义上的空间很容易遭到人们的忽视，其背后携带的权力观与主体性也经常不易被人察觉，空间分析很容易让人联想到福柯式的晦涩，进而对此类主题产生闪躲。当然，乐观的改变正在发生。教育学界内部已经有同行跳出教育时空的经验世界，敏锐地捕捉到教育时空的意义结构，对被视作围隔和规训场所的学校空间作出了理性的批判，指出如此教育空间观是教育本意的窄化。[1]毕竟，学校的教育时空构成学生日常生活的主要背景，教育时空的呈现特性直接影响学生的主体发展和个性精神世界的建构，学生对于时空的主体体验自然也附带丰富的教育性意义——保持着学生朝向现实世界和意象世界的开放性，关联学生当下的日常和未来的想象。作为直接体验对象的"地方"，它不止是静态的物理结构，它也会与身处其中的人发生对话，激发人的空间想象力。对于"地方"中的直接体验者，儿童在日常生活中用批判的方式实现自我启蒙。正如米尔斯所说，"个人只有通过置身于所处的时代之中，才能理解他自己的经历并把握自己的命运，他只有变得知晓他所身处的环境中所有个人的生活机遇，才能明白他自己的生活机遇"[2]。每一位成长着的儿童，首先是一个自主性个体，他们通过个人的心智品质形成对"地方"空间体验的理解，来完型各自的精神世界。对儿童来说，空间形态从表面上呈现为个人置身其中展开社会化过程的背景，但是空间形态决然不是静止客物。对社会空间的确切理解至少在以下一层意义上是妥当的，即社会空间形态是整体社会过程的外在表现，是社会过程的形式结果。而在内里，社会空间充斥着复杂的、动态的社会过程。可以说，社会过程与社会空间的建构过程本身就是一体的，不管是社会过程，还是社会空间的形态构成，都必须经由人的实践来完成。此外，文末必须要作出说明：对学校空间及学生空间体验的分析，并非完全出自研究者的已有知识立场，更不是在丰富的知识沃野中找到恰当的解释；之所以提出这样的问题，恰恰是因为

---

[1]　王枬.学校教育时空存在的问题分析[J].教育学报，2019（1）：3—9.

[2]　[美]C·赖特·米尔斯（著），陈强　张永强（译）.社会学的想象力[M].北京：生活·读书·新知三联书店，2001，第4页。

作为研究者的"我"在知识上的浅薄，想要寻求更多学术同行一起，从细微的日常出发，探明那些弥散在日常中的教育正义问题。显然，想要通达教育正义的理解，单纯借助于抽象是不现实的。我们须将研究者的道德关切与伦理隐忧审慎地代入熟悉的、真实的社会背景中，综合新鲜的一手经验材料，形成对教育正义的全面理解。同时，作为研究者的"我"必须时刻警惕自己在知识上的优越性，虽然"只有专家可以帮助大众分析空间"，"但也只有大众生活在空间中，知道空间具体是什么"。[1]我们每个人都生活在大众之中，成为空间结构及其隐藏于背后的权力结构的承受者。我们尝试理解当下的自我处境的同时，也潜隐地写就属于我们的历史。任何特定的社会生产方式总是镶嵌在具体的社会空间形式中，同时，具体的社会生产生活实践也会抽象出人们对空间的想象。本文开篇中提到的"融合"与"排斥""阻隔"等概念，都是在具体社会生产关系中生成的空间抽象。"空间是历史将自身铭刻之处，地理学应该分析在那里居住和诞生的事物。这样做的代价会是，地理学成为他们应当成为的那样——意识的觉醒者、教育者，因而也是解放者"[2]。空间一方面体现出社会文化结构的生产性，比如因空间禀赋差异导致的社会资本与文化资本的差异，另一方面也寄托了空间中的人抱有的诗意理想，即尝试通过空间的创造性改造而抵制社会区隔的实践路径。具体的社会空间会生成空间中栖居者对理想空间的诗意想象，反过来，抽象的空间想象也会引领具象的空间生产实践。社会区隔的形式不仅仅展现在一个社会的物质生产与社会关系生产过程中，同时也渗透于社会当中不同社群共同体的生命状态、精神意志、社会想象力，甚至个人意向当中。正视空间中暗含的生产性，我们才有希望在空间冲突中为社会生活变革寻找新的可能；理解教育场域的空间性，我们才有动力在教育实践中为教育公平正义寻找新的出路。

[1] [美]杰里米·克莱普顿，斯图亚特·埃尔顿（编著），莫伟民，周轩宇（译）.空间、知识与权力：福柯与地理学[M].北京：商务印书馆，2021，第46页。
[2] [美]杰里米·克莱普顿，斯图亚特·埃尔顿（编著），莫伟民，周轩宇（译）.空间、知识与权力：福柯与地理学[M].北京：商务印书馆，2021，第46页。

参考文献

1.[英]艾略特（著），汤永宽，裘小龙 等（译）.荒原：艾略特文集·诗歌[M].上海：上海译文出版社，2012年版（2018重印）。

2.[德]海德格尔（著），孙周兴（译）.什么叫思想[M].北京：商务印书馆，2017年版。

3.[德]黑格尔（著），贺麟（译）.小逻辑[M].上海：上海人民出版社，2008年版。

4.[德]赫尔巴特（著），李其龙（译）.普通教育学[M].北京：人民教育出版社，2015年版。

5.[捷]夸美纽斯（著），任钟印（译）.大教学论·教学法解析[M].北京：人民教育出版社，2006年版。

6.[德]迪特·亨利希（著），乐小军（译）.在康德与黑格尔之间：德国观念论讲座[M].北京：商务印书馆，2020年版。

7.[德]康德（著），蓝公武（译）.纯粹理性批判[M].北京：商务印书馆，1960年版。

8.[法]卢梭（著），李平沤（译）.爱弥儿（上）[M].北京：商务印书馆，2017年版。

9.[英]雷蒙·威廉斯（著），韩子满，刘戈，徐珊珊（译）.乡村与城市[M].北京：商务印书馆，2013年版。

10.[法]费尔南·布罗代尔（著），顾良，张泽乾（译）.法兰西的特征[M].

北京：商务印书馆，2020年版。

11.漆永祥（著）．依稀识得故乡痕——漆家山50年村史[M]．北京：北京大学出版社，2019年版。

12.[美]C.赖特·米尔斯（著），李康（译）．社会学的想象力[M]．北京：北京师范大学出版社，2017年版。

13.[法]迪迪埃·埃里蓬（著），王献（译）．回归故里[M]．上海：上海文化出版社，2020年版。

14.[法]伊凡·雅布隆卡（著），闫素伟（译）．无缘得见的年代：我的祖父母与战争创伤[M]．北京：商务印书馆，2021年版。

15.大卫·克里斯蒂安（著），晏可佳，段炼，房芸芳，姚蓓琴（译）．时间地图：大历史，130亿年前至今[M]．北京：中信出版社，2017年版。

16.[英]霍布斯鲍姆（著），郑明萱（译）．极端的年代：1914—1991[M]．南京：江苏人民出版社，1998年版。

17.[美]斯蒂芬·霍尔姆斯（著），曦中 等（译）．反自由主义剖析[M]．北京：中国社会科学出版社，2002年版。

18.[美]麦金太尔（著），宋继杰（译）．追寻美德：道德理论研究[M]．南京：译林出版社，2011年版。

19.渠敬东（著）．缺席与断裂：有关失范的社会学研究[M]．上海：上海人民出版社，1999年版。

20.[法]爱弥尔·涂尔干（著），渠东（译）．社会分工论[M]．北京：三联出版社，2000年版。

21.[法]布尔迪厄，[美]华康德（著），李猛，李康（译）．反思社会学导引[M]．北京：商务印书馆，2015年版。

22.[法]皮埃尔·布尔迪厄（著），杨亚平（译）．国家精英：名牌大学与群体精神[M]．北京：商务印书馆，2018年版。

23.[英]迈克尔·格伦菲尔（编），林云柯（译）．布迪厄：关键概念[M]．重庆：重庆大学出版社，2018年版。

24.[美]巫鸿（著），肖铁（译）.废墟的故事：中国美术和视觉文化中的"在场"与"缺席"[M]. 上海：上海人民出版社，2012年版。

25.[英]弗朗西斯·哈斯克尔（著），孔令伟（译）.历史及其图像：艺术及往昔的阐释[M]. 北京：商务印书馆，2018年版。

26.[意]吉奥乔·阿甘本（著），尹星（译）.幼年与历史：经验的毁灭[M]. 郑州：河南大学出版社，2016年版。

27.苇岸（著），冯秋子（编）.大地上的事情[M]. 桂林：广西师范大学出版社，2020年版。

28.[法]保罗·利科（著），李彦岑，陈颖（译）. 记忆，历史，遗忘[M]. 上海：华东师范大学出版社，2017年版。

29.[俄]伊万·布宁（著），靳戈（译）. 阿尔谢尼耶夫的一生[M]. 杭州：浙江文艺出版社，2018年版。

30.[德]盖奥尔格·齐美尔（著），林荣远（译）. 社会学——关于社会化形式的研究[M]. 北京：华夏出版社，2002年版。

31.[英]安东尼·吉登斯（著），田禾（译）. 现代性的后果[M]. 南京：译林出版社，2000年版。

32.刘铁芳（著）. 乡土的逃离与回归：乡村教育的人文重建[M]. 福州：福建教育出版社，2008年版。

33.梁漱溟（著）. 梁漱溟全集（第1卷）[M]. 济南：山东人民出版社，2005年版。

34.费孝通（著）. 乡土中国[M]. 上海：上海人民出版社，2013年版。

35.[加]查尔斯·泰勒（著），程炼（译）. 现代性的隐忧[M]. 南京：南京大学出版社，2020年版。

36.[美]施坚雅（著），史建云，徐秀丽（译）. 中国农村的市场和社会结构[M]. 北京：中国社会科学出版社，1990年版。

37.[美] 爱德华·希尔斯（著），傅铿，吕乐（译）. 论传统[M]. 上海：上海人民出版社，2014年版。

38.费孝通（著）.乡土中国·生育制度[M].北京：北京大学出版社，1998年版。

39.左松涛（著）.近代中国私塾与学堂之争[M].北京：生活·读书·新知三联书店，2017年版。

40.晏阳初（著），宋恩荣（编）.平民教育与乡村建设运动[M].北京：商务印书馆，2004年版。

41.[美]赛珍珠（著），宋恩荣（编）.告语人民[M].桂林：广西师范大学出版社，2003年版。

42.[英]卡尔·波兰尼（著），冯刚，刘阳（译）.大转型：我们时代的政治与经济起源[M].杭州：浙江人民出版社，2007年版。

43.梁漱溟（著）.梁漱溟全集（第2卷）[M].济南：山东人民出版社，2005年版。

44.费孝通（著）."中国城乡发展的道路"，费孝通文集（第12卷）[M].北京：群言出版社，1999年版。

45.丁钢（著）.文化的传递与嬗变：中国文化与教育[M].广西：广西师范大学出版社，2009年版。

46.[英]爱德华·泰勒（著），连树声（译）.原始文化：神话、哲学、宗教、语言、艺术和习俗发展之研究[M].桂林：广西师范大学出版社，2005年版。

47.王铭铭（著）.文化格局与人的表述——当代西方人类学思想评价[M].天津：天津人民出版社，1999年版。

48.[德]约翰尼斯·费边（著），马健雄，林珠云（译）.时间与他者：人类学如何制作其对象[M].北京：北京师范大学出版社，2018年版。

49.贺雪峰（著）.新乡土中国——转型期乡村社会调查笔记[M].桂林:广西师范大学出版社，2003年版。

50.费孝通（著）.乡土中国[M].上海：上海世纪出版集团，2007年版。

51.费孝通（著）.中国绅士[M].北京：中国社会科学出版社，2006年版。

52.[美]马歇尔·萨林斯（著），王铭铭，胡宗泽（译）.甜蜜的悲哀[M].
北京：生活·读书·新知三联书店，2002年版。

53.司洪昌（著）.嵌入村庄的学校：仁村教育的历史人类学探究[M].北
京：教育科学出版社，2009年版。

54.[德]胡塞尔（著），王炳文（译）.欧洲科学的危机与超越论的现象学
[M].北京：商务印书馆，2016年版。

55.陈光兴（著）.发现政治社会——现代性、国家暴力与后殖民民主[M].
台北：巨流图书公司，2000年版。

56.翁乃群（主编）.村落视野下的农村教育：以西南四村为例[M].北京：
社会科学文献出版社，2009年版。

57.[加]马克斯·范梅南（著），宋广文 等（译）.生活体验研究——人文
科学视野中的教育学[M].北京：教育科学出版社，2003年版。

58.[法]莫里斯·梅洛-庞蒂（著），姜志辉（译）.知觉现象学[M].北京：
商务印书馆，2001年版。

59.[瑞士]马克斯·皮卡德（著），李毅强（译）.沉默的世界[M].上海：上
海书店出版社，2013年版。

60.[匈]阿格妮丝·赫勒（著），衣俊卿（译）.日常生活[M].重庆：重庆出
版社，1990年版。

61.[美]彼得·L.伯格，[美]托马斯·卢克曼（著），吴肃然（译）.现实的
社会建构：知识社会学论纲[M].北京：北京大学出版社，2019年版。

62.[奥]路德维希·维特根斯坦（著），李步楼（译）.哲学研究[M].北京：
商务印书馆，1996年版。

63.[德]赫尔曼·施密茨（著），庞学铨，冯芳（译）.身体与情感[M].浙
江：浙江大学出版社，2012年版。

64.[法]皮埃尔·布迪厄（著），蒋梓骅（译）.实践感[M].南京：译林出版
社，2012年版。

65.[法]皮埃尔·布尔迪厄（著），刘晖（译）.区分：判断力的社会批判[M].北京：商务印书馆，2015年版。

66.[奥]阿尔弗雷德·舒茨（著），游淙祺（译）.社会世界的意义构成[M].北京：商务印书馆，2012年版。

67.[法]亨利·列斐伏尔（著），叶齐茂，倪晓晖（译）.日常生活批判[M].北京：社会科学文献出版社，2018年版。

68.[美]戴维·哈维（著），胡大平（译）.正义、自然和差异地理学[M].上海：上海人民出版社，2010年版。

69.[德]汉斯-格奥尔格·伽达默尔（著），洪汉鼎（译）.诠释学I：真理与方法[M].北京：商务印书馆，2016年版。

70.[美]段义孚（著），王志标（译）.空间与地方：经验的视角[M].北京：中国人民大学出版社，2017年版。

71.[美]乔治·H·米德（著），赵月瑟（译）.心灵、自我与社会[M].上海:上海译文出版社，2018年版。

72.[加]查尔斯·泰勒.承认的政治[G]//汪晖，陈燕谷.文化与公共性.上海：生活·读书·新知三联书店，2005年版。

73.[美]杰里米·克莱普顿，斯图亚特·埃尔顿（编著），莫伟民，周轩宇（译）.空间、知识与权力：福柯与地理学[M].北京：商务印书馆，2021年版。

74.[美]艾伦·布卢姆（著），战旭英（译）.美国精神的封闭[M]. 南京：译林出版社，2011年版。

75.[美]杜威（著），傅统先（译）.确定性的寻求：关于知行关系的研究[M].上海：上海人民出版社，2005年版。

76.[德]黑格尔（著），贺麟，王玖兴（译）.精神现象学（上卷）[M].上海：上海人民出版社，2013年版。

77.[古希腊]亚里士多德（著），廖申白（译注）.尼各马可伦理学[M].北京：商务印书馆，2019年版。

78.[英]利文斯通（著），朱镜人（译）.保卫古典教育[M]. 北京：人民教育出版社，2017年版。

79.[英]怀特海（著），庄莲平，王立中（译注）. 教育的目的[M]. 上海：文汇出版社，2012年版。

80.Xiang, J. 2014. *Returns to Education in Market Transition during the Reform Period 1988—2002, China*[D]. Dissertation, Freie Universitat, Berlin.http://www.diss.fu—berlin.de/diss/receive/FUDISS_thesis_000000097534.

81.Parson, Talcott, and Bales, Robert, 1995. *Family, Socialization and Interaction Process*[M]. Glencoe, III.: Free Press.

82.Anderson, Michael. 1971. *Family Structure in Nineteenth—Century Lancashire*[M]. Cambridge: Cambridge University Press.

83.Nora, Pierre. General Introduction: Between Memory and History. In Pierre Nora（trans. Arthur Goldhammer）, *Realms of Memory: the Construction of the French Past*,（volume 1）[M].New York: Columbia University Press, 1996:1.

84.Kritzman, Lawrence D. Forward: In Remembrance of Thins French[M]//Pierre Nora（trans. Arthur Goldhammer）, *Realms of Memory: the Construction of the French Past*（volume 1）[M]. New York: Columbia University Press, 1996:ix.

85.Bourdieu, Pierre. *The State Nobility: Elite Schools in the Field of Power*[M]（trans Lauretta C. Clough）.Cambridge, UK: Polity Press, 1996.

86.Sahlins, M. *Islands of History*[M]. Chicago: University of Chicago Press, 1985:144.

87.Lefebvre, Henri（trans.Donald Nicholson—Smith）. *The production of space*[M]. London: Blackwell Publishing, 1991.

88.Harvey, David . *Social justice and the city*（Rev. ed.）[M]. Athens & London: The University of Georgia Press, 2009.

89.Soja, Edward W. *Seeking Spatial Justice*[M]. Minneapolis & London: University of Minnesota Press, 2010.

90.Soja, Edward W. *Thirdspace: Journeys to Los Angeles and Other Real-And-Imagined Places*[M]. Cambridge, Massachusetts & Oxford, UK: Blackwell Publishers Inc., Blackwell Publishers Ltd., 1996.

91.McLaughlin, M. J., & Jordan, A. Push and pull: Forces that are shaping inclusion in the United States and Canada [G]// Mitchell, D. （Ed.）. *Contextualizing inclusive education: Evaluating old and new international perspectives*. London: Routledge, 2005: 89-113.

92.Bowles,Samuel,and Herbert Gintis. *Schooling in Capitalist America: Education and the Contradictions of Economic Life*[M]. New York: Basic Books, 1976.

93.Coleman, James S., et al. *Equality of Educational Opportunity*[R]. Washington, DC: U.S. Department of Education, 1966.

94.Sutton, L., Smith, N., Dearden, C. and Middleton, S. *A child's eye-view of social difference*[R]. Report to the Joseph Rowntree Foundation, York, 2007:vii.

95.Crampton, Jeremy W. and Elden, Stuart （Eds）. *Space, Knowledge, and Power: Foucault and geography*[M]. New York:Routledge,2016.

96.Wilson, William Julius. *The Truly Disadvantaged: The Inner City, the Underclass, and Public Policy*[M].Chicago: University of Chicago Press, 1987.

97.Archer, L. and Francis, B. *Understanding Minority Ethnic Achievement: Race, Gender, Class and 'Success'* [M].London: Routledge, 2007.

98.Dworkin. A. G. *Teacher burnout in the public schools: Structural causes and consequences for children*[M]. Albany: State University of New York Press,1987.

99.Metz, M. H. How social class differences shape teachers' work. [G]// McLaughlin, M. W., J. E. Talbert, & N. Bascia （Eds.）*The contexts of teaching in secondary schools: Teachers' realities*. New York: Teachers College Press,1990: 40—107.

100.Edmonds, R. R. Characteristics of effective schools. [G]//Neisser, U. （Ed.） *The school achievement of minority children*. Hillsdale, NJ: Lawrence Erlbaum, 1986:

93—104.

101.Tieken, Mara. Casey. *Why Rural School Matter*[M]. Chapel Hill: The University of North Carolina Press. 2014, 3.

102.渠敬东. 涂尔干：作为文明研究的社会理论[J]. 学海，2018（02）：52—60.

103.刘庆昌. 教育意念的结构——基于教育本体论的视角[J]. 华东师范大学学报（教育科学版），2019（4）:57—71.

104.黄裕生. 论自由、差异与人的社会性存在[J]. 中国社会科学，2022（2）：23—42.

105.石中英. 本质主义、反本质主义与中国教育学研究[J]. 教育研究，2004（1）：11—20.

106.项继发. 追寻古典精神：教育理想的现时阻障与德性复归[J]. 教育研究，2021（11）：59—71.

107.孙郁. 世情与远思[J]. 读书，2017（4）：55—61.

108.文军，吴越菲. 流失"村民"的村落：传统村落的转型及其乡村性反思[J]. 社会学研究，2017（04）：22—45.

109.郑杭生，张亚鹏. 社会记忆与乡村的再发现——华北侯村的调查[J]. 社会学评论，2015（03）：16—23.

110.田毅鹏. 村落过疏与乡土公共性的重建[J]. 社会科学战线，2014（06）：8—17.

111.王磊. 乡村文明振兴的国学思考[N]. 光明日报，2018—17—07（11）.

112.王兆林. 反思与前瞻：城市化进程中的农村教育[J]. 教育探索，2006（05）：30—32.

113.陈敬朴. 农村教育概念的探讨[J]. 教育理论与实践，1999（19）：39—43.

114.张乐天. 重新解读农村教育[J]. 教育发展研究，2003（11）：19—22.

115.王剑，冯建军．对我国农村教育城市化的审视[J]．教育发展研究，2008（8）：22—24．

116.张济洲．"离农"？"为农"？——农村教育发展中的悖论[J]．当代教育科学，2005（19）：36—38．

117.肖正德，谷亚．农村教育到底为了谁？——农村教育价值取向研究述评[J]．教育研究与实验，2019（06）：24—28．

118.田夏彪，张琼．回归本体：论我国农村教育的价值取向[J]．昆明理工大学学报（社会科学版），2009（08）：87—93．

119.王文征．浅析乡村振兴视域下的乡土文化资源[J]．现代农业研究，2021（06）：87—88．

120.刘国利．让乡村价值充分释放[J]．人民论坛，2019（06）：66—67．

121.冯婷．城市文明时代的"乡村振兴"[J]．浙江社会科学，2019（06）：66—74．

122.陈心颖．新型城镇化中"人"的现代化解读[J]．福建论坛（人文社会科学版），2020（02）：36—44．

123.张谦舵，潘玉君，伊继东，孙俊，姚辉．论教育空间与社会空间[J]．云南师范大学学报（哲学社会科学版），2014，46（06）：122—128．

124.高水红．乡村学校教育变迁与时空意识的变革[J]．北京大学教育评论，2012（10）：14—32．

125.刘铁芳．乡村的终结与乡村教育的文化缺失[J]．书屋，2006（10）：45—49．

126.张中文．我国乡村文明传统的形成、解构与现代复兴问题[J]．理论导刊，2010（1）：31—33．

127.赵旭东，孙笑非．中国乡村文化的再生产——基于一种文化转型观念的再思考[J]．南京农业大学学报（社会科学版），2017，17（01）：119—127．

128.项继发．把儿童"领入世界"：阿伦特式教育思考[J]．教育学报，

2019（5）:3—10.

129.项继发,韩云琴.晏阳初平民教育:一场现代文明实践[J].终身教育研究,2020（6）:61—67.

130.费孝通.评晏阳初"开发民力建设乡村"[J].观察,1948（1）:3—6.

131.吴飞.乡村建设与现代中国文明[J].北京大学教育评论,2009（3）:65—75.

132.王天根.乡情与学理:近代经典村落文化的跨语际分析及其历史书写[J].史学理论研究,2021（3）:99—108.

133.潘家恩,杜洁.社会经济作为视野——以当代乡村建设实践为例[J].开放时代,2012（06）:55—68.

134.费孝通.从反思到文化自觉和交流[J].读书,1998（11）:4—10.

135.费孝通.文化自觉的思想来源与现实意义[J].文史哲,2003（03）:15—16.

136.苏国勋.社会学与文化自觉——学习费孝通"文化自觉"概念的一些体会[J].社会学研究,2006（02）:1—12.

137.吴开婉.文化与旅行:基于概念的探讨[J].云南民族大学学报（哲学社会科学版）,2007（5）:11—16.

138.刘铁芳.探寻乡村教育的基本精神[J].探索与争鸣,2021,（04）:15—18.

139.赵霞,杨筱柏.当代中国乡村教育的文化阐释与价值选择[J].河北学刊,2012,32（03）:209—212.

140.马永强.重建乡村公共文化空间的意义与实现途径[J].甘肃社会科学,2011（03）:179—183.

141.郭建如.基础教育财政体制改革与农村义务教育发展研究:制度分析的视角[J].社会科学战线,2003（5）:157—163.

142.姚荣.从"嵌入"到"悬浮":国家与社会视角下我国乡村教育变迁

研究[J]. 清华大学教育研究，2014，35（04）:27—39.

143.王铭铭. 教育空间的现代性与民间观念——闽台三村初等教育的历史轨迹[J]. 社会学研究,1999（06）:103—116.

144.熊春文. "文字上移"：20世纪90年代末以来中国乡村教育的新趋向[J]. 社会学研究，2009（05）:110—140.

145.王铭铭. 文字的魔力：关于书写的人类学[J]. 社会学研究，2010（02）:44—66.

146.周晔. "学校离村"的乡村教育新动向及其社会文化隐忧——兼与"文字上移"提法商榷[J]. 河北师范大学学报，2015（5）:118—122.

147.邬志辉. 当前我国城乡义务教育一体化发展的核心问题探讨[J]. 教育发展研究，2012（17）:8—13.

148.万明钢. "文字上移"——渐行渐远的乡村教育[J]. 教育科学研究，2010（07）:19—20.

149.刘云杉. "悬浮的孤岛"及其突围——再认识中国乡村教育[J]. 苏州大学学报（教育科学版），2014（01）:14—19.

150.程天君，王焕. 从"文字上移"到"文字下乡"——乡村小学的兴衰起伏[J]. 教育学术月刊，2014（08）:3—12.

151.李涛. "文字"何以"上移"？——中国乡村教育发展的社会学观察[J]. 人文杂志，2015（06）:122—128.

152.李金刚. 教育景观视角下的农村"教育社会"构建[J]. 南京师大学报（社会科学版），2021（01）:38—46.

153.熊春文. 再论"文字上移"：对农村学校布局调整的近期观察[J]. 中国农业大学学报（社会科学版），2012（04）:22—36.

154.孙庆忠. 离土中国与乡村文化的处境[J]. 江海学刊，2009（04）:136—141.

155.程猛. 农村出身：一种复杂的情感结构[J]. 青年研究，2018（06）:64—73.

156.刘子曦. 故事与讲故事：叙事社会学何以可能——兼谈如何讲述中国故事[J]. 社会学研究，2018（02）:164—188.

157.孙庆忠. 乡村叙事与田野工作的滋味[J]. 中国农业大学学报（社会科学版），2017,34（04）:133—136.

158.安东尼奥·葛兰西. 狱中札记[J]. 史学月刊，2017（01）:138.

159.胡荣，张义祯. 阶层归属与地位认定问题研究[J]. 东南学术，2005（06）:85—92.

160.王庆明，陆遥. 底层视角：单向度历史叙事的拆解——印度"底层研究"的一种进路[J]. 社会科学战线，2008（06）:224—227.

161.苏尚锋. 学校空间性及其基本内涵[J]. 教育学报，2007（05）:8—12.

162.严从根. 儿童教育空间生产的三重审视[J]. 南京社会科学，2018（03）:151—156.

163.辛晓玲，付强. 学校教育空间研究的现状与趋势[J]. 当代教育科学，2019（04）:41—46.

164.贺晓星. 叙事资本:对教育社会史、生活史研究的一种深度理解[J]. 高等教育研究，2013（04）:46—53.

165.余秀兰，韩燕. 寒门如何出"贵子"——基于文化资本视角的阶层突破[J]. 高等教育研究，2018（02）:8—16.

166.熊易寒. 底层、学校与阶级再生产[J]. 开放时代，2010（01）:94—110.

167.仇立平，肖日葵. 文化资本与社会地位获得——基于上海市的实证研究[J]. 中国社会科学，2011（06）:122—135.

168.朱伟珏. 超越社会决定论——布迪厄"文化资本"概念再考[J]. 南京社会科学，2006（3）:87—96.

169.陈旭峰. 实施城乡一体化的分流教育——布迪厄的文化再生产理论对当前农村教育的启示[J]. 教育学术月刊，2010（07）:4—7.

170.肖日葵，仇立平. "文化资本"与阶层认同[J]. 国家行政学院学报，2016（06）:59—64.

171.秦惠民，李娜.农村背景大学生文化资本的弱势地位——大学场域中文化作为资本影响力的视角[J].北京大学教育评论,2014（4）:72—88.

172.张玉林.当今中国的城市信仰与乡村治理[J].社会科学,2013（10）:71—75.

173.董永贵.突破阶层束缚——10位80后农家子弟取得高学业成就的质性研究[J].中国青年研究,2015（3）:72—76.

174.孙远太.家庭背景、文化资本与教育获得——上海城镇居民调查[J].青年研究,2010（02）:35—43.

175.韩钰.家庭传统文化资本对农村青年阶层跨越的影响研究——以鲁西南H村和M村为例[J].青年探索,2016（2）:46—54.

176.程猛，康永久.物或损之而益——关于底层文化资本的另一种言说[J].清华大学教育研究,2016（04）:83—91.

177.谢爱磊，洪岩璧，匡欢，白杰瑞."寒门贵子"：文化资本匮乏与精英场域适应——基于"985"高校农村籍大学生的追踪研究[J].北京大学教育评论,2018（04）:45—64.

178.韩怀珠，韩志伟.从"底层文化资本"到"底层的文化资本"——基于布尔迪厄场域理论的分析[J].中国青年研究,2021（03）:90—95.

179.刘林平，毕先进，刘昱君.农民工为什么沉默?——对2010年珠三角和长三角问卷缺失值的分析[J].社会科学,2017（04）:64—76.

180.张一兵.历史中的沉默与权力真理——让福柯自己说福柯[J].江西社会科学,2013,33（11）:5—13.

181.邓安庆.现象学伦理学对于我们为什么如此重要?[J].现代哲学,2016（6）:55—61.

182.李晶.从英语课堂教师提问入手培养学生思维品质[J].中国教育学刊,2019（S1）:110—112.

183.黄玉顺.语言的牢笼——西方哲学根本传统的一种阐明[J].四川大学学报（哲学社会科学版）,2002（1）:57—63.

184.卢盈华. 醋意现象学———项情感哲学与汉语哲学的个案研究[J].现代哲学，2020（4）：110—117.

185.石勇，刘宇红.情感隐喻的心理层面与文明触发[J].重庆社会科学，2015（06）：123—127.

186.康永久.作为知识与意向状态的童年[J].教育研究，2019（5）：18—30.

187.汪晖.承认什么，何种政治？[J].读书，2016（11）：55—66.

188.崔岩. 流动人口心理层面的社会融入和身份认同问题研究[J]. 社会学研究，2012（5）：141—160.

189.王枬. 学校教育时空存在的问题分析[J]. 教育学报，2019（1）：3—9.

190.Park, Robert E. Human migration and the marginal man[J]. *American Journal of Sociology*, 1928,33（6）:881—893.

191.Nora, Pierre. Between Memory and History: Les Lieux de Mémoire. *Representations*[J], No. 26, Spring, 1989:7—24.

192.Keesing, Roger M. Theories of Culture[J], Annual Review of Anthropology, 1974（3）:73—97.

193.Keesing, Roger M. Theories of Culture Revisited[J], *Canberra Anthropology*, 1990,13（2）:46—60.

194.Longhurst, B. Reviewed Works: Distinction: A Social Critique of the Judgement of Taste by Pierre Bourdieu[J]. *The British Journal of Sociology*, 1986, 37（3）:453—454.

195.Anyon, Jean. Social Class and the Hidden Curriculum of Work[J]. *Journal of Education*, 1980（162）：67—92.

196.Anyon, Jean. Social Class and School Knowledge[J]. *Curriculum Inquiry*, 1981（11）：3—42.

197.Butler, T. and Hamnett, C （Eds）. Special Issue on 'The Geography of Education'[J].*Urban Studies*, 2007, 44（7）.

198.Collins, D. and Coleman, T. Social geographies of education: looking within and beyond school boundaries[J]. *Geography Compass*, 2008, 2（1）: 281—299.

199.Lees, L. A re-appraisal of gentrification: towards a 'geography of gentrification' [J]. *Progress in Human Geography*, 2000, 24（3）:389—408.

200.Butler, T. and Robson, G. Plotting the middle classes: gentrification and circuits of education in London[J]. *Housing Studies*, 2003,18（1）:5—28.

201.Slater, T., Curran, W. and Lees, L. Gentrification research: new directions and critical scholarship[J]. *Environment and Planning A*, 2004, 36（7）:1141—1150.

202.Hamnett, C. Gentrification and the middle-class remaking of inner London 1961—2001[J]. *Urban Studies*, 2003,40（12）:2401—2426.

203. Lees, L. and Ley, D（Eds）. Special Issue on Gentrification and Public Policy[J]. *Urban Studies*, 2008, 45（12）.

204.Youdell, D. Identity traps or how black students fail[J]. *British Journal of Sociology of Education*, 2003, 24（1）: 3—20.

205.Purkey, C. S. & Smith, M. S. Effective schools: A review[J]. *Elementary School Journal*, 1983, 83（4）: 427—452.

206.Rosenholtz, S. J. Effective schools: Interpreting the evidence[J]. *American Journal of Education*, 1985, 93（3）: 352—388.

207.Clark, D., Lotto, L. S., & McCarthy, M. Factors associated with success in urban elementary schools[J]. *Phi Delta Kappan*, 1980, 61（1）: 467—470.

208.Lezotte, L. W., & Bancroft, B. A. School improvement based on effective schools research: A promising approach for economically disadvantaged minority students[J]. *Journal of Negro Education*, 1985, 54（3）: 301—312.

致　谢

　　七月酷暑来袭，办公室里的热气安安静静地弥散在周围，与我作伴。此刻，窗外的校园异常安静——受新冠疫情影响，学校决定早于往年进入暑假，校园中只剩下少数驻校或者留校的师生员工。能够再次回到自己的学术工作中，即使面对案牍劳累，我也深感庆幸。眼前这本书的最后校对工作即将完成，也意味着围绕我个人的乡村教育叙事的研究任务告一段落。回顾过去几年的研究过程，心情颇为复杂。在反复处理个人记忆与现实材料的过程中，我的乡村教育世界逐渐清晰起来。记得当年读博士的时候，我的德国导师问我以后有什么学术志向。我回答说，长远的志向不敢讲，但是我希望自己的第一个研究项目是对故乡的回望，对父母的感激，对自己成长之路的重温。我要特别感谢全国教育科学规划办公室批准我承担2016年度国家青年课题"个体变迁和村落转型中的教育生成功能研究"（课题批准号CAA160161），成全了我当年许下的学术愿望。这个愿望虽然有我的私人情感考量，但是我也确信，由我的个人成长故事延伸出的乡村教育叙事已经成为一个极具社会学意义的学术议题了。缘此之故，一段身体上和精神上的"回乡"之旅便开始了。这段旅程的详细缘由和沿途景象已经呈现在前言和正文中了，敬请各位读者批评指教。

　　如果仅仅从"乡村教育"这一主题来判断，读者一定会发现，本书与以往借助民族志方式开展的乡村个案研究相比，不管是文本还是内容，都有很大差异。其实，读者从开篇的前言中便可大致发现，本书处理的研究对象，更多的是思想意义上的乡村教育，而非经验意义上的乡村教育。也因此，书中大量篇幅落在了对乡村教育的理论沉思上。虽然书中也穿插了我的故乡素描和城市城中村学校的田野调查，它们也仅仅是服务于对乡村教育发展与个体教育命运的理论回溯和理论探究的目标上。这种研究路径的变化，其实也反映了我个人近几年来在学理方向上的重新确认过程。乡村教育的现实样态纷繁多样，建立在现实考察之上的知识表达也同样眼花缭乱，在对待有关乡村教育知识确定性的问题上，我不得不保持谨慎。这种谨慎，虽有可能落入一孔之见的窘境，但我尽量展现自己的真诚。个人研究者的任务，也只能在相关问题上给出一些一般性的认识，公开出来供学界同行指正。

一项复杂工作能够得以顺利完成，一定离不开许多人的帮助。我希望这本书可以作为一份特殊的礼物，送给我的父母。他们一直是我生活的强大支柱，同时也是我学术灵感的不竭来源。写作这本书的过程中，我也有机会重新认识我与父母之间的关系，不断地认识到他们的纯善、牺牲、坚韧，我要感激他们带给我性格中的宽容和热爱。感谢我的爱人对我学术工作的无条件支持，她同时也是我的很多粗糙文字的第一个读者和评论者，她给予的支持和鼓励让我可以心无旁骛地投入到自己喜欢的事业中。很难想象，如果少了这份支持，这本书现在会是什么样子。

我所在的山西大学教育学系，是一个自由、开放的学术组织，我在这里得到了不可计量的学术刺激和资源，书中的许多内容和想法都是一次次与同事们的交流中得来的知识，我要感谢他们的知识"赠与"。在做学生导师的这几年里，我有机会接触了一批有教育理想、有教育情怀、有扎实品质的学生，他们对教育学理问题和教育实践问题的关注与投入，远远超过了我。他们当中的绝大部分已经完成研究生学业，几位同学已经成为非常优秀的中小学教师。尤为难得的是，他们当中，仍然有人坚持他们之前的学术理想，仍在持续追踪研究他们之前关心的议题。在本书的几个章节中，几位同学贡献了他们的才情和努力，我需要特别指出他们的工作：刘荣梳理了乡村教育的定义，并在此基础上尝试对乡村教育这一概念给出新的理解（第三章 ）；孙艺从乡村空间的特殊性入手分析乡村自身的教育性问题（第四章 ）；赵阳阳、崔英、丁玮对乡村教育历史和乡村教育叙事进行了详细整理（第五章）；高瑶、丁玮分别在两个田野点对城市外来务工家庭的教育参与进行了长期的、扎实的实地研究工作（第六章）。他们一方面帮助我完成部分研究工作，另一方面也刺激我打开更多的研究路向。

在实地研究过程中，我和我的学生们在田野地遇到了一个个善良的老师和学生。理性地讲，当一项实地研究完成之后，研究者应当切断与研究田野地的联系。但是，不管是我，还是我的学生们，都依然保持着与田野地的原有联系。我们发现，田野地的老师和学生与我们交织成了一个复杂的社会网络和情感网络，我们没有办法完全关闭掉内心深处的教育关怀和学术想象，我们时不时地想要知道BZ小学或者JN小学某位学生的近况。跳出研究者的身份，我当然希望这些孩子们都能够有美好的未来，希望这里的老师们享受他们的日常教学工作。虽然出于研究伦理的需要，我不得不隐去他们的真实姓名，我还是要感谢他们对这项研究的特别贡献。

山西人民出版社的傅晓红老师不厌其烦地审校书稿，对书稿的结构、论证、表达给出了许多建设性的建议。由于我的工作疏忽，书中出现的一些低级错误也造成傅老师工作量的增加，向她表达感谢的同时也致以歉意。也感谢山西人民出版社，成全一个山西"后生"出版一个山西故事。

特别说明的是，书中出现的部分章节，有的已经在《教育研究》《教育学报》《现代教育论丛》《北京教育学院学报》《山西农业大学学报》《终身教育研究》等学术刊物上公开发表，衷心感谢这些刊物同仁对我个人学术工作的慷慨支持。

由于书中的个人性行文风格比较强烈，在概念使用、理论论证、修辞表达等方面不免疏漏频频，可能也会有充满自负、贻笑大方的错误，请读者朋友们批评并原谅。我现在不揣浅陋把这本书公开发布出来，完全意在提供批评的靶子。如果进而能起到抛砖引玉的效果，当属意外之喜。

项继发

2022年7月于山西大学德秀公寓

后　记

　　那是1992年。我10岁，躺在长满青草的窑顶上，看八月天空厚重、别致、层叠的云。我贴背躺着的地方正是学校窑顶，窑顶后面就是我家的院子，这里也成为连接院子的一个大平台。那天，我一定不是逃学了，可能是星期天。回忆的图像里没有其他人。任凭我反复回忆，仍然找不出其他人。我记不清具体的时间，很可能是在后晌（下午），村里其他的小孩应该在歇晌（睡午觉）。这个窑顶也是我母亲和隔壁邻居大娘夏凉时候聊天的地方，也是奶奶在天黑时喊我回家吃饭时站立的地方。学校里没有半点声响，要么老师在睡觉，要么他前一天就已经离开村子回家了。30年后，脑子里重温这些场景时，故乡的小村子于我又变成一个真实的地方。尽管只是想起儿时生活的些许片段，我已经意识到乡村生活于我而言具有多重意义。这种生活就是夜晚一声接着一声的犬吠，是晨间干完一轮农活回家吃早饭的大人，是秋收时打谷场的欢腾，是中秋满村子漂浮的月饼的甜香，是菜园里沾满露水的柿子，是乡间小道上的牛马徐行，是错入别人家羊圈的羊羔一整晚的呼叫，是庄稼出苗时盼来的雨水，是白天村子里的异常宁静和只有学校传出的读书声。也像是威廉斯笔下的景象："我书桌面对的窗外田野里的榆树、山楂花和白马。是11月傍晚时分，修剪完树枝步行回家的男人们，个个都把手插在卡其布外套的兜里。是戴着围巾站在自家小屋外的女人，等待载着男人们的蓝色公交汽车；孩子们上学的时候，这些女人又到地里收获作物。是路上行驶的拖拉机，在路上留下锯齿状的轮印。是凌晨对面那家养猪场母猪下崽，关键时刻开着的灯光。是急拐弯处遇到的缓慢行驶的黄色货车，车上装满了绵羊，都挤在两边用板条隔开的空间里。是无风的傍晚青草垛传来的夹杂着蜂蜜味的浓浓的清香。"[1]

记得当时的老师姓任，大高个儿，红脸，爱抽旱烟，他那支足有一米长的旱烟枪成了我们多少人忌惮的"圣物"。任老师的老家柴家塌到我们村子总共不到五里地，但没有一段路是平的，往来只能步行。很多个周一的清晨，我们这些小孩子们坐在学校的窑头上注视村子西面山道的动静。如果有人说恍惚看到了人影，我们就要确认半天，看看到底是不是任老师。直到能够听到西水沟石板路上传来车铃声，我们才确认，一定是任老师。小时候，我和村里的孩子们都很纳闷，从柴家塌到我们村，分明是无法骑车的，可任老师每周往返的时候为何还要推着车子？一个人撑起一所乡村小学的辛苦，当时的我们是理解不了的。每周一的清晨，除了紧张，还有欢乐。听到石板路传来的铃声后，村里的大孩子们会领着我们进西水沟去迎老师，学校里剩下的孩子们则开始打扫整理学校。后来渐渐明白，任老师"驮着"自行车来我们村，是备着要到乡里联校开会之用。所以，有时候我们也朝东看村东头的马道口，看看任老师会不会从东边乡里回来。

乡村学校对乡村到底意味着什么？乡村学校在乡村中承担着什么样的角色？乡村学校如何影响和塑造乡村的社会秩序？乡村学校如何影响乡村的人口结构？所有这些问题如果仅仅通过粗略的描述或者宏观政策的解释，似乎并不能找到答案。"政策制定者错失的问题，学术界可能也没有正视"[2]。如果仅仅从官方界定来描绘乡村以及乡村学校的规模，最多只能形成一些模糊的数字和不真实的乡村印象。故乡对我来说既熟悉又陌生。之所以熟悉，是因为这里（那里）有我自己的生活经验，有我自己的情感感知；之所以陌生，是因为纵使我的记忆如何准确，也并不能完全找回曾经的自己。当我身

[1] [英]雷蒙·威廉斯（著），韩子满，刘戈，徐珊珊（译）.乡村与城市[M]. 北京: 商务印书馆，2013，第3页。

[2] Tieken, Mara. Casey. *Why Rural School Matter*[M]. Chapel Hill: The University of North Carolina Press. 2014, 3.

在故乡的时候，我自然熟悉那里的日常生活，可是当我重新回忆故乡的时候，那些曾经最熟悉的日常、最理所当然的世代相承的生活却不再完整。复归童年何其难？如果我以为有能力将自己完整的童年原原本本呈现出来，几乎是痴人说梦。童年的宝藏何其丰富，我们用尽一生都在重新发掘生命始端的人类天真。即使我有复刻全部童年的意志，恐怕记忆也不会顺我的意。如果我自负地以为前面的文字就是我彻底理解的童年的全部呈现，那与自欺无异。伊万·布宁在自传体长篇小说《阿尔谢尼耶夫的一生》中这样描述童年生活："对于自己的幼年生活，我回忆时总是带着忧伤的感情。每个人的幼年时代都是忧伤的：静悄悄的世界很贫瘠。一颗对生活还浑然无知而与一切格格不入的、羞怯又温柔的心灵，正在这样的一个世界上幻想生活。人们说童年是一个黄金般幸福的时代！不，那是个不幸的、病态地多愁善感、可怜兮兮的时代。"[1]每个人对童年的评价不尽相同，至少我是同意布宁的说法的。童年时期的我们无法完全体认到那个时间段点的忧伤，直到成年的我们回忆童年的不连续画面时，才能重新判定彼时的情感旋律。童年的忧伤或许是因着儿时乡村世界的时空景象造成的。

故乡的小山村贫苦凋敝，毫无浪漫诗意，但是这里寄存了一代代人成长中的精神宝藏，生长在土地上的人们能够在自己与故乡的精神联系中得到自我原宥和慰籍。对每一个从乡村土地上走出来的人来说，故乡的影像都是不一样的，寻找故乡的过程中足见每个人自己在想象力上的创造。在创造故乡影像的过程中，我们每一个人都有自己的切身判断。我们可能会对现实中的故乡感到伤感，而在回忆中，故乡的影像和故事则是另一回事了。我们平日所说的回到故乡，也并不是身体性的位临故乡的土地上。当我们站在故乡的土地上时，田地还在，可能房屋已经破落，村小坍塌，乡人已经不知去向。这时，我们不得不承认，我们脚下所站的地方，只能是名称上的故乡了。要想找到故乡，我们只能向自己提出严峻的精神挑战，在自己的心灵上"创

---

[1] [俄]伊万·布宁（著），靳戈（译）.阿尔谢尼耶夫的一生[M].杭州：浙江文艺出版社，2018，第6页。

造"一个故乡，重新自觉主动地跟一个称为故乡的地方发生致密的联系。乡村之所以是乡村，是由乡村所在的地理依赖所形成的情感归属感决定的，居于其间的人们有相似的乡村生活世界。从这一观念出发，乡村不是一种人居类型或者地理边界的简单限定，而是生活在乡村中的人内植于心的身份归属之所。除了可见的乡村房舍、田野这些外在的存在形式，乡村还是人们形成自我理解、生成日常经验的意义的心灵故园。乡村里的学校对于身在乡村中的人来说，也不单单是承担特殊文化教养功能的场所。

最近一次回到故乡，已经是6年之前了。那次是到故土安葬逝去的奶奶。我翻出当时回程火车上速速记下的心情日记，依然怆然。

2016年10月23日日记：

这几天一直在整理各种心情，忙起来昏头转向后，又草草将心情敷衍过去。

上午把奶奶送走之后，心里的、脑海里的各种思绪又马上奔腾而来。人生真没有准备好的时候，今天和明天都不会完全准备好。十几年前，爷爷过世的时候，我还是一个大学一年级的毛头小子，对于离去的概念更多地体现在父辈们的眼泪里。十几年后，对死亡的理解和表达并没有因为年长而"熟练"半分。说一句不孝不敬的话，奶奶在世的时候，我曾经设想过，当她老人家不在的时候，我会是怎么一种反应。奶奶在世的时候，家里人公认的、并且接受的"事实"之一是，奶奶最疼的一个人便是我。这一点我是绝对承认的，并且一直暗自庆幸，没有因为奶奶的偏亲，而导致孙辈们的不和。作为大家族里的长孙，打小起就得到爷爷奶奶、叔叔姑姑们的分外关爱。可是当我从三百里之外奔回老家，在奶奶的灵柩前，竟掉不出一滴眼泪，只是在脑袋里回闪各种过往镜头。我心里有些负罪：我是出门在外跑野了吗？

今年农历七月，三姑因病早逝，时隔两月之后，奶奶也走了。我想，她娘俩一定是事先约定好了的。可见，奶奶也是疼三姑的。

阔别故乡多年后，再次回到儿时的土地上，心里没有兴奋，反倒多出种种悲凉。"马道口""长梁""短梁""堡圐圙""马头山""西山峁""西水沟""河沟"，以及环埂在山势之上的明长城，这些熟悉的名字，他们好像都变了模样，像是被岁月施了咒语，变得呆钝、灰暗。环眼小时候跑过的山间、田地，爬过的长城，竟从心里跃出沧桑。我从记忆里使劲搜索，我在这些地方小时候奔跑的样子，奢求这些画面在我脑海中多停留哪怕一小会儿。回忆是奢侈的，不会为了照顾我的情绪多给我挤出半点。

乡民故亲有的已经认不出我，但这不妨碍他们对我最真诚的热络。这种情感表露就像是从土里长出来，不加修饰，朴素温煦。中午跟母亲讲，在我小时候，为老人送终打墓的都是些二三十岁的壮劳力，而现在仅剩下几个我不是称呼舅舅，便是称呼叔伯的五六十岁的人。他们依旧操持农地劳作，可是我无论如何也不能将眼前的景象跟小时候打谷场上沉浸于收获喜悦的故乡人比较。

老家的院落早已残破，早已不是曾经那所护养一大家子的院落。站在院子中央，心口紧闭，使劲从脑袋里拽出儿时我的样子，可是，他并不配合。院子南边紧挨着的便是当年热闹的学堂，在那里的启蒙教育，一直滋养到我读书、求学、出国、从教，一直泽润我学术研究的旨趣。我想，这也是根吧。

昨晚父亲、二叔、三叔，还有他们儿时的玩伴喝酒到大醉，席间的话题自然地滑到他们小时候的各种调皮捣蛋的回忆里。我也乐意给他们添酒。于我，我又多听了一回多彩的故乡；于他们，这份回忆何等的金贵，毕竟他们几个人坐在一起回忆儿时的时候不是很多。如今他们跟我一样，各自家安一方，若不是因了故乡的情谊，他们也不会坐到一起。

此刻坐到火车上的我，可以肆意的扯拽这些回忆，这些画面故事。明天一大早，走进课堂，又马上投入另一场故事中，跟一帮年轻人卖弄我肚子里些许墨水滴。人生的模式切换，是时间推着的。奈何，奈你又何？

　　原以为，停留在乡村的那个世界，会被一直遗留在原处。可是，当我写出上面这些回忆的片段之后，不自觉地发现，乡村世界已经驻守在我的精神世界中了。出走多年之后，我依然把故乡当做心中的神圣场所，在遭遇困顿、迷惘的时候老是喜欢拉扯出儿时乡村的记忆作为安慰。故乡，除了抚育我（和所有与我一样的人）的社会功能之外，现在更多的是她的象征功能。我过往的成长经历当中，能够找到许许多多通过读书出人头地的瞬间，而我慢慢发现，更多出现的则是这一路上发生的伦理代价与伦理断裂。小学三年级，那时我已经到了县城读书，一次课间，奶奶到学校给我送东西（我已经记不得是作业，还是其他）。奶奶在学校院子里挪来挪去，四处打问有没有人认识我。奶奶缠过足，走起路来尤其小心。我现在都能看到当初那个躲在教室里迟迟不愿意出来见奶奶的虚伪的自己。当时自己心里的"嫌奶奶丢人"，到底想要急切摆脱什么？这样的情形还有很多，我嫌弃母亲因为我不好好学习用擀面杖打我，我觉得"丢人"；我埋怨父亲到开学的时候凑不齐我的学费，我觉得"丢人"；我也偷偷怨恨过，为什么父母没能够让我成为最早一批使用手机和笔记本电脑的大学生。我当初心里的怨恨、嫌弃，都在成长过程中埋下了伦理的债务。如若不是当初他们的苦行理性主义，我是无论如何都不可能靠读书改变命运的。我现在坐在书桌前敲下的每一个字，完全不是因为我苦读而得来的美好结果。我之所以比他们有更多生活可能性的选择机会，恰恰是他们（我的祖辈父辈）以极端的隐忍和无尽的辛劳来支撑我来对抗命运。2014年，我在德国一所精英大学申请博士学位的论文中写下的最后一句话，是致谢我的父母——"This dissertation is lovingly dedicated to my mother and father, Chengming Xiang and Aiying Nie, for their personal support. They are very proud of their prospective-doctor son, and although they may not fully understand the subject of this dissertation, they have been supportive, nonetheless." [1]

---

　　[1]　Xiang, J. 2014. *Returns to Education in Market Transition during the Reform Period 1988-2002, China*[D]. Dissertation, Freie Universitat, Berlin.
　　http://www.diss.fu-berlin.de/diss/receive/FUDISS_thesis_000000097534.

我知道，我的父母并不十分清楚学术到底是怎么一回事。但对我来说，学术首先是要表达我对他们的愧疚和感激。我的博士论文虽然聚焦中国社会转型期的教育回报变化，但是其中并没有鲜活的个人故事，更没有我的精神世界。我一直想在博士毕业之后，开始一段密集的、私人的书写。然而，这种心情并不能让我得到丝毫安慰。我对父母的生活艰辛只是略知皮毛，我的父亲、母亲，以及他们的同辈、长辈，他们都是农民，一代接着一代，他们因为自己的出身和时代的困顿，因为没能获得打开外面世界的钥匙，而一直与土地为伴；我是一名大学教师，一名学术工作者，甚至几乎算得上"知识精英"。我理解的乡村与他们毕生所牵的地方并不完全一样。我已经成了一个被文化包装之后的农村人，我们谈论和理解的乡村或故乡并不总是同一回事。即使如今我竭力投入情感返回故乡，我也早已外在于他们的生活了。我是一名乡村教育研究者，但这种身份并没有给我多少帮助。我只能竭力接近故乡，并且重新发掘那里的精神世界了。讽刺的是，这种努力并不能够如愿。"只要把自我作为例子，就能感觉到我的决心是多么可笑：我们的行为的总和并不能说明我们是什么样的人，更何况几个零散的行为，就更不能揭示任何事物。我从总体上去看待一些事物，将这些事物聚合在一起，进行比较，在事物与事物之间建立联系，但在此之后，我仍然一无所知。我唯一得到的安慰是，我只能做这么多了。"[1]

从故乡出发回观个人的教育历程，我似乎是以一个"成功者"的姿态对自我的教育认识进行了重构。这一重构过程中，自然也隐含我对理想教育的个人理解。我的成长经历与教育历程是"跳出农门"达到个人实现的真实个例，但我并不是孤例。如今，我以一个专业知识人的立场来重新审视教育的力量时，必须面对这样一个伦理困境：我凭借自身（包括父母）的不懈努力将自己提升到看似文化精英的地位，才有办法来回看并讲述一个关于农家子弟的故事，也有机会去观察并且想象那些处在城乡流动大潮

---

[1] [法]伊凡·雅布隆卡（著），闫素伟（译）.无缘得见的年代：我的祖父母与战争创伤[M]. 北京：商务印书馆，2021，第436页。

中的孩子们。我的"成功"故事到底是教育理想的实现，还是个人主义的实现？抑或是个人潜隐地遵从教育理想之路达到的自我实现？这已经是一个普遍的现代性问题了。而每一个被"现代性"定义的问题，都须面对历史中的当代性。

每一个接受教育的普通个体，都是教育的主体。对于普通人来说，那些古板的旧词如美善、理想、哲学、哲人，没什么实际用处。我们不能否认，不能反驳普通人的正当理由，更不能教训普通人个人价值观当中的"势利""浅薄"。如果我们教导普通人不加区分地去追求只有少数哲人方可企及的哲学理想或者"值得过的生活"，我们也会因为不能对他者的生活负责而感到愧疚。要知道，社会是由多种多样的人构成的，这种现实的多样性决定了道德实现方式的多样性。如果以一种哲人的立场教育普通人遵从古典教育的理想，是不是也是一种道德伪善呢？即使我们在知识立场上与哲人接近，但在现实生活中，我们每个人都是面对具体抉择的普通人，以个体的力量坦承面对现实生活。作为普通人，我们不能一边"算计"生活中的现实得失机会，一边从苏格拉底、柏拉图、卢梭、康德的理论阴影中寻找慰藉。在应付现实生活时，古典的、高深的哲学教诲对我们的帮助可能少之又少。因为所有这些教诲，都不会回答升学、就业、职业、收入、家庭安排这样的问题。每一个生活在现实生活中的人，首先是感性思维的存在，进而才有理性的思考。这样看来，教育的古典理性与现实教育中个人的"聪明"选择构成了无法调和的一对冲突。那么，我们对古典教育理想的坚持，难道只是学院派知识人的一种迂腐？我们倡导教育的古典理想，更像站在道德的高地对他人的教育行动指手画脚。我们不禁要问，我们有这样的道德权力吗？又或者是，每个人选择自己的教育自由，难道不应当得到尊重吗？

这一系列问题，并不是我们在这篇文字中最新提出的。在《美国精神的封闭（The Closing of the American Mind）》一书中，布卢姆对当时美国受过高等教育的青年提出严肃的批判，对年轻人的心灵状态表达了担忧。布卢姆的出发点，正好就是教育的古典理想。"必须始终盯住人类完美的目标，同时也要把握自己眼前的学生的禀赋。"[1]作为经年研习哲学经典的大师和从事通识教育的教授，他的野心自然放在了影响学生的心灵生活上。"凡是真正的老师都不会怀疑，自己的使命是帮助学生抑制世俗和偏见的扭曲力量，使人性臻于完美。"[2]结合自己几十年在大学中与青年心灵接触的经验，他遗憾地发现，青年们在大学中接受教育的结果使得他们成为相当肤浅的相对主义者。每个人似乎都有自己的表面价值，却很少对这些价值进行深刻的论证。他发现，美国青年当中甚至流行一种个人道德优先的立场，即一个人自己选择的生活，不应该受到他人指指点点，个人的选择应该得到尊重。青年人当中的这种相对主义本身是泛滥的个人主义的衍生品，它为每个人选择自己的生活权利提供辩护，宣扬个体的自我实现，并且为这种自我实现的道路找出自认为重要的或者有价值的解释。在布卢姆看来，这种肤浅的相对主义往往是以自我为中心的，而对自我以外的更大的世界漠不关心。周围世界人们的生存状况，他者的命运，历史经年累月留下来的哲学、历史、宗教、文化遗产，都不是青年人关心的东西。这种肤浅的结果，便是年轻一代生活的狭隘化和平庸化。"说他们狭隘，是因为他们缺乏生活中最必要的东西，即不满于现状、意识到还有其他选择的真正依据。他们得过且过，对逃离这种境况感到绝望。超越的渴望日益淡化，崇敬的榜样和轻蔑的对象都已消失得无影无踪。说他们平庸，是因为缺少对事物的解释，缺少诗意或活跃的想象力，他们的心灵就像镜子，反映的不是本质，而是周围的影响。"[3]"显然，自我实现的文化已经引导人们丧失了对他们自身之外的事物的洞察。他们已经采取了浅薄和自我放纵的形式。"[4]这种文化衍生出一种荒谬的生活形式：所

[1] [美]艾伦·布卢姆（著），战旭英（译）.美国精神的封闭[M]. 南京：译林出版社，2011，前言，第1页。

[2] [美]艾伦·布卢姆（著），战旭英（译）.美国精神的封闭[M]. 南京：译林出版社，2011，前言，第2页。

[3] [美]艾伦·布卢姆（著），战旭英（译）.美国精神的封闭[M]. 南京：译林出版社，2011，卷一，第16页。

[4] [加]查尔斯·泰勒（著），程炼（译）.现代性的隐忧[M]. 南京：南京大学出版社，2020，第39页。

谓自我实现的生活只是被简化为"成功""有钱"这类狭隘的目标，个人蜷缩在封闭的、自我的精神世界，人们的生活很容易落入"小时代"的个人激情、欲望、舒适感，而对于崇高感、美感、诗意、共情能力的追求则逐渐淡然。泰勒将这一现代性的个人主义隐忧归结为"意义的丧失，道德视野的褪色"[1]。

尽管布卢姆的忧虑带着古典教育理想的浪漫，或者以一种完美人格的道德意象对青年人提出批评。但是，他似乎没有恰当评估被他诊断为肤浅的相对主义背后潜藏的道德力量。在对布卢姆进行评析前，先看一个我们都熟悉的教育现象。如今我们经常听到的教育内卷，表面上似乎等同于个人凭借教育资格或者教育获得来参与竞争，在当下的成绩卡位或未来的职业前景和个人前途方面快人一步。就其形式来看，这绝对是一种个人实现导向的教育表现。但是，如果我们稍稍回溯一下内卷的本意便会发现，即使卷裹在教育中的每一种力量，不管是学生，还是学生家长，或者是被很多人定义为制造焦虑的校外机构，抑或是生产考试机器的超级学校，都不应该被笼统贴上贬义色彩。内卷本是农政经济学中的一个基本概念，是指农民谋划生计、战胜灾难、突破自我的过程，是传统小农面对有限生产生活资源状况下的生存智慧。内卷更多地反映了个体行动者向内寻求动力的努力，而不是向外寻求同行竞争的策略。如果还原内卷的本意来理解教育内卷的含义，那么，教育内卷更多反映的是教育行动者在教育场域展现出的不竭希望、无限热情、反复操练。如果我们对每一个教育行动者的个人"算计"抑或个人"抱负"进行思量，其中的大多数一定不是被迫式的竞争性追赶。因此，这样一个被当代话语贴上贬义色彩的词汇，恰恰忽略了教育参与者的主体性，忽略了个体对自己教育劳动投入的价值，忽略了个体对自己教育所得的自豪感。如果教育内卷一词真如当今话语所定义的那般消极，那么，教育场域应当发生更多的抵抗，而不是大多数的适应。或者说，那些在个人的教育历程中反复历练，

---

[1] [加]查尔斯·泰勒（著），程炼（译）. 现代性的隐忧[M]. 南京：南京大学出版社，2020，第31页。

最终被我们视为"成功者"的人，就应该遭到道德批判吗？

因此，否定以个人实现为出发点的个人主义，除了放大针对这种文化的轻蔑之外，还隐藏着理解这一文化背后个体道德理想正当性的抗拒。个体选择自我实现的生活方式，其背后的道德理想，同样涉及"好"与"善"的考量。"我用道德理想指的是什么东西？我指的是一个概念，关于什么是一种较好的或者较高的生活模式，在这里，'较好的'和'较高的'，不是依照我们碰巧所欲或所需来定义的，而是提供了一个关于我们应该欲求什么的标准。"[1]追求自我实现的个体并不全然等同于不管不顾的自我放纵，更何况，自我实现本身是受到世俗评价鼓励的。那些"成功者"，大多时候同样也是"奋斗者"。自我实现也完全不同于利己主义，因为这种个人主义的实现方式既没有破坏社会的公平规则，也没有伤害他者的利益。当今测量时代的教育环境中，自我实现向每个人都保持开放性，同时也没有形成人为设置的等级性。布卢姆对美国青年人相当肤浅的相对主义的批判，是他将自己视为古典精神的代表和青年人潜能的引导者这一前提之下而作出道德判断。同样，我们应该平等地看待自我实现的个人主义背后的道德力量。自我生活选择是以个体自己认定"好"的方式追求的东西，这种个人自由理应得到尊重。"一个自由社会必须在什么构成一种好的生活的问题上保持中立。"[2]如果有反对者以个人主义连带的社会政治后果来贬损个人主义的道德正当性，本身就是不正义。更有甚者，如果假借个人实现的生活方式来为公共世界或公共领域的缺失找说辞，可能夸大了二者的因果关联。从中立的个人立场出发，不管我们自己是否将"好""善"作为道德提升的目标，我们仍然有道德义务去赞赏那些哲人般自我提升的人；同样，我们也应当保持道德克制，不去过分评判那些不这样做的人。毕竟，精神中的理想秩序，首先是个人式的。

如果一个人对自己的生活方式进行审慎的思考，对自己在现实世界和

---

[1] [加]查尔斯·泰勒（著），程炼（译）.现代性的隐忧[M].南京：南京大学出版社，2020，第40页。

[2] [加]查尔斯·泰勒（著），程炼（译）.现代性的隐忧[M].南京：南京大学出版社，2020，第42页。

精神世界遭际中的处身状态进行反思，一定程度上已成为哲学意义上的实践。如果一个人想要拥有自己喜欢的职业，追求个人期望的生活，不愿随波逐流、人云亦云，而是能够掌握自己生活的主动权，他就必须对自己的处身状态进行思考。即使这种思考完全是个人式的，或者出于个人主义的立场，他首先是为了安顿好自己的生活。讲到这里，笔者看似在为自我实现的个人主义辩护，但也不乏担忧。我们生活在一个现实世界中，个人总会不同程度地受到现代社会的影响，比如，工具理性的扩张和技术治理的蔓延对现代人的规制。现代社会的这些特征容易将人引向标准化的、统一化的社会运作，人们会在这样的框架之下你争我抢、拥挤不堪。极端的情况下，这种规制会跳出道德力量的控制，发展成为某一种特例标准。比如，经常看到的分数至上、学历筛选，甚至一些特例情况。这种情况下，工具理性已经超出了个人自由的道德维度。如果放任工具理性对个人的驱使，个人自我实现的纯粹性也将遭到破坏。因此，我们也需警惕工具理性的权力泛滥，保全个人正当的、合道德的自我实现。

我们首先生活在现实世界中，同时也存在于思想世界中。但是，古典教育理想并不是用作逃避现实世界的避难所。恰恰相反，古典教育理想对现实世界的介入方式，首先通过确认个体心灵世界的真实存在，继而影响他在现实世界的抉择。重申古典教育理想，看似存在理想主义的倾向，实则是实用主义的考量。重申古典教育理想，不是一种脱离现实经验世界的理想主义立场；相反，它是呼求精神变革的现实途径。对人的存在而言，本体性的精神隐忧古今并无二致。冷静的教育理论研究需要自觉承担起教化的时代重任。

"教化，或者换句话说，教育，是对心灵原始激情的驯化——不是压抑或去除这种激情，那会剥夺心灵的活力；但又把它们塑造和表现为艺术。让心灵中的激情因素与后来发展起来的理性因素和谐一致，这个目标也许不可能达到。但是，没有这种和谐，人永远不会是完整的。"[1]古典教育理想之于个人

---

[1] [美]艾伦·布卢姆（著），战旭英（译）.美国精神的封闭[M].南京：译林出版社，2011，卷一，第28页。

的价值，就是在每个人的心灵世界中保持探寻生命意义的那条幽径的畅通。在这一层意义上，布卢姆无疑是正确的。古典教育理想所揭示的，正是让来到这个世界上的任何一个人，通过心灵的自我改造和知识的理性训练，更好地认识自己，将心灵的激情和理性的力量和谐结合，从而构筑每个人不同的、趋于完善的人格生活。

对教育而言，个人的发展与公共世界的维持都是其着眼的目标。我们倡扬古典教育理想的价值，并非要跟随某一位哲人或者某一种学派去实现愿望，而是在伟大的心灵中探索一条能够让自己感到幸福的路。"'理想'是遥远和高不可攀的；它们太高贵和华美了；如果实现它们，就会使它们受到玷污。它们的作用就是模模糊糊地引起'愿望'而非激励和指导人们，努力在实际存在中去加以实现。"[1]执拗地找寻那个可托付灵魂的人，甚至寄望通过哲学达到启蒙，多少显得蒙昧。黑格尔警示我们，哲学必须竭力避免那种想要施行启蒙的愿望，[2]哲学只能是内在启蒙。我们倡导重估古典教育理想的价值，返回古典中与伟大心灵发生对话，并不是一直站在这些伟大心灵的思想笼罩之中，相反，我们需要的是一种自觉精神，凭此完成自我启蒙。我们赋予古典理性以当下意义，实际上正是回归古希腊人对自我反思的推崇。贯穿苏格拉底、柏拉图、亚里士多德哲学的核心伦理问题可以归结为"人应当如何生活"，或者"什么是善好生活"，虽然他们对这一问题的回答有别，但都指向对"值得过的生活"的理性思辨，并运用知识来指导行动，达到那种"最好、最完善的德性的实现活动"[3]。我们能寄望于古典教育理想的，仅仅是它有助于我们对自己的处身状态进行清醒的思考，继而希望每个人能够在这种思考中寻找自己的道路。如果足够幸运，可以将自己的生活方式与更

---

[1] [美]杜威（著），傅统先（译）.确定性的寻求：关于知行关系的研究[M].上海：上海人民出版社，2005年，第215页。

[2] [德]黑格尔（著），贺麟、王玖兴（译）.精神现象学（上卷）[M].上海：上海人民出版社，2013年，第56页。

[3] [古希腊]亚里士多德（著），廖申白（译注）.尼各马可伦理学[M].北京：商务印书馆，2019年，第20页。

大的共同体关联。

　　谈论古典精神，并非要复辟古希腊的社会、政治制度，也不是一味迷信古典精神。我们不能用倾注于古典精神的情感来湮灭审视现代问题的理性。不管是相信古典精神，还是怀疑技术主义，教育的本质问题不能游离，仍须落脚在人的完整性上。古典教育理想之于当代的价值，恰恰是在正视历史感的前提下，给现时以哲学观照，这也是古典教育理想的道义责任。如果教育只关注可见的、客观的生活，而搁置了美、善，看不到智慧的引领；如果教育的结果仍然是规训个人被动地依从既定的秩序，而不是引导个人主动地选择精神自由的道路；如果教育塑造的是漠视主体的无思者，而不是成为主体自我的辩证学家——这样的教育恐怕偏离了古典教育的理想。与古人对话，即便不能在古典智慧中发现现代人的精神失落，至少也可以摆脱现代人的自大。正如利文斯通对古典教育的辩护，"教育的成功与否在于铸造学生的品性而不在于将知识传递给学生……教育的本质在于在四周墙壁上打开一条通道，让我们走进外面的世界，给我们时间欣赏围墙之外的景色"[1]，实用教育观无法达至真正的教育目的。怀特海在《教育的目的（The Aims of Education）》开篇第一句话便是，"文化是思想的活动，是对美和人类情感的感受"。这一论断虽不是教育目的唯一的、绝对的规定，起码也是最为本质的规定。他紧接这一论断给出的理由也相当有说服力，"零零碎碎的信息或知识对文化毫无帮助"[2]。在怀特海看来，教育者致力于培养的人才，既要掌握专精的知识，又要具备广博的文化：前者可以作为年轻一代进入世界的出发点，后者则引领他们走向哲学的深邃和艺术的雅致。

---

　　[1]　[英]利文斯通（著），朱镜人（译）.保卫古典教育[M].北京：人民教育出版社，2017年，第14—16页。

　　[2]　[英]怀特海（著），庄莲平，王立中（译注）.教育的目的[M].上海：文汇出版社，2012年，第1页。

图书在版编目（CIP）数据

城乡融合中的教育力量 / 项继发著. —太原：山
西人民出版社, 2023.2
ISBN 978-7-203-12211-1

Ⅰ.①城… Ⅱ.①项… Ⅲ.①乡村教育—研究—中国
Ⅳ.①G725

中国国家版本馆CIP数据核字（2023）第018908号

城乡融合中的教育力量

著　　者：项继发
责任编辑：傅晓红
复　　审：崔人杰
终　　审：梁晋华
装帧设计：陈　婷

出　版　者：山西出版传媒集团·山西人民出版社
地　　　址：太原市建设南路21号
邮　　　编：030012
发行营销：0351—4922220　4955996　4956039　4922127（传真）
天猫官网：https://sxrmcbs.tmall.com　电话：0351—4922159
E - m a i l：sxskcb@163.com　发行部
　　　　　　sxskcb@126.com　总编室
网　　　址：www.sxskcb.com

经　销　者：山西出版传媒集团·山西人民出版社
承　印　厂：山西出版传媒集团·山西新华印业有限公司

开　　　本：787mm×1092mm　1/16
印　　　张：17.5
字　　　数：270千字
版　　　次：2023年2月　第1版
印　　　次：2023年2月　第1次印刷
书　　　号：ISBN 978-7-203-12211-1
定　　　价：86.00元